湛庐CHEERS

与最聪明的人共同进化

HERE COMES EVERYBODY

影响力教父

我们这个时代最伟大的社会思想家之一

ROBERT CIALDINI

罗伯特・西奥迪尼

PRE-SUASION: A REVOLUTIONARY WAY TO INFLUENCE AND PERSUADE

任何关于说服和影响力的写作都是站在西奥迪尼的肩膀上。

—— 丹尼尔·平克

（《驱动力》《全新销售》《全新思维》作者）

PRE-SUASION

A REVOLUTIONARY WAY TO INFLUENCE AND PERSUADE

说起罗伯特·西奥迪尼，他对这个世界最大的影响当属其著作《影响力》。

作为西奥迪尼 30 年的研究成果结晶，《影响力》自 1984 年出版以来，畅销数百万册，被译成 30 多种文字，受到全球读者的喜爱，多年来雄踞亚马逊网站消费者行为学类图书排行榜首位。它是心理学和管理学专业学生的必读书、《纽约时报》畅销书、《财富》杂志鼎力推荐的“75 本商业必读书”之一、亚马逊推荐的“人生必读 100 本书”之一。

这部开创性著作是基于西奥迪尼三年的卧底生涯创作而成的。他通过参加电话营销公司、二手车经销商、筹款组织等机构的培训项目，观察、记录说服他人的技术，结合自己社会心理学的潜心研究，总结出说服他人的六大原则。这部著作改变了很多人和组织，被引述率高居当今社会心理学之冠。

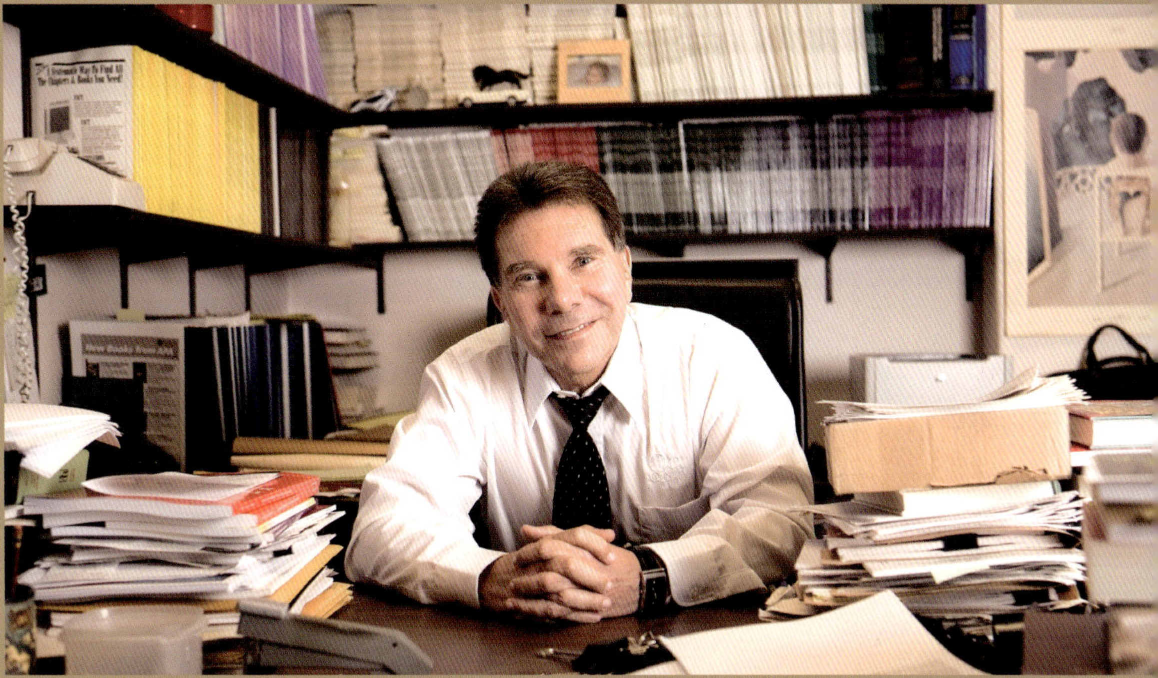

ROBERT CIALDINI

西奥迪尼是当今世界最出色的说服和影响力大师。

——荷西·萨利比·内托（HSM 首席知识官）

西奥迪尼出生于 1945 年，他在北卡罗来纳大学取得博士学位，接着在哥伦比亚大学从事博士后的研究工作，在亚利桑那州立大学执教多年，从事社会心理学的研究工作，现为名誉退休教授。他倾其职业生涯来研究影响力，在说服、顺从和谈判领域享有广泛的国际声誉。因其在商业道德和政策运用方面所做的前沿研究，常被称为“影响力教父”。

因其在社会心理学、消费者心理学以及社会影响力方面所做的贡献，西奥迪尼赢得了众多赞誉和奖项。

- 1996—1997 年担任美国人格与社会心理学学会主席。
- 2000 年获得消费者心理学学会颁发的杰出科学成就奖。
- 2003 年获得“唐纳德·坎贝尔奖”和首届“皮托奖”。
- 2008 年获得人格与社会心理学学会颁发的杰出服务奖。
- 2009 年获得实验社会心理学学会颁发的科学家奖，以及西部心理学学会颁发的杰出教学奖。

PRE-SUASION

A REVOLUTIONARY WAY TO INFLUENCE AND PERSUAD

西奥迪尼就是影响力研究领域的本杰明·富兰克林。

——奇普·希思

（斯坦福大学商学院组织行为学教授）

西奥迪尼对影响力的研究并不限于教学和对大众的科学普及，他还成立了职场影响力公司（INFLUENCEAT WORK），带领企业从事影响力的研究与培训工作，提高组织和个人的绩效和道德影响力，旨在帮助管理人员更好地决策，巧妙地使用他们的影响力。

谷歌、微软、思科、德国拜耳、可口可乐、毕马威等世界500强企业都接受过他和他团队的培训，肯尼迪政治学院、美国司法部等教育、政府部门也是他的客户，罗伯特·西奥迪尼在全球践行着他的影响力。

《影响力》成书30年后，西奥迪尼再度出手，结合30年来的研究和实践经验，出版了《先发影响力》，将影响力武器继续升级，续写《影响力》的传奇。

CHEERS
湛庐

PRE-SUASION

[美]罗伯特·西奥迪尼 著
Robert Cialdini
闫佳 译

北京联合出版公司
Beijing United Publishing Co.,Ltd.

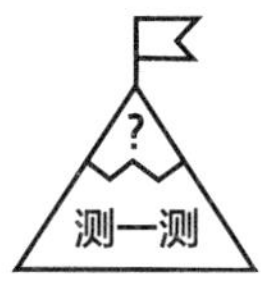

你会建立先发影响力吗？

扫码加入书架
领取阅读激励

扫码获取全部测试题及答案
看一看你是否会建立
先发影响力

- 如果每个人都接受相同的教育，那么收入的不平等会缩减 80%，这是对的吗？

  A. 对

  B. 错

- 当顾客进入快餐店时，送什么礼物会更有效地提高他们在店内的花销？

  A. 钥匙链

  B. 优惠券

  C. 酸奶

  D. 别出心裁的欢迎词

- 我们经常在外出就餐的菜单上看到“最受欢迎”的字眼，这是商家在利用什么影响我们？

  A. 喜好

  B. 权威

  C. 稀缺

  D. 社会认同

扫描左侧二维码查看本书更多测试题

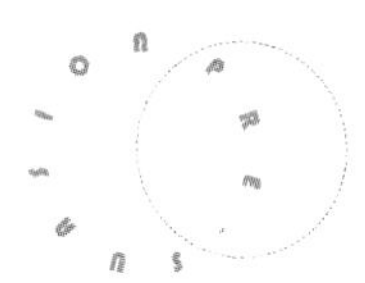

献给黑利、道森和莱娅。

我从来不喜欢身边总有“当家的”围着转，

直到孙儿们出生，

他们为我带来了最高的喜悦。

来到行为科学的黄金时代

1946年，伟大的诗人奥登（W. H. Auden）发表了一首带着严厉劝诫意味的诗作，其中写道："不要与统计学家同坐，也不要轻信社会科学。"很长一段时间里，哪怕是高层决策者似乎也宁可根据直觉、个人经验和道听途说来做出选择。而如今，诗句中提及的两个学科都已改名换姓，统计学现在叫数据分析，社会科学成了行为科学，以往那样的决策时代也一去不复返了。

企业、政府部门，以及教育、国防和体育机构等社会主要机构使用"循证决策"的时代到来了。这是一个高度重视大数据分析师和行为科学家所提供的信息的时代。统计分析领域的变革是怎么回事，我没有第一手资料；但身为社会心理学家，同时身为《影响力》[1]一书的作者，我从个人经历中也深深感受到了行为科学地位的崛起。

① 《影响力》是风靡全球30载的经典作品，被引述率高居当今社会心理学之冠。中文简体字版（全新升级版）已由湛庐文化策划、北京联合出版公司出版。——编者注

1984 年《影响力》初次出版时，几乎没有什么影响力。书的销量令人大失所望，出版商撤回了预拨的推广资金，说不想“拿钱打水漂”。读者们对社会心理学家对社会影响力的见解不感兴趣。可过了四五年，书的销量开始上涨，最终还成了畅销书，而且自此以后长卖长销。我想，我知道销量上涨的原因是什么：时代变了。现在，循证决策的观点得到了普遍接受，《影响力》提供了一种大众以前很难直接接触到的宝贵证据，把来自社会心理学的科学研究转换成了成功的说服术。

还有两个因素在当下这股社会心理学分析热潮中发挥了作用，进而也促成了《影响力》的大卖。首先是行为经济学的兴起，这是一种理解人类经济选择的方法，它挑战了传统经济思维，在某些领域，甚至还把传统经济思维掀下了马。行为经济学虽然也有自己的独立版图，但却整合了社会心理学的部分设想（如人类频繁出现非理性行为）和方法论（如随机对照实验）。

我的一些同事认为，行为经济学家不承认社会心理学早已得出的同样的研究结果，把各类发现占为己有，实在是抢夺了他们的功劳。我对此并不同意。重叠的研究范围虽然有，但并不普遍。甚至可以说，行为经济学提升了社会心理学的公众地位，因为前者继承了后者的一些核心特征，并使之在决策者的心目中站稳了脚跟。十几年前，政府或经济政策国际会议是从来不会邀请社会心理学家列席的。还是那句话，过去的日子一去不复返了。

社会心理学方法目前得到了接受，另一个促成因素是社会心理学家愿意把研究结果告知公众了。我想，对于这种态度上的转变，《影响力》或许帮了些忙。在这本书出版之前，大多数同事不愿意给大众读者写书，认为这不安全，也不够专业。如果说社会心理学是一家公司，它大概会以卓越的研发部门出名，而销售部门则不太拿得出手。除了偶尔在学术期刊上发表一些普通读者不乐意看的文章以外，我们不做销售。法律学者詹姆斯·博伊尔（James Boyle）的观察道破了主要原因："如果你没听过学者们是怎么说'大众读物'这个词的，就不算见识过真正的傲慢。"如今，这种状况也改变了。社会心理学家以及无数其他行为科学家，通过广为人知的博客、专栏、视频和书籍，与大众进行着前所未有的广泛沟通。从这个角度来说，行为科学正处在黄金时代。

本书旨在增进行为科学要传达的信息，让一般读者觉得既有趣，又方便应用到日常生活里去。它指出了精明的沟通者在传递信息前，会做些什么准备工作。他们对时机的准确把握，是本书提出的新关键点。传统观点认为，要抢先采取行动，才能确保后续的成功。中国有句古话："先发制人。"抢先赢得"值得信赖的顾问"的地位，是咨询师拿下客户业务的法宝。戴尔·卡内基（Dale Carnegie）向我们保证："比起花两年时间让别人对你感兴趣，花两个月时间真诚地对别人表示兴趣，能结交更多的朋友。"这些都是明智的建议，但有一个缺点：这里所说的抢先采取行动，需要的是提前几天、几个星期甚至几个月。

除了这种充分的事先安排，有没有可能即时地提高沟通有效性呢？比如在沟通开始之前的最后一瞬间？完全有可能。不，不光是有可能，而是铁板钉钉地办得到。只要知道在提出诉求前该先说些什么、做些什么，沟通者就能够提升成功率。公元前1世纪的罗马演说家马库斯·图留斯·西塞罗（Marcus Tullius Cicero）就发现了某些长期影响着人类行为的要素，他说："啊，时代！啊，风尚！"本书中的资料提出了一种更直接、更便于管理的影响力源头：啊，时机！

最后，我想说说本书每章后的"延伸阅读"。我在"延伸阅读"中不光列出了相关的学术著作引文，还附加了额外的主题信息，希望朝着读者感兴趣的方向，扩大读者对文字材料的认识。所以，它也好比是一位"解说嘉宾"。[1]

PRE-SUASION 延伸阅读

1

奥登的诗句引自 *Under Which Lyre: A Reactionary Tract for the Times*；詹姆斯·博伊尔的观察来自其著作 *The Public Domain: Enclosing the Commons of the Mind*；卡内基的引言来自他的经典作品《人性的弱点》（*How to Win Friends and Influence People*）。

为什么对许多决策者来说，行为经济学可以有助于他们认可社会心理学呢？这是一个有趣的问题。我相信，这跟一直以来经济学受到商界和政府的重视很有关系。一些行为经济学家赢得了诺贝尔经济学奖，如乔治·阿克洛夫（George Akerlof）、丹尼尔·卡尼曼（Daniel Kahneman）、罗伯特·希勒（Robert Shiller）、赫伯特·西蒙（Herbert Simon）、弗农·史密斯（Vernon Smith）；还有些人很应该获奖，比如我认为理查德·泰勒（Richard Thaler）就是其中一位。再加上行为经济学和社会心理学有一些共同的核心要素，前者自然就提升了后者的声誉。

目录

PRE-SUASION

PRE-SUATION

第一部分

注意力
先发影响力第一大武器

◇ 为什么对明星来说，过气比丑闻更可怕？

◇ 怎样才能让消费者只关注一个产品的高质量，而忽略高价格？

◇ 同一个广告插入爱情片中间和插入恐怖片中间，效果一样吗？

PRE-SUATION

第二部分

联想

先发影响力第二大武器

◇ 如何通过善用比喻，在 28 天里卖出价值 1 500 万美元的新合同？

◇ 为什么名字不好读的律师难以升职？

◇ 在什么情况下，我们的心情不受天气影响？

PRE-SUATION

第三部分

联盟

影响力第七大武器

◇ 为什么商品越限量，购买越疯狂？

◇ 第二次世界大战期间，犹太人是怎样获得日本政府的庇护的？

◇ 练习齐步走对军队来说是浪费时间吗？

PRE-
SUASION

导言

引爆影响力

让注意力提前就绪

A

Revolutionary

Way to

Influence

and Persuade

出于工作原因，我曾秘密地“潜入”各种以说服他人为目标的培训项目。我用差不多3年时间，记录了汽车销售、直销、电视广告、一线经理、慈善筹款、公关和企业猎头等工作的培训课程，想找出一些一贯有效的做法。我会应征各种公司的实习生招聘广告，或是报名参加相关培训，手里拿着笔记本，随时准备吸收说服行业多年经验积累所得的智慧。

在这些培训项目里，高级学员往往可以在资深行家里手开展业务时陪同旁观。只要有机会，我总会报名参加，因为我不光希望搞清楚大部分从业者会怎么做，还想知道其中的佼佼者会怎么做。有一种做法很快浮出水面，推翻了我的假设。我原本以为，一个王牌选手会比绩效糟糕的从业者花更多的时间打磨提案的细节，如清晰度、逻辑、突出优点等，以备不时之需。但我发现情况并非如此。

林林总总的影响力“开关”

顶尖高手们的确会在提出请求之前花更多的时间打磨自己的所言所行。他们就像熟练的园丁一样，知道哪怕是最优良的种子，也无法在遍布石块的土壤里扎根，无法在贫瘠的土地上结出丰盛的果实。他们花大量时间辛勤地在影响力领域思考，精耕细作，确保对即将面临的局面做好预先的处理，准备好适合种子生长的条件。

当然，这些高手还会考虑自己在这些局面下能提出什么样的建议来。但跟事倍功半的同事比起来，他们反而不会只把提议内容作为自己的优势，他们意识到，一项提议最初出现时所设定好的心理框架有着同样甚至更大的分量。

此外，大多数时候，他们无法决定或改变一个提案的优缺点，那是设计相关产品、程序或计划的人该做的事。销售者的责任是最有成效地展示这些提议。为了实现这个目标，他们做了一些工作，为自己的说服行为增加了独特的吸引力：在介绍自己的信息之前，他们努力让听众对其产生共情。

对所有想要变得更具影响力的人来说，这一点是非常关键的洞见。最优秀的说服者之所以优秀，在于擅长先发制人：对说服过程加以设计，让接受信息的人在与信息相遇之前就准备好接受。为了最有效地说服，必须最有效地先发制人。但怎么做呢？

在某种程度上，答案关系到所有沟通中必不可少却又乏人认可的一项原则：

我们最先展示的东西，改变了受众对接下来展示的东西的体验。

例如，流程上的些许差异，就改变了我在多伦多的一位同事的咨询业务绩效。多年来，每当进行大项目招投标时，客户经常大幅砍价，要求减少 10% 或 15% 的费用。这让我的同事很沮丧，因为他一直不愿意给预算注水，提前把砍价的部分放入报价。所以到最后，如果他答应降价，利润就会变得很薄，几乎赚不到钱。如果他不答应，要么丢饭碗，要么弄得工作伙伴甩手而去，因为他一开始不愿意在价格上耍手段，同伴们本就不太高兴。

OPENER

除了在报价时注水，还有什么方法可以避免客户砍价

在一次提案会期间，他偶然想到了一个能永远摆脱这一困境的主意。不是一步一步地解释每一笔费用，他早就放弃了这种做法，因为这只会让客户更苛刻地审查账单。相反，在做完基本陈述，还没公布费用为 75 000 美元之前，他开玩笑地说："我可不会为了这个向你们索取 100 万美元的！"

本来正在研究提案的客户抬起头来，说："行，没问题！"会议接下来的环节，再没有人提到报价问题，最终双方顺利签订了合同。

我的同事说，为工作设定明显不现实的价格锚点并不总能成功拉到生意，因为成交还牵涉到其他很多因素，但这么做几乎次次都扫清了砍价的障碍。

我的同事虽然是无意中发现这种手法的，但凭空找一个大数目塞进别人意识里，这种做法带来的非凡效果，不光只有他一个人感受到。研究人员发现，如果有两家完全一样的餐馆，一家叫"97 号工作室"，一家叫"17 号工作室"，人们会愿意在前者花更多的钱就餐。研究人员又让人们写下自己社会保险号码里的两位数字。和写下两个小数的人相比，写下两个大数的人会更乐意多花钱买一盒比利时巧克力。还有一项关于工作绩效的研究发现，相比实验标号为 9 时，参与者在实验标号为 27 时会对自己的努力和产出做出更佳的预测。运动员球衣上的号码大，旁观者对他成绩的预期也会提高。

更重要的是，先发因素的强力效应，并不仅仅局限于数字的大小。还有的研究让大学生们估计密西西比河的长度，但在预测之前，先要在纸上画线。一组学生画长线，一组学生画短线。画长线的学生对河流长度的估计大于画短线的学生。

其实，先发因素的影响甚至不仅限于数字范畴：红酒店里的客户如果听到背景音乐播放德国歌曲，购买德国葡萄酒的可能性更大；如果听到的是法国歌曲，购买法国葡萄酒的可能性更大。[1]

因此，指引人其后行为的，并不是某种特定的体验。它可以是接触一个数字、一条线段或一段音乐；而且，我们在后面的章节中还会看到，它也可以是短暂地突然注意到某个经过精心选择的心理概念。不过，考虑到本书主要讲述的是怎样提高说服力，这些章节的内容会主要放在能够提升对方同意概率的概念上。

不过，请务必注意，这里我所用的说法是“概率”“可能性”，它反映了在人类行为领域中不可回避的现实：这一行里没有十拿九稳的事。任何说服手法都不可能保证次次管用，但有一些方法始终能提高对方同意的概率。这就够了。概率上的显著提升，足以为你带来决定性的优势。

在家里，这足以让家人更加顺从我们的心愿，哪怕是所有人里最倔强的群体：我们的孩子。在职场上，它足以让组织超越对手，哪怕是有着同等竞争力的对手。它还足以让那些知道怎样应用这些方法的人，在组织里成为绩效更优秀，甚至最优秀的员工。

OPENER

“健忘”的明星销售员

我曾参加过一个培训项目，提供培训的公司里有个叫吉姆的人正是个中高手。这家公司制造昂贵的家用热敏火灾报警系统，吉姆是公司里最顶尖的销售员。当然，他也不是每一笔交易都能做成，但每个月，他通过拜访客户签下合同的概率总是比同事更高。完成最初的课堂教学之后，接下来的几天，我会跟着不同的销售员，了解他们的销售流程。在这一环节，我们会上门拜访做了预约的家庭，进行演示。

想到吉姆的明星销售员身份，我自然分外仔细地观察他的技术。我发现，有一种做法是他成功的关键。在开始销售产品之前，他会先努力营造出信任的氛围。如果能在提出要求之前就埋下信任的种子，对方就更容易顺从他所提的要求。虽然有成堆成摞的科学报告和书籍都指出过这一点，并说明了实现信任的方法，但吉姆却采用了一种我从未见过的方式：他假装自己是个马大哈。

所有公司代表都学到了标准的销售步骤，全行业都是这样做的。潜在客户通常是一对夫妇，通过闲聊建立关系后，销售员请他们做一份家庭防火知识的书面测试，用时 10 分钟。测试的目的是想告诉买家，他们对家庭火灾的危险性了解得远远不够。测试完成后，销售代表开始主动推销、展示报警系统，让潜在客户翻阅宣传公司产品方方面面优越性的资料。其他所有人都是一开始就把资料带进屋，放在身边备用。可吉姆却不这样。他会等到夫妻俩已经开始做知识测试时，才拍拍额头说：“哎呀，我把一些非常重要的资料忘在车里了，得过去拿。我不希望打断两位的测试；你们不介意我自己出去拿，等会儿再回来吧？”回答自然是“没问题，请便”。通常，吉姆还会请户主借他用一下门钥匙。

我观察吉姆做了3次展示。每一次，他的“健忘”都以相同的方式，在差不多的时间点浮出水面。那天晚上开车回办公室时，我向他请教这一点。连续问了两次，他都不肯给我直接的答案，还因为我发现了他的销售秘密而感到恼火。但我还是坚持求教，他终于忍不住了：“鲍勃[①]，你自己想想：你会让什么人在你家里自由自在地进进出出？只有你信任的人，对不对？我希望跟这些顾客的信任意识挂上钩。”

这是一个天才的技巧，虽然并不完全合乎道德。它体现了本书的一个核心主张：

我们一开始所做的真正具有影响力的事情，对受众起着先发制人的作用，改变了受众对我们接下来所言所行的联想。

在第6章，我会进一步说明，所有的心理活动都来自庞大而复杂的神经网络里的关联模式，试图施加影响的举动只有在触发了有利于改变的联想时才能成功。

吉姆的手法提供了一个很好的例子。为了成为顶尖的销售人员，他没有修改所售报警系统的特点，也并不改变自己介绍产品的逻辑、文字或风格，事实上，他完全没有偏离标准的展示介绍环节。相反，他只是先让自己跟信任概念挂上了钩，而后，与信任相关的其他正面的联想，就会跟他

① 鲍勃是罗伯特的昵称。——译者注

以及他的建议联系起来。吉姆这种把自己和信任概念联系起来的非正统方法，其实也是纯粹联想式的。他并没有说自己是人们随时都愿敞开家门接待的人，比如亲密的朋友、家人。他只是想了个办法，让自己获得了这类值得信任的人的标志性待遇。值得注意的是，这个手法是吉姆和他那些明显不太成功的同事之间唯一真正的区别。这纯粹就是联想的力量。

总而言之，除了建立信任，说服方还可以采用很多的先发手法，让受众更容易接受自己打算介绍的情况。这些手法有多种形式，行为学家已经给它们贴上了不同的标签，比如“框架”“锚点”“启动”“心态”“第一印象”。在本书接下来的篇幅中，我们会与之一一相遇。我将它们统一称为“开关”(opener)。

“开关”从两个方面打开了局面，以供施加影响。首先，它们开启了整个过程，提供了起点，即说服的开始。其次，它们消除了现有障碍，扫平了说服之路。在这一过程中，它们促进了心态的开放。对吉姆那样的说服者来说，“开关”打开了紧锁的大门。

寻找通用的影响力武器

我曾听影响力从业者讲过一个笑话，表明了要打动潜在客户，让他转入你期待的方向有多困难。以下是一家营销公司的销售代表和潜在客户的对话。潜在客户想推出一种新品牌的冷冻菠菜。

客户：你们在营销新食品方面有经验吗？

销售代表：我们有大量相关经验。

客户：包括销售冷冻食品的经验吗？

销售代表：当然包括。

客户：也包括冷冻蔬菜？

销售代表：这些年来，我们向市场推出过多种冷冻蔬菜。

客户：那么菠菜呢？

销售代表：嗯，也有菠菜。

客户：那么，是完整的，还是切碎的？

在商务会议上，这个笑话总能引得从业者发出略带嘲弄的会心一笑。当然，如果这个笑话落到他们自己身上，那就一点儿也不好玩了。潜在客户过分关注细节差异，却忽视了销售方想要展现的宏观大局，会让销售方错失合同或生意。从业者对笑话中笑点的轻蔑反应总让我觉得奇怪，因为我发现，他们自己也同样犯着眼光狭隘的毛病，只不过不是在跟客户开会的时候，而是在培训员工的时候。

我在影响力从业者培训课上“卧底”没多久，就发现了一件有趣的事：导师总是告诉学员们，自己这一行的说服方法跟其他相关行业并不一样。说到打动别人，广告的运作和营销不同，营销的运作和募资不同，募资的运作和公关不同，公关的运作和游说不同，游说的运作和招聘不同。依此类推。

更有甚者，就连同一职业内也强调不同。寿险销售和定期保险不同，卖卡车和卖家用车不同，邮件或网络销售和门店销售不同，卖产品和卖服务不同，卖给个人和卖给企业不同，批发和零售不同。

倒不是说培训师不该区别对待自己的行当和相邻职业，但总是强调独特性，会带来两种判断上的失误。首先，他们常常关注无关紧要的区别。更糟的是，他们强调的是不同专业之间说服方法的区别，但对另一个非常有用的问题关注不够：**大家到底有些什么共同点呢？**

这种忽视错得很厉害，因为如果可以向学员们展示在最广泛的影响力环境下确凿适用的方法，一定能帮助他们在熟悉或不熟悉的各种情况下获得胜利。如果真能教他们理解、运用有效说服的普遍原则，他们想要怎样调整细节也就无关紧要了。不管零售还是批发，寿险还是定期保险，完整的还是切碎的，他们都能顺顺当当地把影响力手法施展出来。[3]

在观察这些商业培训项目期间，我的目标是找出所有真正优秀的专业人士施加影响力的共同方法。整整 3 年，有一个问题始终推动着我："这些方法这么管用，它们之间有什么共同点呢？"答案涉及的范围很小，这让我大为惊讶。在历史悠久的影响力行业里，我只找出了 6 种经常采用的心理原则。我提出，这 6 种原则分别是互惠、承诺和一致、喜好、社会认同、权威、稀缺，它们代表了有关说服的心理共性，在《影响力》里，我按章节逐一做了讲述。

本书与《影响力》的关系

在本书中，我想要再次对这些原则进行指导性的探讨，同时在方向上做重大的调整。前一本书是想要提醒消费者，怎样抵挡别人施展的不恰当、不受欢迎的影响企图。但《影响力》虽然已经多次再版，销量远超我的想象，却几乎没有消费者团体找上门来要求跟进。我的电话不停地接到来自两类人的请求：公司代表邀请我给他们的团队演讲，读者个人想要了解怎样才能在和同事、朋友、邻居、家人的日常互动中变得更有影响力。很明显，人们不光想知道怎样拒绝他人的说服，还迫切地想知道怎样驾驭说服术。这成了促使我撰写本书的一个因素。

和《影响力》相反，本书的目的之一就是直接满足这一需求，只是有一些适用限制。第一条限制与说服术的伦理道德有关。我们能够运用心理手法来获得他人的顺从，并不意味着我们有权这么做。同一手法既能用在好事上，也能用在坏事上。坏人可以借助这些手法愚弄他人、利用他人，好人可以借助这些手法传递信息、提升他人。为什么组织应该果断地抛弃不合乎道德的说服行为呢？除了败坏声誉招致不良经济后果这种传统理由之外，第 12 章提供了一个新的理由：这些做法会吸引和留下那些认为欺骗行为可取的员工，而他们最终也会欺骗组织。

这本书还遵循第二项限制条件：所用素材中不妨自由穿插大量的个人案例和故事以求趣味性，但证据必须建立在科学的基础上。要想成功地理解施展影响力的过程，基于科学的方法能带来真正的优势。传统上，人们素来认为说服术是一种玄妙莫测的艺术，少数几个凭借直觉掌握了方法的人也肯定了这一印象。但过去半个世纪的说服研究带来了彻底的改变，令我们其余的人也能像天生的高手一样，充分受益于说服术。

研究人员一直使用严格的科学方法研究什么样的信息能令人让步、顺从和改变。他们已经证明，有时候，用标准方式提出一个问题，和用略有不同但更明智的方式提出相同的问题，在效果上有着惊人的差异。除了所获得的不同效果带来的绝对冲击，研究结果还有另一个值得注意的方面：说服的过程受制于心理规律。也就是说，在相当广泛的环境下，类似的方法都能带来相似的结果。

而且，只要合乎法律，说服术是可以学习的，这一点跟艺术灵感不同。不管自己有没有天生的影响力才能，或在语言上有没有天赋，不管对方是否有见地，我们都可以学习这些建立在科学基础上的技术，提高我们的影响力。[4]

和《影响力》最大的不同点在于，本书不光呈现了“说什么样的话最合适”的科学证据，还罗列了“在什么时候说最合适”的科学证据。从这一证据出发，当施加影响力的瞬间自然出现，我们可以学会辨识它们、监控它们，还可以了解怎样制造这样的瞬间。当然，从道德的立场看，这也很危险。但不管是在机会出现后顺势而为，还是主动创造机会，知道怎样恰当地把握时机提出请求、建议或推荐的人，都能脱颖而出。

关键在于时机

从某种意义上来说，我完成这本书完全是时机使然；而且，这个时机来得晚了几年。我原本打算趁着离开常驻大学，到一所知名商学院客座休假的机会来完成本书。我盘算着，那时候我有机会接触到知识渊博的同行，他们能帮我思考相关问题。再加上日程安排也很简单，能空出写书所需的时间来。

就在出发前一个月，我正打算和副院长商量怎么能在客座休假期间更有效率，讨论些琐碎的事情，比如紧挨同事的办公室、秘书的协助、电话、停车位、图书馆使用权限，等等。就在此时，我接到了一通他打来的重要电话。开头很美好。“鲍勃，”他说，“我有好消息要告诉你。我能搞到你想要的办公室，电脑的性能比你要求的还强劲，秘书、图书馆、停车位和长途电话，什么都别担心，我们全都帮你办好。”我向他道谢，为他所做的工作心怀感激。他停了停，回答道：“你也可以帮帮我们。我们刚好缺个人给 MBA 学员上专业营销课。我为这事很头痛，如果你能任课的话，那真的是帮了我的大忙。”

我知道，要是答应了他的请求，我的写书计划就泡汤了，因为一来，我之前从来没在商学院教过课，所以，我要学习一套新的教学规范；二来，我之前从来没有教过营销课，也就是说我得整理出一整套的课程，教材、阅读材料、作业和考试都得配套；最后，我之前从来没有教过 MBA 班，所以我要把大量的课外时间分配给教师行业里众所周知最难对付的学生，也就是 MBA 一年级新生，我得回答问题、提出意见、满足他们的需求。

不管怎么说，我还是答应了。在刚刚向对方表达了诚挚的谢意之后，我实在找不到任何其他恰当的选择。如果他是在前一天或者后一天问，我都可以拒绝，说我在贵校逗留期间要写书。可在刚刚向他表示了感激的这个瞬间，我做不到。

他刚为我做了那么多事，因此从社交上来说，除了答应他的请求，我找不到其他可接受的做法，只能庆幸地想，好在他要的并不是我的肾。考虑到他提出要求的时机，我必须说“行”。于是，直到为写这本书特意安排的休假结束，书也没写出来。家人和几位编辑都感到失望，连我也对自己挺失望的。

先发行为往往能在他人身上制造出转瞬即逝的顺从，所以，我把这个概念叫作“特权瞬间”（privileged moments；见图 I-1）。“特权”的意思很简单，指的是特别的、崇高的地位；而“瞬间”这个词的意思就比较复杂了，因为它有着两种含义。一种指的是有时间限制的区间，此处特指“开关”制造的机会窗口，这时候，提议方的力量最大。另一种意思来自物理学，指的是能带来全新运动的杠杆力量[①]。时间上和物理上的这两种互相契合的维度，能带来第三重维度，即心理上的极大变化。接下来的章节向读者揭示了怎样去做。5

第 1 章解释了特权瞬间的概念，即人们特别容易接受信息的时间点。这一章还提出并支持了一个基本的论点：决定人在某种环境下做出什么选择的最重要因素，往往不是最准确或最有用的信息，而是决策瞬间最受关

① “moment”在物理学上指力矩。——译者注

注的信息，它在那个瞬间享有了特权。

第 2 章探讨了用引导注意力的方法能够实现先发制人的一个重要原因，并加以证明。这个重要原因在于，一旦人的注意力落在了某个概念上，就容易对它产生过分的重视。本章用 3 个不同领域的例子考察了注意力引导效应：有效的网络营销工作、积极的消费者产品评论、成功的战时宣传活动。

图 I-1　提出要求的好时机

幸运的是，如果我们巧妙安排提出请求的时机，除了大麻，还有其他许多因素能提高对方顺从的概率。

第 3 章提出了用引导注意力的方法能够实现先发制人的第二个原因。

注意力集中不仅能使人感知到重要性，还会使人感知到因果关系。如果人们发现自己对某个因素给予了特别关注，很容易把这个因素视为原因。我考察了人们对彩票号码的选择、警察讯问中的虚假供述这两个例子，说明了“焦点就是原因”效应所蕴含的影响力优势。

如果注意力的提升可以带来先发制人优势，有没有什么样的信息能自动带来这样的关注，不需要沟通者付出专门的努力呢？第 4 章介绍了几种天然存在的注意力“开关”：性、危险、定向反应。

不光把注意力引导到特定目标上可以带来说服优势，让注意力停留在该目标上也很有好处。如果沟通者能让受众迅速注意到一个论点的有利方面，就更有可能让该论点顺利站住脚、不被对立观点驳倒，因为对立的观点被屏蔽在了注意力范围之外。第 5 章介绍了几类同时具备吸引和保持注意力的特性的信息：与自己相关、未完待续和谜之力量。

一旦注意力被引导到特定概念上，是什么让人的反应发生了改变呢？所有的心理活动都由联想模式组成，只有触发了有利于改变的联想，施加影响的企图才能获得成功。第 6 章说明了怎样利用语言和图像带来期待的结果，如更好的工作绩效、更积极的个人评价，以及一个尤其值得注意的实例：让阿富汗塔利班释放绑架的人质。

第 7 章提出了影响力也讲究情境。文字和图像可激发某些有利于改变的联想，场所位置也可以。因此，如果在外部环境和内心体验中预设了能与目标联系起来的线索，我们就能让自己朝着期待的方向前进。影响力从业者如果把他人带到暗藏着支持线索的环境下，也更有可能达成目标。例如，如果教室里预设了女性掌握科学、数学或领导任务的相关线索，比如张贴一幅表现女性这么做的照片，年轻女性在这些任务上会表现得更好。

沟通者将接受方的注意力聚焦在与传递信息一致或相关的概念上，就能施加先发影响力。但这是通过什么机制实现的呢？答案涉及一个我们不大容易注意到的心理活动的特点：**心理活动不仅仅是在准备好的时候启动，而是在做准备期间就启动了。**第 8 章通过若干不同的现象检验了这一机制的运作，如广告形象怎样发挥作用，为什么婴儿也能受到先发因素的影响而变得乐于助人，怎样施加先发影响力让瘾君子执行原本不同意的重要治疗活动。

应该让受众的注意力集中到哪些特定概念上，以获得最大的先发影响效果呢？应当将之引导到我在前一本书《影响力》里介绍的几条普遍原则上：互惠、承诺和一致、喜好、社会认同、权威、稀缺。第 9 章分析了它们流行和成功的充分理由，当人们决定要怎么做的时候，正是这些原则让人们转入正确的方向。

第 10 章介绍了第七条影响力原则：联盟。如果先发影响力施展得当的话，有一种特定类型的联盟能带来更多的接受、协作、喜好、帮助、信任和同意，这就是认同，用归属感来概括最为合适。建立归属感主要有两种方式，第 10 章介绍了其中之一：身心合一，即展示与亲人或乡土相关的线索，表达基因上的一致性。

除了血缘或地理上的共性，归属感还能通过协同行动来建立。人们协同行动的时候，就能够形成联盟；如果行动合一，就能施加先发影响力，带来相互间的喜爱和支持。第 11 章介绍了陌生人之间的互相帮助、队友之间的合作、4 岁小孩子的自我牺牲、小学生之间的友谊、大学生的爱情、消费者对品牌的忠诚等形式。

使用先发影响力方法的人，必须判断在传递信息的前一刻要呈现些什么。但还有一个决定他们必须更早做出：基于道德理由，是否采用这种方法。通常，来自商业机构的沟通人员会把利润放在道德之上。因此，人们有理由担心，会不会有人以违背道德的方式使用本书介绍的先发影响方法。不过，第 12 章提供了研究数据，表明这种手法会从三个方面破坏企业利益，不道德的滥用是弊大于利的。

借助先发影响力的沟通者想要的显然不仅仅是通过瞬间转移关注点，实现暂时的改变；他们还希望改变能持续下去。有两种处理方式能提升行为概率，让先发影响力带来的改变扎根、长久维持，尾声介绍了有关这两种处理方式的行为科学证据。

PRE-SUASION 延伸阅读

1

餐馆名字和球衣号码研究由 Critcher & Gilovich (2007) 完成；比利时巧克力研究来自 Ariely, Loewenstein & Prelec (2003)；工作绩效研究来自 Switzer & Sniezek (1991)；画线研究来自 Oppenheimer, LeBoeuf & Brewer (2008)；红酒店研究来自 North, Hargreaves & McKendrick (1997)。

最初的经历常常会离奇地改变随后的反应。这种一致的结果并不仅仅局限于沟通领域。最新的理论开始采用量子概率模型，而非经典概率模型，来解释人类的各种判断失误（Pothos & Busemeyer, 2013）。这些理论的核心设想是，做决策改变了一个人的意识状态，使其偏离了决策前应有的合乎逻辑的期待（Busemeyer et al., 2001; Busemeyer & Wang, 2015; Shiffrin, 2010; Weber & Johnson, 2009）。

2

印度教里的象头神有两个名字：起始之神与消除障碍之神。这两个名字很好地表现了“开关”消除现有障碍、扫清说服之路的作用。除了吉姆的做法，其他的先发影响力“开关”也能消除信任不足的障碍。只要先找到自己和受众的相似之处，哪怕是夸夸其谈的沟通者也能提升受众的信任，完成随后的说服工作（Packard, Gershoff & Wooten, in press）。

3

不光我自己持有这种观点。举例来说，Michael J. Mauboussin (2009, p.16) 考

察了大量有关理性思考策略的研究，并得出结论："最优秀的决策往往源自相似性。"事实上，存在一定的相似性，往往是最"与众不同"的特点。雅各布·迪伦（Jakob Dylan）在 *The Difference* 这首歌的歌词里比我更雄辩地指出："我看到的唯一区别 / 是你完全跟过去一样。"

4

对说服进行科学研究，始于第二次世界大战期间交战双方热火朝天地展开的政府沟通项目（Hovland, Lumsdaine & Sheffield, 1949; Lewin, 1947; Stouffer et al., 1949）。

5

"moment"的物理概念来自全世界第一位伟大的数学物理学家阿基米德（公元前 287 年—公元前 212 年），他曾说："给我一根杠杆和一个支点，我就能撬动地球。""机会"的概念更加古老，可参见古希腊语"*kairos*"（契机），指的是时间和环境都恰到好处的那一刻。事实上，亚里士多德这位伟大的影响力艺术导师就曾建议雄辩家们，在提出论点时抓住恰当时机非常重要。因为翻译和分类有误的问题，直到相对近期，学者们才意识到在亚里士多德的《修辞学》里，"*kairos*"在说服力中所占的分量（Kinneavy & Eskin, 2000）。

PRE-

第一部分

SUASION

注意力

先发影响力第一大武器

A Revolutionary

Way to

Influence

and Persuade

PRE-SUASION

01

特权瞬间

制造转瞬即逝的顺从

A Revolutionary Way to Influence and Persuade

有件事大多数人都不知道：我是个手相师，至少曾经是。年轻的时候，我靠看手相打破聚会上的沉默。不过，我最终放弃了这种做法，因为只要我一开始看手相，就会排起一队跃跃欲试的人来，使我完全没法和人进行有意义的对话，甚至没法挤到自助餐桌前。

然而，在那几年里，我意识到一件十分有趣的事情：我通过看手相所得出的信息竟然差不多全都是真的！在看手相的过程中，对面的陌生人总会大感诧异，因为我准确地说出了他们的个人特质。“太对了！”他们会说，“你怎么看出来的？”我总是靠着高深莫测的微笑来回避这个问题，因为老实讲，我自己也很惊讶。

但如今的我不再为此感到惊讶了。对于为什么我看手相这么准，通常有两种解释。一种解释认为这是某种超自然力量，只有少数“神人”才能拥有；另一种解释则认为这是一种任何人都能掌握的完全正常的流程。

一方面，我们很容易想象一个人手掌上的特点跟他的个性、历史、过去和未来有所联系。这类解释往往是由宣传各种超自然系统的人提供的。除了手掌的实际特征以外，这类系统也可以建立在任何东西上：星座、身体的气味，甚至脑壳的弧度（见图 1-1）。

图 1-1 通灵猫咪

从我过去看手相的经历来看，有时超自然方法竟然非常准确。

资料来源：Bizarro Comics. Distributed by King Features Syndicate, Inc.

当然，对那些宣称用脑壳弧度算命比用气味更准的人来说，二者间的差异至关重要。然而对受众来说，用什么算命并不要紧。在上述各种情况下，我们都相信，专业人员利用各自系统里的特殊信息，可以解读我们的个性、过去与未来。不过，我倒是怀疑能不能用超自然的理由解释我看手相的水平。只要进行仔细推敲，这些系统都站不住脚。[1]

说回我的手相师岁月，我发现了一些明白无误的迹象：用超自然方法解读人的性格，有些很不对劲的地方。我看手相实在太成功了，简直让我自己都好奇。于是我把系统中的所有元素都检验了一番，比如，有时我会把人的感情线当成智慧线来解读。可不管我怎么改变具体的做法，都不影响解读的准确度。不管是遵照恰当的流程还是违背该流程，只要我揭示对方“内心深处存在自我怀疑”，对方一般都会做出同样的反应，愧疚地点点头。

OPENER

算命师傅，横竖都有理

有一天晚上，我参加了一个家庭聚会，可聚会上几乎没有一个认识的人，不免让我觉得有些格格不入。因为与陌生人进行社交互动，是我内心深处的自我怀疑之一，我便开始解读手相，想要融入大家。我甚至把主人的手掌看了两次，一次是在聚会刚开始的时候，一次是在几个小时后若干杯酒水下肚之后，他想多了解些内情。在第一次解读的过程中，我向后扳了扳他的大拇指，说：“你瞧，按照我的判断，你可是个相当固执的人。”在第二次解读时，我又扳了扳他的大拇指，说：“你瞧，我敢说你是个很灵活的人。”尽管这两次的描述完全相反，可他两次都想了想，承认我所说的完全正确。

这是怎么回事？只要在合理范围内，不管我怎么说，对方都认为我解读正确。这怎么可能呢？

超自然现象的批评者们给出了一个标准的解释：手相师、占星师或者解读脑壳弧度的颅相师描述的那些性格特点非常普遍，几乎人人都可以认同。的确如此，但它并未解开全部的谜团。如果人们这么容易了解自己固执或灵活的倾向，他们不应该立刻反驳手相师、占星师和颅相师吗？当我在聚会上说主人是个固执的人时，既然他知道自己也相当灵活，何不立刻表示反对？他为什么在我提出某个特点的时候，只看到了那一个特点？

揭开算命大师的秘密

答案跟一种能剧烈改变人们决定的常见行为倾向有关。假设在聚会上，我稍微向后扳了扳你的拇指，根据它的阻力和曲度，宣称你“是个很固执的人，能抵挡住压力，不做你不愿意做的事情”。我聚焦于你固执的特点，把你送上了一条“在修建时动了手脚”的心理滑道，让你情不自禁地认同我的判断。

它是这样运作的：为了检测我说的是否正确，你不由自主地开始在记忆里搜索自己行为固执的时候，而且只搜索这样的时刻。几乎可以肯定，你想得起一两个现成的例子，因为在压力下蛮干是一种常见的个人缺点。如果你继续进行这种带有偏差的搜索，肯定还会想到其他一些类似的事情。自我识别的灯闪了一下，你很可能抬起头看着我，承认我击中了靶子。

现在再想象一下相反的情况，我说你“是个很灵活的人，得到新的信息后愿意将之纳入考量，调整自己的立场”。这一回，我把焦点放在了相反的地方，把你送上了另一条心理滑道：让你情不自禁地去发现自己做出改变的场合。这样一来，你很可能会进行一轮同样带有偏差的搜索，并承认我说的完全正确：你的确有着基本的心理灵活性。

你之所以容易受到这一花招的摆布，是因为人的一个本性。它有一个深奥的学名叫“正向检验策略”（positive test strategy），可归纳如下：

为判断一种可能性是否成立，人们一般会寻找它说中而非漏掉的地方，寻找它所证实而非证伪的地方。

校验存在的东西容易，校验缺失的东西难。了不起的推理小说家柯南·道尔爵士在塑造福尔摩斯精彩的思维方式时，深知人类的这一心理倾向。天才福尔摩斯不屈不挠地注意那些本应发生却并未发生的事情。不妨回忆柯南·道尔著名的侦探小说《银色马》(*Silver Blaze*)：福尔摩斯发现，自己正在调查的一桩失窃案是内部人员作案，而不可能是警察逮捕的那个陌生人犯下的，因为在罪案发生期间，本应该叫唤的看门狗竟然没叫。警察们纪律严明但不够聪明，喜欢寻找是否存在确认性的证据，而非是否缺失了某个环节，在演绎推理方面跟福尔摩斯没法比。[2]

如果我问你，你在社交领域是否不太开心，你会自然而然地去搜寻支持这一叙述的证据，从而着眼于考虑自己不开心的例子，反过来说，如果我问的是你在社交领域是否开心，你寻找的会是开心的例子。研究人员用一群抽选出来的加拿大人做了对比，他们问一部分人“你对自己的社交生活是否感到不开心”，问另一部分人“你对自己的社交生活是否感到开心”。前者在思考答案时，想到不满情况的可能性要高得多，他们回答自己不开心的概率比后者高 375%。

这一调查结果能让我们汲取很多经验教训。首先，如果民意调查只想知道你是否对某事不满，这件事可以是一种消费产品，可以是某位民选代表，也可以是一项政府政策，你要当心。如果有人只问你是否满意，你也最好同样保持警惕。这类“滑道只朝一边开”的问题，会让你做出错误的判断，错误地回答自己的立场。我建议拒绝参加这种提问中带有偏差的民意调查。使用双向提问的调查就好得多：“你对这一品牌有多满意？有多不满意？”“你对市长在任期间做出的成绩感到满意，还是不满意？”“你对国家的现行中东政策，在多大程度上认同？在多大程度上不认同？”这类提问方式会让你更公平地思考自己的感受。[3]

调查员使用引导性问题，让你对个人立场做出有失偏颇的判断，这固然令人担忧；但如果提问者使用相同的手法，在特权瞬间对你加以利用，绝对更值得警惕。邪教征召信徒时，往往会抢先询问潜在对象是否感到不满，从而引诱人上钩。我曾经认为，这种措辞的设计，只是为了选择那些个人怨念极强，本就倾向于按邪教要求做出巨大转变的人。但现在我相信，“你不开心吗”这样的问题远远不止是筛选机制。这也是一种动了手脚的征召机制，让人过分关注自己的不满。实际上，邪教并不希望自己的队伍里存在富有反抗精神的人，相反，他们要找的是基本能正常适应社会的人，这一类人证实不证伪的思路能够被引导到邪教事业上。

上述加拿大研究的结果表明，当问题的措辞引导一个人审视自己的不满情绪时，他会有更大的可能认为自己不开心。邪教人员会故意设计出一个让他承认自己不满的瞬间，在那之后，他们会立刻乘胜追击：“嗯，既然不开心，你肯定希望改变这种状况，对不对？”[4]

邪教的征召手法听起来很有趣。但邪教组织成员，包括征召人员，是出了名爱自我欺骗的；说不定，这一手法的效力只是他们在自己骗自己。说这种人为制造出来的瞬间，不只会暂时改变人的自我审视、令人前后不一，可有什么铁证吗？先发影响力从业者真的能够利用这个瞬间改变他人做事的意愿，带来真正有价值的东西吗？

商人极为重视消费者信息。支持市场调研的人说，市场调研是为一个崇高的目的服务的，那就是为卖家提供所需数据，更好地满足潜在买家。而且，高度重视此类数据的不光只有他们。利润丰厚的商业机构意识到，充分掌握有关消费者所需所想的信息能带来优势。事实上，最优秀的商业机构舍得花大价钱来了解消费者的细节。

可对这类组织来说，有一个普遍存在的问题：我们消费者才懒得参加他们的调查、小组讨论和口味测试呢。就算它们愿意提供可观的现金报酬、免费产品或礼品券，答应协助的人还是不太多，急得市场调研人员抓耳挠腮，因为收集来的数据是否反映了目标群体中大多数人的感受，他们拿捏不准。如果先提出具有说服力的单方面诱导问题，再把握时机请求获得消费者的信息，可以解决这个问题吗？

沟通学家桑·博尔坎（San Bolkan）和彼得·安德森（Peter Andersen）进行了一项实验，请受访者协助完成一份问卷。让我们来看看他们所得的结果。我们都有过类似的经历：在商场或超市购物时，被带着笔记本的调研员拦住，请求占用我们几分钟时间。和典型的商场调研员一样，这些科学家的成功概率低得令人沮丧：只有 29% 的人答应协助。但博尔坎和安德森认为，无须采用昂贵的有偿调研，也能提高答应请求者的比例。他们着手在第二群人身上尝试，并采用了一句施加先发影响力的提问作为“开关”：“你认为自己乐于助人吗？”短暂的思考过后，几乎每个人都做出了肯定回答。当受试者在心底肯定过，也当众承认了自己乐于助人之后，研究人员立刻抓住这个特权瞬间扑上去，请求他们协助自己的调研。这下，志愿参与率提高到了 77.3%。

在第 9 章中，我们将探讨这种令受访者顺从度提升了一倍多的特定心理机制，即人们渴望言行一致的倾向。但现在，我们得出了一点更宽泛的认识，也是本书的一个重要主题：

很多时候，最有可能决定人在某一环境下所做选择的因素，不见得是那个最明智的建议，反而是那个在决策当时受到了更多关注的东西。

这种认识让我们得以对施加影响的过程做一番完全不同的思考。我研究人们怎样接受说服、做出选择和改变已经30多年了，大部分时间我都受制于主流的社会影响力科学模型。它提出的建议是：如果希望改变他人的行为，你必须先改变这个人的现有特点，使之与行为相吻合。如果想说服人们购买某种不熟悉的东西，比如一种新的软饮料，你应该努力改变他们的观念、态度或体验，让他们想要购买该产品。你或许会向他们指出，这是如今市场上销售量增长最快的新饮料，改变他们对该饮料的观念；你也可以把它和某个大众喜爱的名人联系起来，改变人们对它的态度；你还可以在超市里提供免费试饮，改变人们对它的体验。

虽然有充分的证据证明上述做法有效，但现在很明显的是，还有另一种社会影响力模型，选择了一条不同的路线来达成说服目的。

你乐于冒险吗

按照引导注意力这一非传统的方法，为了获得目标行为，不一定要改变对方的观念、态度或体验，只要改变决策瞬间当事人脑袋里的重点就行了。在新款软饮料的例子中，这个重点可能就是当事人一贯愿意尝试新的可能性。这一心理过程的证据可在博尔坎和安德森所做的扩展研究中找到：如果营销人员先主动设置一个“开关”，问受访者是否认为自己乐于助人，就能极大地提升调研参与度。

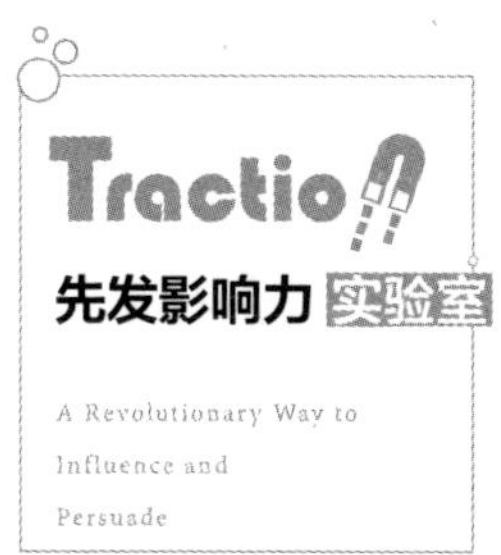

两位科学家还做过一轮配套研究，发现使用一个类似但不同的“开关”，即问受访者是否认为自己爱冒险，同样有可能提升其参与意愿。进行调研的消费产品是一种新的软饮料，受访者必须答应提供电子邮件地址，

> 才能接收获取免费样品的指令。科学家们拦下路人，问他们是否愿意为换取免费饮料提供自己的电子邮件地址。大多数人都不愿意，只有 33% 的受试者自愿提供了联系方式。科学家又拦下另一批人，抢先提问：“你认为自己是个爱冒险、喜欢尝试新东西的人吗？”几乎所有人都说是。于是，75.7% 的人提供了自己的电子邮件地址。[5]

这些发现中有两个特点值得注意。首先，研究者询问受试者是否认为自己爱冒险时，97% 的人（72 人里有 70 人）都做出了肯定回答。每个人都是爱冒险的人，这个想法本身就很滑稽，是根本不可能的。可当使用这种单方面引导提问，问他们是否属于某一类型的人时，几乎人人都觉得自己并非例外。这就是正向检验策略的力量，它能创造出一叶障目的狭窄视角。证据表明，这一过程能明显提高受访者认为自己爱冒险、乐于助人或者不开心的比例。此外，视野受限虽然是暂时的，但绝非无关紧要。说服的特权瞬间令这些人无法抗拒调查员提出的请求，科学家的研究数据和邪教征召人员的实践都已证实了这一点。

软饮料实验还有另一个值得注意的特点，不在于一个简单的问题竟然引导了这么多人做出特定的选择，而在于它竟然引导了这么多人做出一个有可能很危险的选择。近年来，各种各样的专家反复警告我们，随意泄露邮箱地址相当于引狼入室，让一些不法分子得以用垃圾邮件轰炸我们的计算机，散播破坏性病毒，甚至“黑”进电脑系统盗窃我们的身份，让我们遭受严重的损失。当然，公平起见，必须承认经验丰富的用户不太可能上电子欺诈的当。就拿我自己来说，我受宠若惊地反复收到互联网消息，说是有很多乌克兰的雏妓想要见我；如果无法安排见面，她们也愿意向我提供一笔超级优惠的修复打印机硒鼓的交易。虽然这是个特殊的例外，但专家们还是建议，要带着怀疑态度看待这种招徕的真实性。[6]

事实上，正是考虑到对计算机欺诈的大量负面宣传，在博尔坎和安德森的研究中，第一组里有 2/3 的受试者都拒绝提供自己的电子邮件地址。毕竟，这是一个完全陌生的人唐突提出的请求，这样的情况很明显需要谨慎对待。

可经过单方面引导提问，从而关注到自己爱冒险的一面后，第二组人在完全相同的情况下，忘记了谨慎原则，贸然做出了一个可能很愚蠢的选择。他们的行为表面上看令人困惑，其实正是证实了本书的论点：引导人做出决定的因素，往往不是最明智的建议，而是刚好在此时被灌输到他们脑子里的东西。为什么会这样呢？答案关系到注意力引导的残酷性，它不光提升了对聚焦点的关注，还抑制了聚焦点以外的其他所有竞争对手，即便那些被抑制的方面同样非常重要。[7]

集中注意力的代价

在英语中，我们爱说“pay” attention（“付出”注意力），这明显意味着集中注意力是有代价的。当注意力放在某件事情上时，对其他事情的注意力就会被占用。其实，由于人的思想在同一时间似乎只能把有意识认知放在一件事情上，注意力集中的代价就是在那一瞬间会损失其他的一切。你是否注意过，同时体验两件事有多么难？拿我自己来说，如果我一边听着车里的音乐，一边目不转睛地寻找高速公路出口，我其实根本就没在听音乐；而如果我专心地听音乐 CD，就会错过正确的出口。[8]

车载 CD 播放机的工作原理跟我的大脑类似，每次只播放一条音轨。理由很充分：同时播放多条音轨太愚蠢了，我只会听到噪声。人类认知也是一样。尽管总有多条信息“轨道”可供选择，但在同一时间，我们总会有意识地选择一条最想处理的进行操作。否则我们会信息超载，无法应对混杂输入的不同方面。

要想处理多条信息渠道，我们只能在其间来回切换，依次打开、关上意识的门。这一技能带来了多任务处理，即在同一时间框架下关注多个活动的能力，比如边打电话边浏览电子邮件。虽然看起来我们是在同时关注多件事情，但这是一种错觉。我们只是在快速调整焦点。

然而，一如集中注意力有代价，切换注意力焦点也有：切换焦点大约要花半秒钟，在此期间，我们会经历心理盲点，也叫作“注意瞬脱”（attentional blink），此时我们无法有意识地获取信息。因为这个原因，每当我跟人打交道，而对方还想同时做点其他事时，我都觉得很恼火。你跟人在电话里聊天时，听到过对方报纸翻页或者计算机键盘嗒嗒响的声音吗？（见图 1-2）我讨厌这种事。它表明，跟我对话的人宁愿损失我提供的部分信息，而去跟其他信息接触。这感觉有点像是我的地位被拉低了，对方认为我的信息输出相对而言无关紧要。[9]

但不光只有我一人获得了这一暗示，我的谈话伙伴也收到了同样的信息，因为人们理所当然地认为，自己选择关注的东西，反映了他们当时所重视的东西。以下是影响力过程里的关键：

只要我们能让人们把关注点放在某样东西上，比如一个想法、一个人、一件事等，就会让这件事显得比之前更加重要。

让我们来看看著名心理治疗师米尔顿·埃里克森（Milton Erickson）在治疗患者的过程中使用的一种手法。有时候，患者不愿接受埃里克森提出的治疗要点，比如，不做选择也是一种个人选择。但埃里克森并不会在再次提出这一观点时提高音量，而是借助相反的方式。

“你在跟我说话的时候还做着别的事儿？”

图 1-2　不予理会

被忽视是会惹人生气的。

资料来源：Willian Haefeli. The New Yorker Collection/The Cartoon Bank.

人人都知道他非常善于制造焦点瞬间。他会等待一辆重型卡车攀爬诊室窗外的山坡，在此时再次提出自己的重要观点。为了与轰隆隆的噪声相配合，他还会故意放低音量。为了听清埃里克森在说什么，患者只能往前倾斜身子，而这正是表示集中注意力，对所听到的内容有着强烈兴趣的身体信号。埃里克森素以在治疗中引入非语言因素著称，他认为，患者为了听到信息而做出的向前倾身的姿势，和信息本身同样重要。

这个故事很有启发性，但我们还有更多证据足以证明如下观点：**对自己主动选择靠近的东西，人们会分配更多的重要性。**大量的研究都表明，缩小与某样东西的距离，会让它显得更物有所值。这一自然倾向对影响力过程有什么样的影响，理解起来也不难。在一项研究中，潜在购物者光是想象自己走向零食柜台，就变得更喜欢那种零食了，而且花钱买零食的概率也变成了原来的 4 倍多。[10]

除了通过精心安排让他人关注到某个信息或产品，沟通者还有其他各种方法来引导受众的注意力，从而向他们灌输某个观点或推荐某个物品。正如我们接下来将要看到的，先发影响行为的影响相当深远。

PRE-SUASION 延伸阅读

1

研究人员曾对相人的超自然方法做过多次严格的考察，所得结果均一致：没有可信证据显示这些方法有效（Blackmore, 1987, 1996; Charpak & Broch, 2004; Hyman, 1989, 1996; Reichart, 2010; Shermer, 2002, 2003; Wiseman, 1997）。

2

有一段福尔摩斯和苏格兰场探长格雷戈里的著名对话。格雷戈里逮捕了一个陌生人，并收集了相当多不利于此人的证据。

> 格雷戈里：有没有其他什么要点，你想要提醒我注意的呢？
> 福尔摩斯：那天晚上，狗的反应很有趣。
> 格雷戈里：那天晚上狗什么也没做呀。
> 福尔摩斯：有趣的地方正在于此。

对发生了的事给予更多关注和意义，是人类的自发倾向，这方面的证据多种多样。哪怕是象棋大师似乎也会因为这样的偏差而造成失误（Bilalic, McLeod & Gobet, 2010）。这种偏差危害决策的其他例子，以及杰出的数学大师亚伯拉罕·沃尔德（Abraham Wald）发现并战胜它的故事，可参见：www.dangreller.com/the-dog-that-didnt-bark-2。事实上，福尔摩斯和沃尔德采用的方法，也能从另一些天才人士收集信息的风格里体现出来。以 Facebook 创始人马克·扎克伯格为例，Facebook 首席运营官雪莉·桑德伯格（Sheryl Sandberg）曾观察到："你跟马克说话的时候，他不仅仅在听你说了什么，还在听你没说什么。"符合这种形容的人很少。当然了，也很少有人不到 30 岁就挣到了 300 多亿美元的净资产。

3

加拿大大学生的研究由 Kunda et al. (1993) 进行。还有其他许多实验展示了我们对正向检验策略的普遍依赖，以及我们近乎自动地检验确定性假设的倾向。相关综述可见：Klayman & Ha (1987); Lilienfeld, Ammirati & Landfield (2009); Nickerson (1998); McKenzie (2005)。

我之所以建议拒绝回答单方面提问的调查，是以数据为根据的。这类问题的误导性极强。举例来说，Schuman & Presser (1981) 做过一项经典研究，询问一群美国人："如果今年冬天汽油严重短缺，你认为是否应该立法要求人们降低自己家的热能消耗？"此时，38.3% 的受访者表示支持。但研究人员又增加了一个意在加以平衡的提问："还是说，你反对就此立法呢？"在这种情况下，表示支持的受访者降到了 29.4%。

4

最初开始系统研究说服和社会影响力主题时，我只在大学实验室里精心地设计实验，研究为什么特定类型的信息在改变接受方的行为和态度时特别有效。我至今仍然重视这类研究，但不再只重视这一种类型的研究，因为我逐渐意识到，科学研究并不是有关影响过程的唯一可信信息源。我在导言中提出，影响力从业者，如广告策划、销售人员、营销人员、筹款专家等的实践是存储着这类信息的巨大仓库。我常常参加相关的培训课程，从内部学习其运作手法并进行分析。不过，邪教征召人员倒是一群特殊的影响力从业者，我没有从内部探索过他们的方法。尽管有些研究人员全身而退（如 Galanti, 1993），但人们出于好奇进入邪教环境后无法脱身的例子数不胜数。所以，我对这一领域的证据基本上来自前邪教成员和征召人员接受的采访和报告，他们乐于讨论一些自己用过，或别人对自己用过的说服机制（Hassan, 1990, 2000; Kent & Hall, 2000; Lalich, 2004; Singer & Lalich, 1995）。这类讲述邪教征召和留住信徒时最爱采用的说服手法的个人回答和报告，可参见 Almendros, Cialdini & Goldstein, (in preparation)。持续更新的相关信息，可参见国际邪教研究协会的相关刊物《国际邪教研究期刊》（*International Journal of Cultic Studies*）。

5

批评家可能会用一种不同的方法来解释博尔坎和安德森所得的结果：或许受访者答应提供电子邮件地址，不是因为冒险意识的瞬间放大，而是因为他们跟研究人员做了口头互动，因此对研究人员和他随后所提的提议更为顺从。这是一种合理的可能解释，因为有证据表明，在提出请求之前进行最简短的口头对话，也会提高请求者的成功率（Dolinski, 2001）。然而，博尔坎和安德森所做的第三项实验表明，这种解释无法说明他们发现的基本效应。在这最后一项研究中，他们向参加交流课程的大学生发放传单。传单告诉学生们，如果想要免费获取新品牌饮料的试用，请写下电子邮件地址。对一部分学生，传单上丝毫没有问及冒险精神；可以料想，学生们的兴趣很低，只有 30% 的人提供了邮箱地址。而对班上的另一些学生，传单顶部提出了一个单方面引导的问题："你认为自己是个喜欢尝试新事物、爱冒险的人吗？"这带来了很大区别：这部分学生中有 55% 的人填写了自己的具体联系方式，他们没跟任何人进行事前的口头交流，因此并不会受其影响。所有三项研究的完整说明，请参见 Bolkan & Andersen (2009)。

一项有关选民投票率的调查发现，有一个微妙的因素，能将这种单方面引导提问的影响发挥到最大，那就是询问目标对象而非目标行为。两次美国大选前一天，研究人员给登记选民打电话，用两种方式询问其投票意图。其一问的是选民身份，比如"在即将到来的选举中发挥选民作用，对你来说有多重要"；其二问的是投票行为，比如"在即将到来的选举中投票，对你来说有多重要"。两种先发影响力"开关"都提升了次日的实际投票率，但把受访者跟选民身份挂钩的问题，在两次选举中都更加有效（Bryan et al., 2011）。

6

举一个这方面问题越来越严重的例子。2010 年 6 月,《消费者报告》(*Consumer Reports*）杂志发表了一项调查的详细结果，每年有 100 万美国家庭遭受了电子邮件诈骗，3 年之后，这个数字已跃升到 1 600 万（Kirchheimer, 2013）。遗憾的是，诈骗案件的增长并未到此为止。皮尤研究中心的一份报告发现，2013 年 7 月到 2014 年 4 月，报告个人信息失窃的美国成年网民增加了 63%（Madden, 2014）。黑客以各种方式窃取网民信息的可怕故事，可参见 Sagarin & Mitnick (2011)，以及 Muscanell, Guadagno & Murphy (2014)。有一种做法跟前述博尔坎及安德森的研究相关，即找个借口获得电子邮件地址，向邮箱发送一封信件，并在内容中植入病毒、恶意软件附件或网页链接（Acohido, 2013; Anderson, 2013）。

7

突出一个概念在意识里的地位，会抑制人们对与其相对的概念的觉知（Coman et al., 2009; Hugenberg & Bodenhausen, 2004; Janiszewski, Kuo & Tavassoli, 2013; Macrae, Bodenhausen & Milne, 1995）。这一发现可以通过多种具体途径来发挥作用。举个例子，用特定目标刺激一个人，能减少此人意识到其他可行的替代目标的概率（Shah, Friedman & Kruglanski, 2002）；让人们聚焦于一种特定的办法来找工作，如参加工作面试，会让他们难以想起其他找工作的途径，如更新简历、给雇主打电话等（McCulloch et al., 2008）；让人们不断回忆学到的特定单词，会让他们更快地忘掉同时学到的其他单词（Bauml, 2002; Murayama et al., 2014）；主动突出词语的一个意思，会抑制人们想起该词语的其他含义，举个例子，如果提醒人们想到单词“prune”指的是“李子”，那么，他们想起这个词还可以指“剪枝”这个动作的概率就明显低得多（Johnson & Anderson, 2004）。

8

“同一时间只能在意识中体验到一件事”的规则，也适用于视觉与声音之外的其他信息渠道。举例来说，我发现，如果我想要咬一口食物尝尝味道，就会闭上眼睛。反过来，如果我想边看精彩的电视节目边吃东西，就尝不到食物的味道了。证据表明，所有人都无法在意识里同时处理多条信息流，见 Levy et al. (2006); Dijksterhuis (2004); Sergent & Dehaene (2004); Sheppard et al. (2002); Sunny & von Mühlenen (2013); van der Wal & van Dillen (2013)。

事实上，早在 1890 年，美国最伟大的心理学家威廉·詹姆斯（William James）就曾断言，出于这种认知缺陷，“在意识中决不可能存在多个观点”（p.405）。需要注意的是，詹姆斯所指的“意识”是“conscious mind”（即有意识，而非无意识）；我们稍后还会就此做更多的讨论。

我们难以同时专注于两件事，这有助于解释开车时打电话所导致的惊人事故率。Hyman et al. (2009) 对相关证据做了综述，甚至有研究指出，正在打电话的司机，表现比喝醉了酒的司机还差劲。另一篇研究指出，语音短信同样糟糕。但和车内乘客对话并不存在同样的风险，原因在于，乘客知道根据司机面临的交通环境，调整对话的时机和内容（Gaspar et al., 2014）。

9

人类感知存在注意瞬脱的实验证据，请参见 Adamo, Cain & Mitroff (2013); Barnard et al. (2004); Shapiro (1994) 以及 Dux & Marios (2009) 的综述；有关我们必须保持注意力集中的证据，见 Olivers & Niewenhuis (2005) 及 Zylberberg, Oliva & Sigman (2012)；最后，这一现象涉及的皮层机制，相关证据见 Marti, Sigman & Dehaene (2012)。关注点及对其的调整暗示着重要性，这一设想得到了来自婴儿及成人凝视意义研究的支持（Baron-Collins, 1995; Emery, 2000）。

10

米尔顿·埃里克森的逸事来自杰弗里·泽伊格（Jeffrey Zeig），他是米尔顿·埃里克森基金会的创办人兼董事。零食研究来自 Labroo & Nielsen (2010, experiment 1)。对自己主动选择靠近的东西，人们会分配更高的重要性，证据可见 Cacioppo et al. (1993); Finkel & Eastwick (2009); Neumann & Strack (2000); Priester et al. (1996); Slepian et al. (2012)。对于人们保留下来的东西，似乎也存在相同的效应。在一项研究中，参与者在一张纸上写出对一类饮食，如地中海饮食的积极或消极想法，研究人员告诉他们，可以把这张纸留在口袋或钱包里，也可以扔掉。尽管参与者并没有再次阅读自己写下的东西，但如果他们把纸条放进了口袋或钱包里，随后他们对食物的反应基本上就会受其引导（Brinol et al., 2013）。

PRE-SUASION

02

焦点最重要

注意力的重要性之一

A Revolutionary Way to Influence and Persuade

我曾有幸在伦敦亲眼见证了一系列精彩纷呈的庆祝活动，恭贺伊丽莎白二世登基 50 周年。虽说几个月以来，女王已经多次出访主办此类庆典的英联邦诸国，不过，到了 2002 年 6 月 4 日，庆祝活动达到了最高潮：在伦敦中心地区，100 多万来自英国和世界各地的群众到场观礼。现场观众表现出来的明显的崇拜之情让英国媒体大吃一惊，因为此前他们认为，英国王室，尤其是女王，早就跟现代社会没关系了，登基庆典会虎头蛇尾地放个哑炮。

可事实恰恰相反。6 月 4 日之前的几个星期，英国各地民众成群结队地参加庆祝演讲、游行、音乐会和特别觐见，只为一睹女王的风采。最叫人垂涎的是受邀参加能排队跟女王说上几句话的小型聚会。

当然了，在任何地方、任何场合下见到伊丽莎白二世，都是件很有分量的事情；可在 50 周年登基典礼的盛大场面里有机会觐见女王，显然有着更重大的意义，因为这会得到媒体的广泛报道。有一篇报道给我留下了极其深刻的印象。在一次小型宴会上，正轮到一位年轻姑娘觐见女王，可她手提包里的手机竟然响了起来，这把她吓坏了。手机不屈不挠地响个不停，女王盯着姑娘的手提包，令当事的姑娘尴尬慌乱，呆若木鸡。终于，女王俯身向前提议道："孩子，你还是先接电话吧。说不定是件重要的事。"

突出的东西就是重要的东西

从女王亲切的提议中，我们或许可以看出臣民为何对她爱戴有加；但提议的内容带来了另一类的洞见：凡是把注意力往自己身上引的事情，都能让旁观者高估其重要性。在那一刻，在女王登基50周年的庆典上，电话另一头有什么人能比女王本人更加重要呢？反正我是想不出来。然而，这位打来电话的不知名人物显然很重要，连女王都这么想。

批评家大概会说，女王并没有高估打电话者的重要性；她的反应只不过表现出了她的和蔼可亲、平易近人，并非对情况做出了错误的评估。我相信，批评家们说错了，因为，虽说我们大多认为王室成员不是普通人，但说到底，他们仍然是人，不是截然不同的另一个物种。不计其数的研究已经证明，人类就是容易为恰好突显出来的事情分配不恰当的权重。

丹尼尔·卡尼曼就是这些研究人员之一，出于个人和职业的原因，他特别擅长洞悉人类行为的特点和原因。从个人的方面来说，他能够站在社会文化与个人角色的多维度上进行观察：他在法国长大，在耶路撒冷和加州伯克利获得学位，在以色列当过兵，做过人事评估，在加拿大和美国教过书。不过，卡尼曼最出名的一点还在于他是研究人类心理问题的公认权威。他出任过种种久负盛名的教学岗位，最终拿到了普林斯顿大学的心理学及公共事务教授头衔，还拿过许多著名的奖项，其中最令人瞩目的莫过于2002年的诺贝尔经济学奖。历史上，以心理学家身份拿下这一奖项的，仅此一人。

这就难怪丹尼尔·卡尼曼就人类心理问题发表演讲时，四下里静寂无声，所有人全神贯注。我想起许多年前金融服务公司E. F.赫顿（E. F.

Hutton）的一则电视广告：人来人往的餐厅里，餐具叮当作响，服务员和邻座客人声音都挺大，两名商人却想在这一片喧嚣中说话。其中一人对同伴说："我的经纪人是 E. F. 赫顿，他说……"整个地方突然安静下来，服务员不再接单，杂工停下了清理餐桌的手脚，就餐的顾客们也不再说话。总之，餐厅里的每一个人都转过头想听下文。播音员的声音趁机响起："E. F. 赫顿说话的时候，人人都听着。"[1]

卡尼曼教授发表演讲的科学会议，我出席过多次；卡尼曼教授讲话的时候，人人都听着。我也是竖起耳朵听着的人之一。前不久，一家在线讨论网站[①]向他提出了一项有趣的挑战，请他提出一个能极大改善普通人对世界认识的科学概念。卡尼曼用一篇整整 500 字的文章介绍了他称为"聚焦错觉"（focusing illusion）的概念，但其实文章的标题已经巧妙地概括了他的答案：《生活中没有什么事是非同小可的，除非你正在想它》。[2]

卡尼曼的这一主张，不仅适用于解释让电话铃叮当作响的那位来电者的瞬间地位，还能很好地被应用到先发影响力的实践上。沟通者让受众关注信息里的关键元素，预先就为之加载了重要性。许多人认为这种先发影响力的形式，就是新闻媒体在影响公众舆论上所扮演的主要角色，称为议程设置（agenda setting）。议程设置理论的核心原则是：媒体展示可信证据，希望观众接受新立场，其实很少能产生直接的改变；它们更多的是在开展间接说服工作，对所选主题和事实做更多的报道，而略过其他的主题和事实。这种大面积报道让观众对特定主题投入了更多的关注。观众在接受某一立场时，会认为这些得到了媒体大肆报道的主题，正是最需要考虑的事情。政治学家伯纳德·科恩（Bernard Cohen）这样写道："大多数时候，在

① 该网站名为 Edge，是一个有 20 年历史的在线沙龙，每年提出一个"大问题"，并召集上百名科学家与思想家进行讨论。"对话最伟大的头脑·大问题系列"就是这些讨论的合集，中文简体字版由湛庐文化策划、浙江人民出版社陆续出版，包括《那些科学家们彻夜忧虑的问题》《如何思考会思考的机器》等。——编者注

告诉人们该怎么想方面，媒体恐怕并不怎么成功；可在告诉人们该想些什么方面，它们成功得吓人。”按照这种观点，选举期间，哪个政党在媒体当时最关注的议题上立场更优越，哪个政党就可能胜出。

要是媒体在选举期间关注的的确是对社会最为重要的议题，这样的结果也没什么大不了的。令人遗憾的是，报道范围的选择往往会受到其他因素的影响，比如事情是简单还是复杂，是扣人心弦还是乏味无聊，新闻编辑部的工作人员对之是否熟悉，验证所需的成本是否低廉，甚至，是否投合新闻部主任的政治倾向。

报道越多越重要

2000 年夏天，德国杜塞尔多夫火车总站发生炸弹爆炸事件，几名东欧移民受伤。虽然没有找到证据，但警察从一开始就怀疑，此事同一个反移民的边缘右翼团体有关系。这条消息中有一个最能唤起人同情心的细节：一位受害者不光在爆炸中失去了一条腿，腹中的孩子也流产了。这个故事刺激媒体在其后的一个月里刊登了一连串有关德国右翼极端主义的文章。同期所做的民意调查显示，认为右翼极端主义是本国面临的最重要问题的德国人，从几乎为零飙升到了 35%。过了几个月，相关报道消失之后，这个比例又再次降回了几近于零。

美国也出现过类似的效应。随着 2001 年 9 月 11 日恐怖袭击事件十周年纪念日的到来，与“9・11”相关的媒体报道在纪念日前后数天里达到高峰，又在此后的几个星期里迅速下降。有人在这段时间里向市民做了调查，请他们举出过去 70 年发生的两件“特别重要”的事情。纪念日前两个星期，即媒体开始连篇累牍地进行轰炸之前，大约有 30% 的受访者认为“9·11”事件可列为其一。随着纪念日越来越近，媒体报道的力度越来越强，受访者提名“9·11”事件的比例提升到了 65%。两个星期之后，媒体报道偃旗息鼓，恢复先前水平，又只有 30% 的受访者将“9·11”事件列入 70 年来两件“特别重要”的事情之列了。显然，新闻报道的数量能极大地影响接触媒体报道的旁观者对议题重要性的感知。[3]

为什么我们大都以为当下关注的焦点特别重要呢？原因之一在于，一般来说，我们关注的焦点在当下确实特别重要。对在特定情况下有着最重要意义和实用性的因素给予高度关注，再合理不过了：黑暗中的异常声响，剧场里的烟火气味，站起身发言的 CEO。就连不是人类的动物也琢磨出了这一点，并演化出了类似的优先顺序。例如，恒河猴宁可牺牲食物奖励，也要抢夺看到猴群中高地位成员的机会；但要让它们把注意力转移到不重要的成员身上，必须给它们奖励才行。在各类物种当中，无论出于什么原因，把注意力放到排位最靠前的选项上都是合情合理的。

这套合理的系统能把我们有限的注意力资源集中到确实需要特殊投入的东西上，只可惜它有个缺陷：仅仅因为某些无关因素的引导，使我们的注意力聚焦到了某样东西上，我们就会误以为它很重要。很多时候，人们相信，要是自己留意到了一个想法、一件事或一个群体，那它必然足够重要，值得考虑。从前面德美两国议程设置的例子来看，这是不对的。在上述两例中，受轰动效应或时效元素推动的新闻报道抓住了受众的注意力，改变了其关注点，而改变后的焦点反过来影响了受众对国家问题重要性的判断。

在意识到人在聚焦错觉面前有多脆弱之后，我终于理解了好莱坞新闻社的一句标准说辞：“世上没有糟糕的宣传。”我原本以为这句话是在胡扯，毕竟，糟糕的宣传会让知名人物名声扫地、收入掉价，诸如此类令人难忘的例子可不少。高尔夫球手老虎伍兹在2009年性丑闻东窗事发之后，据统计每年要损失2 200万美元的代言费。但现在我明白了，这个说法固然有不正确的一面，也有站得住脚的地方。人们常常说，明星最害怕的命运就是遭到忽视、遗忘。任何一种强大的宣传都能让他们免受最糟糕的命运，因为宣传能带给他们关注度，而关注度能使他们在公众眼中显得更重要。尤其是在艺术领域，一个人的价值几乎完全建立在主观基础上，公众存在感的提高有助于抬升价值。因此，人们乐意花钱看明星登台、表演、出场，因为作为个体，他们似乎很重要（见图2-1）。不光只有猴子愿意付出代价观看重要的人物。[4]

图2-1 自己眼里以及我们眼里的明星

集中关注令名人和观众都高估了名人的重要性。

资料来源：Calvin and Hobbes © Watterson. Reprinted with permission of Universal Uclick. All rights reserved.

因此，能够巧妙地把受众的大量注意力引导到一个提议中最有利的特点上的说服者，就是成功的先发型说客。也就是说，他的说服行之有效，不仅仅在于使用了以关注度为基础的方法，让受众全面地考虑该特点，更在于他在受众考虑该特点之前，就为该特点赋予了夸张的意义。一旦受众进行全面审视，就会体验到双管齐下的效果。他们的注意力被引导到片面的证据上，大有可能相信该特点非常可取，十分重要。

注意力的三种定向滑道

这些微妙的注意力转移技术充当着改变的中介，但人们却几乎意识不到它们的存在。认识到它们带来的说服效果，无疑令人兴奋，也令人担忧，是喜是忧取决于你是进攻方还是防守方。让我们来看看沟通者运用这种微妙手法造成巨大影响的三种方式。

管理背景信息

假设你开办了一家网上家具店，专卖各类沙发。一些沙发吸引顾客是因为售价便宜，另一些则是因为坐起来舒服。有没有什么办法，能让到访你网站的用户在买沙发时专注于舒适的特点，不再优先考虑价格呢？

你不需要大费工夫寻找答案了，因为有两位营销教授娜奥米·曼德尔（Naomi Mandel）和埃里克·约翰逊（Eric Johnson），用这样的在线家具网站进行了一系列研究。我曾采访曼德尔，问她为什么决定在这一主题上展开探讨，她说，这一选择是基于营销领域两个迟迟未能解决的大问题，这两个问题一个相对较新，另一个则古已有之。新主题是电子商务。她开展这一研究项目是在20世纪90年代末，亚马逊和eBay等虚拟商店的影响才刚刚萌芽。当时人们尚未系统化地了解怎样采用这一贸易形式获得最优化的销售结果。于是，她和约翰逊选择以虚拟商店网站作为研究内容。

曼德尔感兴趣的另一个问题，则长久以来困扰着商人们：如果对手的产品品质较差，唯一的竞争优势就是成本低，该怎么做才能不输给它呢？这就是曼德尔在研究中选择对比高质量的家具和便宜而质量差的家具的原因。“在我们的市场营销课上，那些精通业务的学生一直在问这个问题。我们总是告诉他们，不要和低质量产品陷入价格战，因为那样会输。我们对他们说，要以质量为战场，因为只有在这个战场上战斗，他们才有最大的胜利可能。”

“我挺走运的，”曼德尔继续说，“因为这些课堂里最优秀的学生从不满足于这样概括性的答案。他们会说：‘说得没错，可该怎么做呀？’我始终没为他们拿出过好答案，这成了我的研究项目想要解决的一个好问题。”

幸运的是，曼德尔和约翰逊分析了结果之后，对学生们“该怎么做”的追问给出了一个简单得惊人的答案。2002 年，他们发表了一篇文章介绍说，把网站登录页面的背景设置成蓬松的云朵（见图 2-2），就可以将网站用户的注意力吸引到“舒适”上面。在这一手法的引导下，网站访客们在回答想找什么样的沙发时，对舒适的重视度提升了。同样，这些访客在网站中搜索沙发舒适性信息的概率也会更大，并明显地会以更舒适也更贵的沙发作为购买首选。

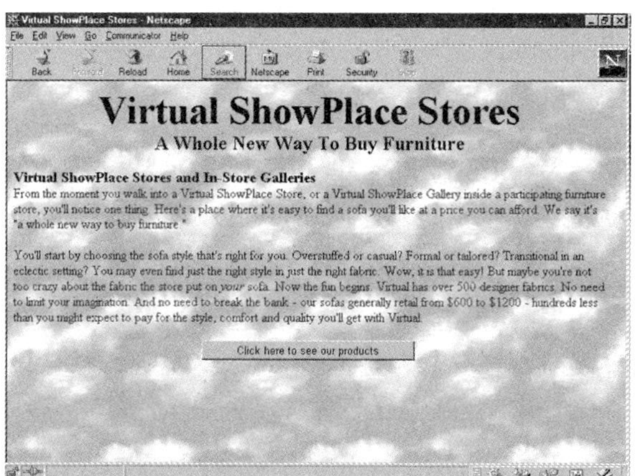

图 2-2　软销售

当在线家具网站的访客看到云朵背景的登录页面时，会更倾的向于购买柔软、舒适的沙发；另一些看到硬币背景的访客则更倾向于购买便宜的沙发。

资料来源：Courtesy of Naomi Mandel and Oxford University Press.

> 为了确保所得结果来自登录页面背景的影响，而不是人对舒适的整体偏好，曼德尔和约翰逊对另一些访客调整了研究设置，后者看到的是硬币背景，这让他们的关注点转移到了经济性上。这些访客更重视价格，主要搜索价格信息，其首选是便宜的沙发。值得注意的是，尽管用户的重要性评估、搜索行为和购买偏好全都预先受了登录页面背景的引导，但事后问起来，大多数参与者却坚决不相信云朵或者硬币会影响自己。

进一步的研究发现，在线横幅广告也有着类似的狡猾效果，而我们却以为自己浏览网页时能不受影响地忽视它们。一些研究利落地向我们表明了这方面的认识错误。网页上一篇有关教育的文章中反复出现新品牌照相机的横幅广告，会让读者稍后再看到该广告时对其表现出明显的好感。广告是一段 5 秒的 flash 动画，放置在正文内容旁。值得注意的是，哪怕读者根本不记得自己看见过广告，这一效应仍然存在。而且，读者阅读文章时广告出现得越是频繁，他们对该产品就越是喜欢。

最后这一点值得详细说明，因为它违背了一个早就得到过充分证据证明的观点：大多数广告在反复播出后，都会出现磨损效应（wear-out effect）。一方面，广告商似乎认为自己的信息太弱，需要反反复复地推送；另一方面，观众会厌倦它们，丧失对广告商的信任。可为什么这些横幅广告在短短 5 页文本内容里出现了多达 20 次，却似乎没有丝毫的磨损呢？这是因为，读者从未有意识地加工该广告信息，因此也就不会将这些信息识别为乏味或不靠谱的。

因此，广泛用于测量其他各类广告效果的指标识别度或回忆度，说不定大大低估了横幅广告的有效性。在上述研究中，频繁插入的横幅广告得到了积极评价，对磨损效应表现出不同寻常的耐受性。然而，它们既没有被读者识别，也没有被记住。事实上，似乎恰好是缺乏直接关注让横幅广告变得惊人有效。广告行业数十年来都使用识别度或回忆度作为衡量广告价值的黄金指标，谁能料到，叫人记不住的广告信息，反而有着出乎意料的效果呢？

网页背景和横幅广告研究的结果为沟通过程带来了一种更宽泛的经验：

在背景中展示的看似可不予理会的信息，捕捉到了宝贵的关注。这一手，能用在无数的影响力场合。

可是，他人施加的影响力不见得都是可取的。就这方面而言，有一批相关的背景因素数据尤其值得家长们重视。我们大多以为，对于繁忙交通或飞机飞行带来的环境噪声，人只要过上一阵就能习惯，甚至能对其加以屏蔽。但证据清楚地说明，破坏性的噪声仍然会产生不利的后果，削弱人学习、执行认知任务的能力。

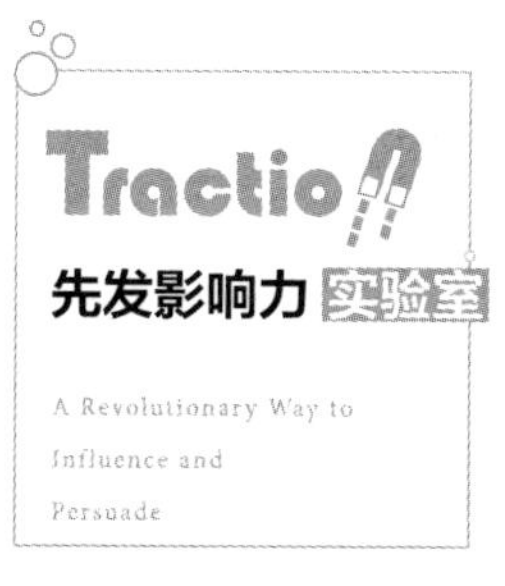

一项研究发现，在纽约市的一所小学里，如果班级教室靠近高架铁轨，每隔四五分钟就有一趟列车“哐当哐当”地经过，孩子们的阅读分数明显更低。研究人员借助这批研究结果，向纽约市公交系统和教育委员会的官员们施加压力，令其在轨道上安装了降噪材料，结果学生们的成绩涨了回来。类似的结果在住所靠近飞机航道的孩子们身上也发现了。德国慕尼黑市机场搬迁之后，新机场附近孩子的记忆和阅读成绩一落千丈，老机场附近孩子的成绩则明显提升。

因此，如果孩子们所在的学校或住处间歇性地出现汽车、火车或飞机噪声，家长应坚持执行降低噪声的补救措施。雇主也应该这么做，这既是为了员工，也是为了公司的业绩。还有另一种分散注意力的背景刺激，可能会对幼儿学习和表现产生负面影响，值得教师们注意。如果教室的墙壁上装饰了太多的海报、地图和艺术品，会降低小学生们的理科考试成绩。很明显，背景信息既能引导也能分散注意焦点；想要达到最佳影响效果的人，必须深思熟虑地对其加以管理。[5]

引导单方面积极评价

沟通者固然可以使用吸引注意力的技术来放大受众眼中某一特点或议题的重要性，但这不见得总是明智的选择。与此相关的是伯纳德·科恩对新闻报道的观察：新闻报道并没有告诉人们怎样去想，而是告诉人们去想些什么主题。只有当一个想法本身具有可取之处时，将注意力引导到它身上的手法才能成功。如果在受众眼里，支持某个设想的论点和证据根本没有价值，把注意力引导过去也根本不会带来任何说服力，甚至会弄巧成拙。毕竟，如果受众比以前更为重视这个观点了，要是它本来就很糟糕，岂不是会招来更大的反感吗？事实上，大量研究表明，人对某件事考虑得越多，他们的意见就会变得越极端。所以，对想要说服别人的人来说，吸引注意力的手法并非百试不爽的灵丹妙药。[6]

不过，如果你有很好的例证可举，这些手法确实能为你的说服过程带来一定的助力。强强竞争的商战就是它们的用武之地。现代企业超越对手正变得越来越难。开发技术、生产技术和商业方法上的进步都很容易模仿，一家公司很难让自己的产品，如瓶装水、汽油、保险、航空旅行、信贷服务、工业机械，在实质上跟其他竞争对手区分开来。为了解决这个问题，必须尝试其他的方法来创造不同。零售商可以设立更多方便的门店，批发商可以朝市场里派遣大批销售人员，制造商可以提供长时间的质量担保，服务提供商可以组建庞大的客服队伍，他们还都可以开展大规模的广告和推广活动，创造、维护品牌的突出地位。但这些弥补手段都存在一个缺点：这些差异化手段太昂贵了，许多组织恐怕都无力承担。

能通过一种廉价的方式，将客户的注意力转移到具体的产品、服务或概念上，从而摆脱这个困境吗？能。只要被关注的项目足够好，比如顾客评价很高。关键在于，要安排客户把注意力放在这件好的东西上，而不是对手同样不错的替代品上。这样一来，它的优点就可以通过客户的详细审查，得到确认和重视。

已经有一些数据表明，让消费者聚焦在特定品牌上，屏蔽其竞争对手，能够创造实质性优势。虽然数据来自不同的环境，包括商场、大学校园、网站，针对的是不同类型的产品，如照相机、大屏幕电视、录像机、洗涤剂，但所得结果指向了相同的结论：如果你同意参与一项消费者调查，进行调查的人只让你考虑某一品牌产品的质量，而不让你考虑其主要竞争对手的产品质量，你对该强势品牌的评分就会提升。比如只考虑佳能的35mm相机，而不考虑尼康、奥林巴斯、宾得或美能达的同类相机。

更重要的是，在不知不觉中，你购买佳能35mm相机的意图可能也会跳出来，你会打算直接买上一台，根本不去搜索其他品牌的信息。不过，如果调查员要你在给相机的这些品质打分之前，想一想尼康、奥林巴斯、宾得、美能达等其他选项，佳能所获得的所有这些优势就落空了。

为获得注意力集中所带来的好处，保持单一的焦点是关键。一些令人印象深刻的研究表明，只要参加一场对某家连锁酒店或餐厅、某种消费品，甚至某个慈善组织的单方面引导评估，就能让人对其更为重视，更愿意掏腰包支持。

各种组织越来越频繁地采用一种实用策略，要人评价自家的产品和服务，而且只评价自家的产品与服务。身为消费者，供应商经常要我考量、评价这样那样的商业绩效。偶尔，他们是通过电话或邮寄信函的方式来恳请我，但更多时候是通过电子邮件，内容是评价某次消费体验，如最近住过的酒店、做过的在线购物或客户服务互动。而我长期使用的旅行社、金融服务公司或电信服务商则会定期询问“我们做得怎么样”，要我评估他们所提供的服务。这些请求看起来十分合理，也能够接受，因为它们似乎是打算收集信息，改善我消费体验的质量。我敢肯定它们有这个效果。但我顺从这些请求显然也会给那些我对之评价很高的组织带来一项无形的奖励：我的注意力集中在了它们最可取的方面，没有去比较其对手最可取的方面。

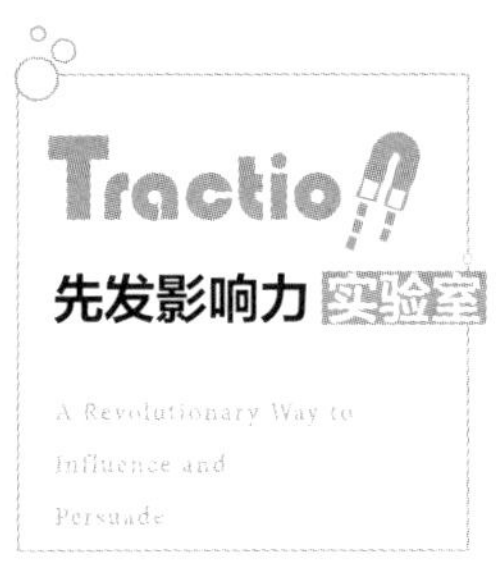

其他研究将这些结论扩展到了领导者和管理者在组织内部进行战略选择的方式上。在一家涂料生产公司，一部分管理者接受了扭转销售低迷现象的任务。这些人参与了一次研究。研究人员要每个人评估以下 4 种可行解决方案中的一种：（1）增加广告预算，在爱好自己动手的油漆用户里提升品牌知名度；（2）降低价格，吸引对价格更敏感的买家；（3）招聘更多销售代表，要他们到零售店里去争取更多货架空间；（4）对产品开发部门投资，提高产品质量，让该品牌成为职业油漆匠心目中的市场最佳。决策者评估的具体是哪个方案无关紧要：评估某一方案的过程，本身就会促使他们将该方案视为公司应该采纳的最佳措施。

这些身居高位的决策者，不先充分评估所有可行选项，肯定不会决定行动路线吧？也肯定不会只评估一个有力选项后就做出选择吧？大错特错。原因在于，首先，对所有可能的成功途径进行透彻分析，非常耗费时间，逐一识别、设计和筛选每一条路线，会造成极大的延误；而身居高位的决策者们爬到这些很高的位置上，绝不是因为他们总是成为组织中的瓶颈。

其次，对任何决策者来说，煞费苦心地比较评估多个选项都很困难，压力十足，类似杂耍时一次性地抛接很多个球，保持它们不落地。由此而来的倾向是避免或压缩这一繁复而辛苦的过程，选择头一个出现的可行选项，这也是可以理解的。这种趋势有一个古怪的名字，叫"满意度"（satisficing）。这个词由诺贝尔经济学奖获得者赫伯特·西蒙首创，是满意（satisfy）和足够（suffice）两个词的合成。这一组合反映了选择者进行决策时两个同步的目标：要好，要能够完成。对西蒙来说，这通常意味着只要让人满意就足够了。尽管在一个理想的世界里，人会持续工作，直到最佳的解决方案浮出水面，但在现实世界里，人的精神负担很大，资源有限，时间有限，"满意"才是常态。

但哪怕使用这种挑选方式，也应注意另一种类型的单方面评估，即只关注优势方面。决策者为即将到来的机会感到激动，很容易只专注于一种策略如果成功能带来什么，却不够重视甚至完全忽视失败的后果。为了对付这一蕴含毁灭性的盲目乐观情绪，必须专门抽出时间，系统性地回答两个问题：未来可能会发生什么事让这一方案出岔子？如果出了岔子，我们会碰到什么样的情况？很多时候，这两个问题并不会自然地冒出来。决策科学家研究了这一"考虑相反局面"的做法，发现它很容易执行，也能很有效地消除决策偏差。一个组织如果努力摆脱这些决策偏差，能获得可观的收益。一项涵盖了数千家公司的研究发现，采用了能合理消除决策偏差流程的公司，较之没有这么做的公司，在投资回报率上有着 5%~7% 的优势。[7]

关注点的选择性转移

2003 年 3 月 20 日，时任美国总统的小布什下令以美国为首的军队入侵伊拉克。在一连串的快速军事打击粉碎了萨达姆政权之后，这场战争变成了一场漫长、痛苦、残酷的苦行军，美国为此付出了高昂的人力、金钱和全球影响力作为代价。布什政府最初为打这场仗所提出的理由是端掉萨达姆储存“大规模杀伤性武器”的窝点，但这些武器连影子都没找到，根本不存在。这个理由没了立足点，于是他们反复修改，加入新的目的，如制止萨达姆对人道主义的侵犯，让伊拉克不再支持基地组织，维护世界石油供应，为中东建立民主堡垒。不仅如此，小布什政府还巧妙地操纵媒体，把公众的注意力从这些不断变化又着实可疑的理由上转移开去，不再考察这场战争的宏观原因，不再跟踪它的每日进程。通过改变全世界最重要的新闻机构在报道这场冲突时为自己设定的任务，小布什政府成功地实现了这样的目标。

在伊拉克战争中，“随军记者计划”是美国政府和各大新闻机构联合决定的产物。这一计划让记者直接加入美军作战单元，在军事行动的过程中，和士兵同吃同住同行。尽管不同的消息来源给出了不同的数字，但在该计划的最高峰，有 600~700 位媒体代表提出的随军申请获得通过。而在 1991 年的海湾战争和此前对阿富汗的军事行动中，这类申请大多会遭到美国决策者的拒绝。此举既是为了保证相关各方的安全，也是为了实现公关目的，在小布什政府国防部公共事务官员的指挥下，美军构思了这一计划的理念。

在新闻机构负责人看来，这一计划的优点很明显，也令人振奋。记者们和部队一同行动，能够向读者和观众传递细节丰富的战斗经历，在此之前，这样的机会他们求而不得。此前的历次军事行动都对新闻信息加以限制，而这一回，新闻机构有望拍摄到扣人心弦的视频和照片，传回第一人称的记叙，媒体人长久以来的梦想有望成真。

除了充当展示军事行动的窗口，记者亲临现场，还可以接触到士兵本人及其个人环境。新闻媒体为了吸引观众，大量地报道了这类普通人感兴趣的故事。一项研究发现，随军战地记者能够在自己的报道里插入1/3 这类普通人感兴趣的元素，而在非随军记者的报道里，这类元素只有 1%。

在美国官员眼里，这一计划的优点虽有不同，但同样大有深意。首先，在武装人员的保护之下，伊拉克各类新闻记者碰到的危险明显减少。数以百计的记者在战区寻找抓人眼球的头条故事，结果却成了敌方的俘虏、出现伤亡或是需要解救，这种事情一贯是军队想要极力避免的大麻烦。其次，世界各地记者们的亲身观察，让军队可以获得重要的保护，免遭来自萨达姆政府一方不实之词的影响。美国国防部负责公共事务的副部长布赖恩·惠特曼（Bryan Whitman）说，随军记者能直接地削弱“伊拉克国防部所公布的内容”的可信度。

再次，武装部队同样获益良多。由于媒体领导层深受随军记者计划的吸引，他们会更倾向于对军队做出有利的报道，这在记者的培训、选拔和解聘，以及报道发表之前的审核过程当中都发挥着一定作用。在美军入侵伊拉克一年后召开的一场学术会议上，时任美国海军陆战队媒体关系负责人的里克·朗（Rick Long）上校被问及军队为什么支持这一计划。他的回答十分直白：“坦率地说，我们的任务是打赢这场仗。而信息战是战争的一部分，所以，我们要试着主导信息环境……总体而言，我们对结果非常满意。”朗上校和同事们感到满意的理由非常充分。研究分析了当时从伊拉克传来的新闻，发现随军记者所写的报道明显更积极地偏向军队。

随军报道中丢失了什么

但随军记者和非随军记者所写报道在语调上的区别，和另一点区别比起来就相形见绌了。这种差异能比作战人员更好地满足小布什政府的目的。随军记者的记叙几乎完全集中在部队上：士兵的日常活动、食品、服装和供给，他们怎样为战斗做准备，他们所采用的战术，他们在战斗中表现有多么英勇。实际上，随军记者发表的所有新闻报道中，93% 都采用了士兵的视角，而非随军记者的报道采用士兵视角的还不到一半。在大多数情况下，各部队本就出色地完成了对士兵提供食物、服装、补给和训练的任务，大多数士兵也都表现得勇猛高效，因此，军方很有理由向进行第一手报道的人展示这些方面。

然而，在这种深化但收窄了的报道当中，损失了一些关键的事情：随军记者未能以任何有意义的方式，报道更宽泛的相关政治议题，比如战争的正当性，只有 2% 的报道提到没有找到大规模杀伤性武器；随军报道中也没能提到这次行动对美国立场及海外军事力量的影响。而在这次武装冲突中，高达 71% 的随军记者报道成了战争头条。我们能对随军记者提出什么其余的期待吗？上级迫切地将报道任务分配给他们，要他们关注“冲突的细枝末节”（语出一位分析师），这耗费了他们全部的时间、精力和脑力。

等离开作战部队回到家之后，许多“随军记者”得以反思报道任务给他们带来的关注局限性。当置身战场的时候，他们的焦点始终放在士兵和士兵生活上，这设定了美国对伊战争的媒体议程。新闻分析师及社会学家安德鲁·林德纳（Andrew Lindner）对当时发表的文章做了大范围评估，他斩钉截铁地说："随军报道不光占据了所有相关报道的绝大多数，还主导了公众的注意力。"既然绝大多数的头版战争新闻从未强调战斗的原因，只报道是什么人在战斗、怎样战斗，公众所得到的主要媒体信息也就很明显了：你应该关注的是战争的进展，而非战争背后的原因。

从本章介绍的研究中，我们可以得出一个结论：

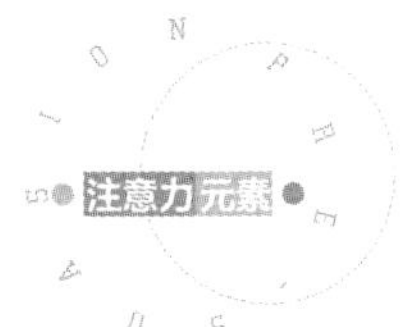

在人们眼中，获得关注的问题同样获得了重要性。

这批研究里还有些表明，如果人们的注意力不在某一个主题上，就会以为该主题相对更不重要。考虑到人类的这些基本倾向，我们再来想想随军记者计划对有关伊拉克战争的公众舆论造成了什么样的影响。参与该计划的记者们抛出了媒体喜欢发表、公众也爱看的内容：第一手的战斗记录，充满情感的、人们感兴趣的战斗故事。这些内容支配了公众的注意力，定义了在公众眼中这场战争的哪些因素重要，比如那些与个人行动、战场结果相关的因素；哪些因素不重要，比如与战争的初始正当性及地缘政治目的相关的因素。考虑到前线战斗是美国在战争中的重要强项，而更宏观的战略因素则是重要的弱点，随军记者计划的作用是把重大的成功引到了舞台中央，而把小布什政府对伊战争的重大失败藏到了角落里。聚焦错觉确保了这一手法的效力。

没有任何证据表明，报道主题范围失衡是政府及军方官员在构思这一计划时存心挖的坑，官员们热心该计划似乎主要是为了传统的信息战目的，如对筛选、培训和审核记者获得更大的控制力，以及把随军记者安插到现场，应付敌方宣传。同样，也没有证据证明，那些当了帮凶的新闻机构负责人们提前预见到了这一计划给小布什政府带来的公关益处。相反，在事情结束后，学术期刊上对这一时期新闻报道的分析结果浮出水面，人们才开始形成这样的认识。因此，讽刺的是，随军记者计划的主要公关效果，竟然是一个副作用，是隐藏在原本的目的之后的。正是这个出人意料的决策副产品，让战地记者将报道战争的着眼点放到了细枝末节而非宏观图景上。[8]

选择性地把注意力转移到某类信息上，并不仅仅有利于完成相关目标。如我们所见，通过管理背景信息、引导单方面评价来进行说服时，当事人虽然中了招，却并没有意识到这是说服手法带来的效果。这种隐性影响力使得暂时引导注意力的技术在说服方面极为有效。

除此之外，转移关注点的方法之所以能成功，还有另一个原因。

PRE-SUASION 延伸阅读

1

E. F. 赫顿公司现已与花旗集团合并，不再独立经营，但 YouTube 上仍可找到一些“E. F. 赫顿说话的时候”广告。

2

有必要指出，人们普遍认为卡尼曼获奖是由于提出了前景理论，它涉及人们预期损失和预期收益值之间的差异。聚焦错觉并非让卡尼曼荣获诺贝尔奖的科学贡献，卡尼曼也并未对聚焦错觉投入大量关注进行研究。因此，卡尼曼提名它作为“能极大改善普通人对世界认识”的科学概念，显然不是因为这一错觉对他自己产生的作用。在消费领域寻找支持卡尼曼主张的证据时，可参考一项研究，它考察了为什么在商店货架上位于中央的商品往往有更多人购买。位于中央的东西，会得到比左右两侧更多的视觉关注。而且，这种更多的关注，尤其是在做出选择之前那一刻的关注，可以预测购买决策（Atalay, Bodur & Rasolofoarison, 2012）。

在卡尼曼提供答案的在线讨论网站可读到他的完整文章：www.edge.org/q2011/q11_17.html#kahneman。相关的研究报告请参见 Gilbert (2006); Krizan & Suls (2008); Schkade & Kahneman (1998); Wilson et al. (2000); Wilson & Gilbert (2008)。对前景理论感兴趣的读者，可参见 Kahneman & Tversky (1979) 的开创性文章。

3

支持议程设置理论的数据，最早来自 McCombs & Shaw (1972) 对 1968 年美国总统大选前中间选民的研究。两位研究者发现，选民对不同政治议题重要性的排名，几乎完美地吻合这些议题在媒体中所得到的关注量，相关性为 0.97。任何受过社会科学训练的人都能看出这一发现在学术圈引发轰动的一个原因：在这种相关研究中，高达 0.97 的相关性是令人咋舌的。另一些研究则证明，媒体报道和受众对议题重要性的感知之间的关系，至少有一部分原因在于媒体报道带来了感知重要性，而非反过来。这些研究也有着同等的学术影响。例如，在一项研究中，随机分配受试者观看不同内容的新闻节目；看完之后，受众在对所看节目里出现最多的主题进行评估时，明显提升了其重要性（Iyengar, Peters & Kinder, 1982）。

科恩的引言出现在他的经典作品《传媒与外交政策》(*The Press and Foreign Policy*）的第 13 页上，该书由普林斯顿大学出版社于 1963 年出版。德国议程设置的例子出自 Media Tenor。美国“9·11”事件的数据来自 Corning & Schuman (2013)。顺便说一句，受众“认为近期媒体关注的话题很重要”这种倾向，并不仅限于政治议题。短期内得到媒体报道的金融投资方向，价格会陡然上涨，并随着时间的推移而逐渐下跌（Engelberg, Sasseville & Williams, 2011）。当然，媒体聚焦的事件同样影响着我们对其重要性的感知。例如，媒体对草根公民运动的关注，似乎极有力地提高了所涉议题的感知重要性（Smidt, 2012），这大概是因为人们倾向于认为，既然很多人认为某件事重要，那么它肯定很重要。对这类“社会认同”背后的原始动力，我们在第 9 章将做更多的讨论。有关影响媒体议程设置的相关因素，可参见 Boydstun (2013)。

4

Deaner, Khera & Platt (2005) 记录下了猴群里的“明星”吸引注意力的情形。

名人是现代生活里有趣的一部分。历史学家丹尼尔·布尔斯廷（Daniel J. Boorstin）在《形象》（*The Image*）一书里形容名人是“以广为人知著称”的公众人物，而不是像过去的公众人物那样以成就著称。这种新形式的公众人物，其主要成就就是广为人知。电视真人秀明星中包括了形形色色的人物，如恶毒的家庭主妇，20 来岁的粗俗青年，夸夸其谈、头脑空空的人，他们除了给自己挣得一堆烂名声之外，似乎别无所长。这些人似乎验证了布尔斯廷的分析，他们随后获得的“明星”地位，又验证了卡尼曼的说法。我们文化中名人角色的变化，可参见 Inglis (2010)。

至于聚焦错觉的一般性原理和后果，我们很容易找到证据：重要的事情会获得我们的关注，获得我们关注的事情往往具有重要性。举例来说，在态度领域，研究人员已经证明，根据我们的认知组织形式，最容易产生的态度，或者说获得了关注的态度，也就是对我们最重要的态度（Bizer & Krosnick, 2001）。同样，凡是我们能轻松产生的态度，在我们眼里都更为重要（Roese & Oleson, 1994）。甚至有证据表明，对消费品的视觉关注，影响了大脑感知价值的区域，提升了对该物品价值的判断（Lim et al., 2011; Krajbich et al., 2009）。

5

壁纸研究来自 Mandel & Johnson (2002)。横幅广告研究来自 Fang, Singh & Ahluwalia (2007)。广告磨损效应发挥作用的证据，可见 Reinhard et al. (2014)。从这些研究中可清楚看出，注意并非全都是有意识的。事实上，注意存在多种形式，有一些并未到达意识层面（Marchetti, 2012; Norman, Heywood & Kentridge, 2013）。

列车噪声影响纽约市小学生成绩的问题，见 Bronzaft & McCarthy (1974) 及 Bronzaft (1981) 的文章。完成慕尼黑机场研究的是 Hygge, Evans & Bullinger (2002)。对该研究及相关研究的综述，包括背景噪声对身体健康负面后果的部分展示，见 Clark & Sörqvist (2012); Steward (2011); Szalma & Hancock (2011)。教室墙壁研究来自 Fisher, Godwin & Seltman (2014)。

6

对糟糕或不喜欢的设想给予更多关注并不会改善它的地位，甚至往往带来相反的效果，相关证据见 Armel, Beaumel & Rangel (2008); Houghton & Kardes (1998); Laran & Wilcox (2011); Millar & Tesser (1986); Posavac et al. (2002); Tesser (1978)。

7

如果在有多个同类竞争者存在的领域，某品牌让消费者单独评价自己的强势产品，会带来很大的回报，证实该观点的数据见 Dhar & Simonson (1992); Dhar et al. (1999); Kardes et al. (2002); Posavac et al. (2002, 2004, 2005); Sanbonmatsu et al. (1998)。管理者在单独评估一项方案时也存在类似效应，这一研究见 Posavac et al. (2010)，其中甚至包含了来自全球十大银行管理者的数据。大多数消费决定只要能令人满意即可，这一倾向在时间、兴趣和精力都供不应求的情况下最为突出，相关证据见 Kardes (2013); Wang & Wyer (2002)。最后，“考虑相反局面”策略带来的纠偏力量，相关数据可见 Anderson (1982); Anderson & Sechler (1986); Herzog & Hertwig (2009); Hirt & Markman (1995); Hoch (1985); Koriat et al. (1980); Lord et al. (1984)。

Lovallo & Sibony (2010) 发表了一篇在考察投资回报时使用纠偏策略的研究报告。Kahneman, Lovallo & Sibony (2011) 又写了一篇启发性的文章进行跟进，描述了最常见的决策偏差和纠偏方式。

8

当人们在心理上与某件事或某个环境更接近时，会更关注于事情是“怎样的”，而非事情“为什么”会这样。相关研究（Liberman & Trope, 1998; Trope & Liberman, 2010）支持了媒体分析结果。随军记者项目怎样发展起来，怎样影响了平面及广播媒体报道，相关介绍可见 Aday et al. (2005); Lindner (2008, 2009); Cortell et al. (2009); Pfau et al. (2004, 2005, 2006)。五角大楼官员会筛选记者，有时会以“之前的报道不够有利”为由不让他们参与这一计划，相关证据来自 Reed (2009) 和 Reed et al. (2009) 的调查。

如今，我可以从个人的角度回顾一下事发当时随军记者计划对我产生了什么样的影响。尽管对入侵伊拉克的理由疑虑重重，但我始终有一种感觉：要我批评这场战争，在某种程度上是很可耻的。战争过去后出现的这些学术研究，帮助我理解了自己为什么会产生这种感觉。既然媒体对战争的主要关注点不是那些从远处设计战争的人，而是从近处参与战斗行动的人，我会产生这种情绪也就很正常了。

PRE-
SUASION

03

焦点就是原因

注意力的重要性之二

A

Revolutionary

Way to

Influence

and Persuade

我们会认为被我们关注的因素更重要，这不足为奇。我们还会将它们视为事情发生的原因。因此，被直接关注的信息获得了一种特殊的初始考量权重，成了解答人类最重要问题“为什么”的答案。

关注金钱

我们通常会给真正的原因分配特别的关注，因此，如果我们看见自己将这样的关注给予了某个因素，也就容易把该因素视为原因。以货币付款为例。因为金钱数额在交换中显得非常突出，比如“如果你做某某事，我就付给你多少钱”，我们倾向于推断是钱激发了行为，而事实上，激发行为的往往是其他并不这么明显的因素。经济学家尤其容易产生这种偏差，因为他们对某一局面的注意力和分析总是放在货币方面。

哈佛商学院的经济学家费利克斯·奥伯霍尔泽-吉（Felix Oberholzer-Gee）在不同场合向排队的人付钱，请对方允许自己插队。按照纯粹的经济模型来预测，他拿出的钱越多，就会有越多的人愿意让他插队。实际情况正是如此：拿出1美元时，50%的人

> 让他插了队；拿出 3 美元时，有 65% 的人松了口；给出更大的数目 5 美元和 10 美元时，分别有 75% 和 76% 的人让他插队。
>
> 古典经济理论认为自利是人类行为的首要原因，根据这样的理论，数额更高的金钱刺激会使得人们更愿意接受交易。任何看到这一交易的人，都不会怀疑这个解释吧？高度可见的金钱刺激直接跟个人的现金收益挂钩，导致了出钱一方想要实现的结果，对吧？这里发生的一切没什么好惊讶的，对吧？好吧，没错，只不过这里出现了一点儿意外情况，挑战了上述所有认识：几乎没有一个人接受这笔钱。

“哎呀呀，”奥伯霍尔泽 - 吉对自己说，“这很奇怪。”事实上，他的数据里出现了许多奇怪的现象，至少，在信奉个人经济利益是人类行为终极原因的人眼里很奇怪。比方说，尽管数额更大的现金能提升排队者接受他的请求的概率，但并未提升人们接受这笔钱的概率；交易金额越大，人们越有可能不收钱而牺牲自己在队伍里的位置。为了解释这一现象，奥伯霍尔泽 - 吉放弃了明显的经济因素，而转向了一个隐性因素：人们认为自己有义务帮助困难的人。

义务来源于帮助规范，行为科学家有时会称之为社会责任规范。它指出，我们应该帮助那些最迫切需要协助的人。数十年来的研究表明，一般而言，某人越是需要我们的帮助，我们就越是感到有义务要帮助他，如果不给予帮助，我们就越会感到愧疚，从而有更大的可能给予帮助。如果从这个角度看，上述令人费解的结果就完全合乎情理了。给钱激发了人们的帮助行为，因为它让接受者意识到了给钱的人在当时的情况下有多么需要帮助。这也解释了为什么金钱刺激数额越大，答应的人越多，尽管大多数人并不愿意接受这笔钱。金钱越多，发送出的“对方需要帮助”的信号越强：“如果这个人愿意花这么多钱排在我前头，一定是真的很需要尽快赶到前面。”[1]

说金钱因素并非决定人类行为的有力因素，实在有些天真。不过我认为，金钱因素固然十分突出，因而也更容易被注意到，但其决定力量往往不如表面上那么强。相反，还有其他很多因素发挥着比表面上更强的决定力量，只不过不那么显而易见罢了。这些因素包括社会义务、个人价值观、道德标准，等等。在人类的交换活动中，吸引注意力的元素，如金钱等，不光显得更为重要，也显得更像是原因。这种推断出来的因果性，尤其是通过单方面注意力引导所获得的因果性，对制造影响力事关重大，足以解释种种复杂甚至令人担忧的人类行为模式。

关注数字

在上述各类行为里，让我们首先来看看历史上最著名的投毒案。1982年秋，一个人走进芝加哥地区的超市和药店，向泰诺胶囊的包装里注入剧毒的氰化物，接着将其放回商店的货架。这些被动了手脚的药物随后被其他顾客买走。这件事多年来臭名远扬，原因如下。首先，7名芝加哥居民因为服下有毒药物身亡，其中有4人是一家人，他们吃了来自同一盒泰诺里的胶囊。其次，杀害他们的凶手始终没找到，给人留下了“这桩罪案没结案”的不安印象。

不过，基本上，这桩案件直至今天仍然有人记得，倒不是因为这些令人遗憾的原因，而是因为两个对民众有利的原因。因为它，政府通过了重要的产品安全法，制药行业改用一次性的密封包装，降低了消费者面临的风险。此外，泰诺的制造商强生公司火速采取了以消费者为重的补救行动，召回了当时所有药店在售的3 100万粒胶囊，这为企业恰当应对危机提供了教科书般的方法，至今仍被视为黄金标准。这一推荐手法敦促公司毫不犹豫地采取行动，充分告知公众、保护公众，甚至主动放弃可观的经济利益。

OPENER

抢手的彩票号码

除了这些显而易见的特点，该案件的另一个元素却几乎完全无人注意，但在我看来这个元素极为重要。当警方确定死亡事件跟泰诺药瓶有关系，只是还不知道被动了手脚的药物范围有多大时，强生公司立刻发布了全国警告，以避免有人继续受害。一条大范围传播的警告消息列出了受影响药瓶的生产序列号，通过这一号码，可判断特定批次的胶囊是在什么地方、什么时候生产的。有两个号码是最初确认的，所以宣传得最多：2 880 和 1 910。

令人困惑的是，在经营彩票的各州，居民们旋即以前所未有的热情投注这两个数字。罗得岛州、新罕布什尔州和宾夕法尼亚州这三个州的官方甚至宣布：由于这两个数字的投注金额超过了“最高责任限额”，暂停对它们下注。

要想知道怎样对这一组事件做出最合理的解释，让我们回顾一下这两个数字的特点。首先，它们很普通，没有任何特别令人难忘的地方。其次，它们与重大不幸事件相关。此外，在美国公众的心目中，它们和投毒致死的意象强烈相关。可有一件事提升了这两个数字的彩票中奖期待，成千上万的人对此做出了反应。是什么事情呢？我们之前的分析提供了一个答案：因为它们得到了大量的宣传，成了民众注意的焦点；而人们认为焦点有着因果特性，也就是让事情发生的能力。

后续的开奖结果证明，所有以为这两个数字能提升获奖优势的人都错了。但我想，整体而言，亏了钱也不足以让这些人避免将来不再犯类似的错误。人们假设“被关注的东西就是原因”的倾向实在是太深刻、太自然了，压倒了太多种理性判断。

正面直视

是谁主导了对话

想象一下，你坐在咖啡馆里喝咖啡。就在你正前方的桌子上，一对男女正在盘算晚上要看哪部电影。几分钟后，他们选中了要看的电影，出发去影院了。他们离开的时候，你注意到自己有个朋友坐在他们身后的一张桌子旁。你的朋友看到了你，过来和你坐到了一起，评论那对男女先前的对话："在讨论中起决定作用的，总是一个人，对不对？"你笑着点点头，因为你也注意到了：虽然那男的说话尽量委婉，但明显是他决定了两人的选择。可朋友接下来说的话让你的笑容僵住了："那女的声音娇滴滴的，但她一路主导，直至达成心愿。"

你和你的朋友听到了同一段对话，却对谁主导最终结果得出了截然相反的判断。为什么会这样呢？加州大学洛杉矶分校的社会心理学家谢利·泰勒（Shelley Taylor）博士找到了原因。座位安排存在一点儿小小的偶然状况：你的位置刚好可以越过女方的肩膀观察对话，对你而言，男方更明显、更突出，而你朋友的视角刚好相反。泰勒和同事们进行了一系列实验，让旁观者观察和倾听经过精心编排，对讨论双方都不偏不倚的对话。一些旁观者的观察视角可以越过谈话一方的肩膀看到另一方的脸，其他旁观者则可平等地看到双方的脸。接着，研究人员要所有旁观者根据讨论中的语气、内容和发展方向，判断谁对讨论的影响力更大。结果始终相同：不管旁观者看到的是哪一方的脸，总会觉得被自己看到脸的这一方占主导地位。

泰勒对我讲了一个很滑稽但也颇具启发性的故事：她当初是怎么被“焦点就是原因”现象的威力说服的。在最初的研究设计中，她安排一对研究助理排练对话，在这场对话中，双方务必要对谈话起到同等的作用。泰勒先站在一方背后，接着站在另一方背后，发现自己总是批评对面的人“主导了对话”。批评了好几次之后，两位站在侧面观察谈话的同事拦住了火冒三丈的她，并告诉她，在他们眼里，任何一方似乎都并未主导对话。泰勒说，她那时候就知道，虽然实验还没有收集到任何数据，但已经成功了，因为排练已经在她自己身上产生了预期效应。

无论怎样尝试，研究人员都无法改变旁观者的看法，他们所见到的互动中的主导者总是自己能看到脸的那一个。研究人员惊讶地发现，此事以“不可动摇”的“自动化”形式出现：哪怕对话的主题对旁观者有着切身的重要意义；哪怕研究人员故意打扰旁观者，使之分心；哪怕旁观者在判断讨论者之前间隔了很长一段时间；哪怕旁观者事先知道必须与他人交流自己的判断。更重要的是，不管做判断的旁观者是男是女，不管对话是现场看到的，还是在录像带上看到的，这种模式都会出现。[2]

我向泰勒打听最后这一种实验条件，她回忆说，录像是为了进行对照实验。从不同的拍摄角度录制同一段讨论，能够保证对话里的每一件事，在每一次做展示时都是一模一样的。她第一次公布研究结果时，对话录像能产生“焦点就是原因”效应并没有被当作研究结果的一个重要方面。但现在，情况发生了改变，因为有一种对话录像经常用来帮助判断重大犯罪嫌疑人是有罪还是无罪。

所有高度发达的刑事司法系统里都具备一个可怕的组成部分，那就是警方审讯员有能力让没有犯罪的人坦白招供。警方逼问虚假供述的做法令人不安，原因有二。首先是社会理由，在任何文化中，蓄意制造的口供都会带来冤假错案，辱没公平。其次则涉及个人方面，我们自己也有可能受审讯手法的诱导，错误地招供自己没有犯的罪。虽然对我们大多数人来说，这种可能性很遥远，但它要比我们想象的真切得多。“无辜的人不可能被说服，招供自己没有犯过的罪，尤其是重罪”这样的想法是错的，虚假口供的情况经常出现。尽管绝大多数警方询问中所得到的口供是真的，有其他证据作为佐证，但法律学者仍然发现了数量极多的诱导虚假口供。

事实上，很多时候，口供都被物理痕迹证据（如DNA或指纹采样）、新得到的信息（犯罪嫌疑人远在离犯罪现场数百公里之外），甚至犯罪并未发生的事实（比如以为遭到谋杀的受害者其实正活得好好的）毫不留情地推翻了。[3]

这一批法律学者还提出了一长串有助于解释诱导虚假口供的因素，其中有两个因素在我看来最为有力。作为普通公民，我尤为认同第一个因素。如果警方让我去派出所协助调查邻居家的可疑死亡事件，我会很乐意效劳。事实上，我之前还真的做过这类事。毫无疑问，这是一件有关履行公民责任的事情。如果在随之而来的调查里，我察觉自己成了警方眼里的嫌疑人，我恐怕还是会继续完成协助调查的过程，不找律师陪同，因为作为一个无辜的人，我相信审讯员会意识到我所讲的一切是真实的。另外，我不希望藏在律师身后，落实警方对我清白的怀疑；相反，我希望在走出调查室时，已经打消了他们所有的怀疑。[4]

然而，身为利害相关人，我这种协助警方的倾向或许反而会让自己陷入困境。这与产生诱导虚假口供的另一个有力理由有关，身为社会影响力的研究者，我对这个理由深感认同：决定独自接受警方的调查盘问，恐怕会使我倒在审讯员一整套完善的讯问技巧之下，几百年来，他们都是用这套手法让嫌疑人认罪招供的。有些手法十分狡猾，研究表明它们会提升虚假口供的概率。这些手法包括：谎报存在罪证，如犯罪现场的指纹，或是目击者证词；向嫌疑人施加压力，要他们反复想象自己犯罪的情景；通过剥夺睡眠和无情的连续讯问，让接受讯问者脑子模糊发晕，陷入不清醒的心理状态。有人为这种手法开脱，说设计它们的目的是为了获取真相。然而有时候，警方通过这种手法获取的口供，经不起事实的检验，根本不是真相。[5]

1973 年的一天晚上，18 岁的彼得·赖利（Peter Reilly）离开当地教堂主办的青年聚会后回家，发现妈妈躺在地板上的血泊中奄奄一息。他的人生从此改变。他被眼前的惨状吓得发抖，几乎昏过去，但还是想到要打电话求助。可等援助赶到时，赖利的母亲芭芭拉·吉本斯（Barbara Gibbons）已经死了。尸检表明，她是被人野蛮地杀害的：喉咙被割断，三根肋骨骨折，两条腿的大腿骨也碎裂了。

彼得·赖利身高 170 厘米，体重约 55 千克，身体、衣服和鞋子上毫无血迹，似乎不太可能是凶手。可从一开始，警方看到他茫然地站在母亲遇害的房间外发呆，就怀疑是他杀了母亲。康涅狄格镇上有些人嘲笑吉本斯做事有违常理，但还有很多人并不觉得好笑，形容她难以预测、反复无常、争强好胜、不太稳定。她似乎乐于惹火自己遇到的人，尤其是男人，贬低、挑战对方，与之对峙。从任何标准来看，芭芭拉·吉本斯都是个难以相处的女性。因此警方怀疑，赖利受够了母亲的不断挑衅对抗，在愤怒的冲动中“按捺不住”杀了她。这似乎也不是毫无道理。

在现场时，甚至后来被警方带走调查时，赖利都放弃了请律师的权利，以为自己只要说出实情，很快就会被放出来。这是一个严重的误判，因为他在法律和心理上都对即将来临的说服攻势毫无准备。在 16 个小时里，4 名警探轮番盘问，其中一名测谎仪操作员还告诉他，测谎仪显示就是他杀死自己母亲的。这番对话被记录在审讯笔录里，操作员的口吻无疑是斩钉截铁的。

> 赖利：它真的是在解读我的大脑吗？
>
> 测谎仪操作员：没错，绝对没错。
>
> 赖利：肯定是我吗？不可能是别人吗？
>
> 测谎仪操作员：不可能。从机器的反应来看不可能。

实际上，测谎仪的检测结果远非万无一失，哪怕在专家手里也做不到。正是因为测谎仪不可靠，在美国的很多州以及其他许多国家，法庭都禁止采纳它们为证。

接着，主审员告诉彼得，已经找到证明他犯罪的物证，但这是假话。他还对男孩解释了为什么他自己会不记得事发情形：赖利被母亲气得火冒三丈，在杀人的时候进入了凶残状态，现在他刻意压抑了这段可怕的记忆。警方的任务就是和赖利一起，“深挖”男孩的潜意识，直到回忆浮现。

他们挖啊挖啊挖，尝试种种方法把赖利的记忆带回来。直到赖利逐渐“记”起来：一开始模模糊糊的，后来就鲜明生动起来。他割断了母亲的喉咙，踩踏她的尸体。等到审讯结束时，对赖利和审讯员们而言，这些想象都成了事实。

> 审讯员：但你还记得，用一把直柄剃刀切开她的喉咙。
>
> 赖利：这很难说。我想我记得自己这么做过。我的意思是，我能想象出自己这么做了。它从我的脑海深处冒出来。
>
> 审讯员：她的腿是怎么回事呢？场面是怎样的？你还记得踩她的腿吗？
>
> 赖利：你这么一说，我就想象出自己这么做了。
>
> 审讯员：你并不是在想象。我认为，真相开始出现了。你希望它出现。

赖利：我知道……

对这些画面的分析、再分析，令赖利确信：它们暴露出了自己的罪行。审讯员逼他突破“心理障碍”，他则跟他们一起从脑袋里拼凑出了符合凶手行凶细节的画面。最后，在这场可怕的谋杀发生后24小时多一点点，在仍然还有许多细节不明朗的情况下，彼得·赖利签下了一份书面口供。口供非常符合由审讯员提出的，他自己也确信为事实的种种解释，尽管审讯一开始，他对这些说法完全不信；而且，整件事的后续发展也证明，这些说法无一成立。

第二天，赖利在牢房里醒来，可怕的疲劳感消失了，审讯室里的说服攻势也消失了，他不再相信自己的供词。但要推翻口供为时已晚。在刑事司法系统中几乎所有的官员看来，他的口供是他犯了罪的可信证据：法官在赖利的审讯中驳回了不予采纳口供的动议，认为这份口供是自愿做出的；警方对赖利被控有罪深感满意，不再考虑其他嫌疑人；检方律师认为口供是这起案件的核心证据；最终，陪审团主要根据这份口供，裁定赖利谋杀罪成立（见图3-1）。

图3-1 只要你认了罪，我们就不会释放你

彼得·赖利认罪后，由县治安官押往监狱。

资料来源：Courtesy of Roger Cohn.

这些人不相信，一个正常人，竟然会在不受威胁、暴力或折磨的情况下，承认自己没犯过的罪。可惜，他们错了。两年后，首席检察官去世，在他的文件柜里发现了可以证明赖利无罪的证据：在案发当时，赖利根本就不在罪案现场。赖利一案被驳回，所有指控撤销，他从监狱获释。

有句老话说，忏悔认罪对灵魂有好处。但对犯罪嫌疑人来说，认罪对其他的一切都很糟。认了罪的人，有更大的可能性遭到起诉、审判、定罪，并被处以严厉的惩罚。1830 年，伟大的美国法学家丹尼尔·韦伯斯特（Daniel Webster）意识到："一旦招供，除非自杀，再无避难之处。而自杀也是一种招认。"一个半世纪后，著名的美国最高法院大法官威廉·布伦南（William Brennan）对刑事司法制度做了一句惊人的评论，进一步补充了韦伯斯特的说法："一旦认罪，审判的其余方面就变得多余了；实际上，只有认罪了，真正的审判才会上演。"

有一份令人心寒的证据证明了布伦南的话是对的。研究者对 125 起涉及伪造证词的案件进行了分析，结果发现 81% 的情况下，嫌疑人最初供认了罪行，随后又推翻证词，主张自己无罪，但依然被判有罪。想想看，这些全都是虚假口供啊！彼得·赖利的命运和绝大多数受诱导认罪的人一样，这会让人产生自然而然的疑问：为什么我们更多地关注他的认罪，而不是那些结果一样、媒体报道更多的可怕案件呢？比如那些多个嫌疑人集体承认犯了一桩罪行，而实际上他们中没有一人真正涉事的案件。

值得注意的地方不在于审讯、审判、定罪或者随后的法律纠纷里具体发生了些什么事。这件事浮出水面是在 20 年之后，奔波挣扎在多份低级销售工作中的赖利成为一支调研小组的发言人，这支调研小组正在考察非法获取的口供有什么样的成因和后果。描述这件事的也并不是赖利，而是坐在他身旁的一个人。这个人的名字很寻常，叫阿瑟·米勒（Arthur Miller；见图 3-2）。不过，这位阿瑟·米勒并非常人。在很多人眼中，他是美国有史以来最伟大的剧作家，写过一部最伟大的美国戏剧，叫《推销员之死》(*Death of a Salesman*)。如果这还不够引起你的重视，这位阿瑟·米勒还曾跟美国有史以来最性感的女明星玛丽莲·梦露结过婚。

图 3-2　销售员的一生

在谋杀案发生 20 年后，更换过多个销售岗位的彼得·赖利（右）和阿瑟·米勒（左）在一起。

资料来源：Courtesy of Donald Connery.

赖利向听众介绍米勒，说这是自己最主要的一位支持者。米勒则向调研小组解释，自己到场的原因是出于对“在我的生活和戏剧里出现的认罪场面”的长期关注。20 世纪 50 年代，美国上演了一场反共狂潮，米勒的好几个熟人和朋友都遭国会委员会传唤出席听证会。听证会抛出一连串经过精心设计的问题，逼着他们招供跟共产党有隶属关系，或是知道演艺圈里哪些名人是共产党员。米勒本人就被美国众议院非美活动调查委员会（US House Un-American Activities Committee，简称 HUAC）传唤过，因为无法回答主席提出的全部问题，他上了黑名单，吃了罚款，连护照都给没收了。

在米勒的剧本《萨勒姆的女巫》（*The Crucible*）里，可以看到招供认罪所扮演的角色。《萨勒姆的女巫》是他所有作品里翻拍最频繁的一部。虽然该剧背景设定在1692年的萨勒姆女巫审判案，但米勒有意以寓言的形式，反映自己在国会听证会上所亲历的无尽盘问。后来，他又在彼得·赖利案中认出了这种无休无止的讯问。[6]

米勒的故事引出了一个可怕的暗示。多年来，各个地方出于各种目的的审讯人员，采用了某些惊人类似，同时非常有效的做法，让犯罪嫌疑人甚至是无辜的人写下认罪供述。意识到这一点之后，米勒和法律评论员建议所有重大犯罪的审讯都应录像。这些评论员认为，这样一来，看到录像的检察官、陪审员和法官就能够自己评估，相关的供词是不是通过不当手段取得的。事实上，出于这一理由，在世界各地的重大刑事案件审讯过程中，开始越来越多地采纳录像方式。从理论上说，这是个好主意，但在实践中却存在一个问题：摄像机的角度几乎总是放在审讯员背后，正对着犯罪嫌疑人的脸。

供词是嫌疑人自愿做出的，还是审讯人员采用不恰当手段获取的，这一法律问题涉及对因果关系的判断，即犯罪陈述到底由谁负责。我们从泰勒教授的实验中知道，摄像头越过一方的肩膀对准另一方的脸，会让人的判断偏向于视觉上更明显的那一方。根据社会心理学家丹尼尔·拉塞特（Daniel Lassiter）新近的研究，我们现在还知道，摄像头在审讯过程中对准嫌疑人，会使得观看录像的人认为嫌疑人负有更多的自白责任及愧疚。此外，一如泰勒和同事的尝试，拉塞特和同事们同样发现，这一结果有着不可动摇的持久性。在拉塞特的研究中，无论旁观者是男是女，是大学生还是四五十岁、符合陪审资格的成年人，看过录像一次还是两次，知识丰富还是浅薄，事前知道还是不知道拍摄角度的潜在影响，他们始终会受其影响。也许最令人不安的是，不管旁观者是普通市民、执法人员还是刑事法庭的法官，都存在同样的模式。

什么也无法改变拍摄角度的不利影响，因此我们只能改变拍摄角度。从侧面拍摄审讯和招供录像，同时聚焦于嫌疑人和审讯员，偏差就消失了。事实上，对同一段审讯，如果摄像头越过嫌疑人的肩膀对准审讯员的脸进行拍摄，再给旁观者看这一视角的视频，还有可能逆转偏差：跟从侧面视角所做的判断比起来，旁观者会认为此时是审讯员在主导招供。很明显，在这里，焦点主导了因果关系。

因此，一个无辜的人（或许就是你）受邀去警察局协助重大案件调查时，会面临一个潜在的困境。顺从并提供协助，这一点儿错也没有，好市民应该这么做。但如果你逐渐察觉，调查的目的不是要从你口中获得相关信息，而是想让你招供罪行，事情就变得复杂起来。辩护律师的标准建议是：终止会面，要求律师到场。可惜这样的选择也有风险。贸然结束会面，或许会令你无法把解决罪案所需的信息尽快告知调查员，查明自己的清白，打消警方对你的怀疑。

被怀疑犯下重罪，有可能变成一场可怕、恶心、挥之不去的经历，直到真相最终曝光才结束。但选择继续接受越来越像是审讯的会谈也有风险。你说不定会承受那些过去几百年里从不同地方发展出来的审讯手法，其目的就是为了从嫌疑人甚至无辜者口中套取有罪陈述。在这里，你有充分的理由小心谨慎，因为这些技术早就被证明足以帮助审讯员实现目的。

假设在斟酌了各种选项之后，你决定坚持完成会谈，以求洗清嫌疑。在受到欺骗或迫于压力做出了虚假供述时，你能采用什么方法，提高外部观察者辨识出这些欺骗或压力手段的概率呢？

有。按照泰勒和拉塞特教授的研究，它分为两步。

首先，找出房间里的摄像头，通常它悬挂在上方，在警官身后。其次，移动椅子，把你自己挪到摄像头能平等地拍摄下你和提问者的脸的位置。不要让“焦点就是原因”效应令你在审判中处于劣势。否则，一如布伦南大法官的看法，你的审判就完蛋了。[7]

顺便说一句，如果你发现自己处在我所说的会谈情境下，并选择结束会谈，要求找律师，你该做些什么来减少警方对你有所隐瞒的怀疑呢？我有一个建议：把责任朝我身上推。你可以这么说：“虽然我非常想和警方合作，但我曾经读过一本书，书里说，警方有大量审讯手法，对哪怕是无辜的人来说也很不安全。”就这么说，全都怪我。你甚至可以把我的名字说出来。警察会怎么做呢？用莫须有的罪名逮捕我，把我带到警察局，用马基雅维利式的手法获取虚假口供吗？他们永远拿不到我的招供，因为我已经发现了摄像头，挪动了我的椅子。

关注最高位者

人会自动把焦点视为原因的相关证据，也有助于我们理解其他一些难以解释的现象。举例来说，对所属团队、群体和组织的成败，领导者往往承担了超过事实水平的因果责任。企业绩效分析师称这种趋势为“领导力浪漫史”，并证明其他因素对企业利润的影响其实比 CEO 行为大得多，如劳动力质量、现有的内部商业模式、市场环境等，然而领导者却为公司的业绩承担了过多的责任。因此，哪怕是在工人工资相对较高的美国，有分析表明，大型企业普通员工的工资，仅为 CEO 薪资的 0.5%。

这样的差异似乎很难用经济或社会公平的理由来解释，但我们或许可以为它找到另一个理由：最高位者最为显眼，最为突出，因此，在事件发展的过程中被赋予了过度的因果角色。[8]

总而言之，由于最突出的因素显得重要，焦点显得像是原因，所以沟通者若是能将受众的注意力引导到事先选好的方面，就能获得极大的优势：接受方会在真正考虑这些方面之前就不自觉地考虑它们。

引导注意力会实实在在地令接受方更容易接受一条信息，哪怕他们尚未开始处理该信息。

这正中说服方的下怀，因为对沟通者来说，最大的挑战不是要提供最佳的例证，而是要说服接受方付出自己有限的时间和精力，考虑信息中传递出的优点。让人感受到问题的重要性和因果性，恰好迎合了这一挑战。

如果受引导的注意力确实为沟通者提供了先发优势，那么，另一个相关的问题就出现了：还有没有某些信息特征，在性质上天然就能吸引关注，无须沟通者的特别努力呢？

PRE-SUASION 延伸阅读

1

排队研究来自 Oberholzer-Gee (2006)。提供帮助的义务感、未能帮忙时的愧疚感、提供帮助的频率，均与对方是弱者或穷人有关，证据可见 Berkowitz (1972); de Waal (2008); Dijker (2010); Schroeder et al. (1995); Stijnen & Dijker (2011)。

2

Taylor & Fiske (1978) 发表了泰勒对该主题大部分研究的总结。随后的研究将“焦点就是原因”效应的作用范围进一步扩大，证明旁观者会将原因地位给予对话里说话更大声的人（Robinson & Zebrowitz-McArthur, 1982），或是互动中穿着更引人注意的人（Zebrowitz-McArthur & Ginsberg, 1981）。甚至有人指出，在体育比赛里，裁判会为队服颜色更扎眼的运动员分配更多的因果关系（Hagemann,

Strauss & Leissing, 2008; Rowe, Harris & Roberts, 2005)。

3

审讯员诱使嫌疑人做出虚假口供的证据出自多个专业信息源（Davis, 2010; Kassin, 2008; Lassiter & Meissner, 2010; Leo, 2008），如果读者希望一次性地看到虚假口供的细节，可见 Drizin & Leo (2004)，文中收录了 125 起案件。虚假口供对诱导方和受到劝诱的人都会带来可怕的后果，相关故事可见 www.thisamericanlife.org/radio-archives/episode/507/confessions?act=1#play。

4

在我看来，避免请律师的愿望不可小视，因为请律师一般来说要花钱、拉长审讯过程、加剧警方的怀疑。举个例子，1996 年，在美国科罗拉多州博尔德市，6 岁的乔恩贝尼特·拉姆齐（JonBenet Ramsey）遇害后，她的父母清楚地意识到，警方几乎立刻就把自己当作了罪案嫌疑人，于是拒绝跟警方谈话，除非有律师在场。结果，来自执法机构、媒体、公众的许多旁观者都开始相信，"请律师"这一举动泄露了他们的罪行。当时的科罗拉多州州长甚至发出声明，敦促他们"不要再藏在律师背后"。在很多人眼里，尽管没有他们卷入此案的任何切实证据，夫妻俩仍然是这桩未决命案的主要嫌疑人。时隔 20 年，两人最终靠着 DNA 检测，彻底证明了自己的清白。即便如此，博尔德地区检察官在写给乔恩贝尼特父亲的一封信里，仍然这样说：尽管新的 DNA 证据免除了夫妻两人的嫌疑，但还是有很多人认为他们有罪。

5

有关上述各因素提高了无辜者受诱导做出认罪口供的数据，请见 Blagrove (1996); Kassin et al. (2010); Leding (2012); Loftus (2011); Mazzoni & Memon (2003); Perillo & Kassin (2011); Rajagopal & Montgomery (2011); Shaw & Porter (2015)。

审讯员想要运用这种有问题的手法获得口供的可能原因很多，除了希望找出罪犯的合理愿望以外，还有一个更令人不安的原因：拿到口供会给审讯员带来荣誉。广为流传的刑事审讯员手册（Inbau et al., 2001）揭示了审讯员的动机："每个调查员都希望提高自己的绩效评分，或是向上级彰显自己的价值。此外，在同行里提高知名度也是件很好的事情，更不要说还能为审讯员自己带来自我满足。"（p.55）作者还不经意地这样说："这一切完全可以理解，无非是正常的人类行为。"（p.55）虽然事实的确如此，但在利害关系重大的审讯过程中，作者语带傲慢地提到绩效评分、出名、自我满足这些因素所发挥的作用，让我倒吸了一口凉气。

6

丹尼尔·韦伯斯特的引言，出自他的作品 *Argument on the Murder of Captain White* (April 6, 1830)。布伦南的评论，出自美国最高法院审理的 *Colorado v. Connelly* 一案（p.182）。虚假口供常使得嫌疑人在法庭上被定罪，最重要的一个原因是：口供败坏了其他证据来源。也就是说，一旦录入了口供，法医对弹道、头发纤维、笔迹和指纹等的分析，目击者和警方线人的证词，都会出现更多错误，以求与口供相吻合。显然，口供不光让法官和陪审员确认被告有罪，还说服了案件里的证人，他们可能会无意识地调整证词，以求适应当下的视角（Kassin, Bogart & Kerner, 2012）。对相关法律问题的讨论，请参见 Kassin (2012, 2014)。

彼得·赖利案的详细介绍，见 Donald Connery (1977) 和 Joan Barthel (1976) 所写的图书。后者收录了赖利被讯问的完整笔录，并于 1978 年依据此书拍成了电视电影《杀母疑案》（*A Death in Canaan*），导演是托尼·理查森（Tony Richardson）。我对此案的介绍，节选自我执笔的一本社会心理学教材（Kenrick, Neuberg & Cialdini, 2015）[①] 中论说服的章节。

7

拉塞特做过多次实验，证明在观看口供的过程中，视角左右了对责任的判定。拉塞特曾对这些研究做过很好的综述（Lassiter, 2002, 2010）。这项研究至少已经使得新西兰政府采取了行动，该国现在要求所有警方讯问都从侧面录像。

8

高估领导者的作用这种现象，并不仅限于商业机构，当然在商业机构中是肯定少不了的（Flynn & Staw, 2004; Mendl, Ehrlich & Dukerich, 1985; Pfeffer & Salancik, 1978; Salancik & Mendl, 1984; Schyns, Felfe & Blank, 2007）。同样如此的还有政府机构（Salancik & Pfeffer, 1977）、教育机构（Birnbaum, 1989）和运动队（Allen, Panian & Lotz, 1979）。

CEO 与职工薪酬的数据来自一份对标准普尔 500 指数里 334 家公司的分析（Beck, 2011）。近年来，这一差距并没有缩小：2014 年经济政策研究所的一份

① 这本教材是《西奥迪尼社会心理学》，第 5 版的中文简体字版已由湛庐文化策划、北京联合出版公司出版。——编者注

研究指出，在350家顶级上市企业中，普通员工的薪水是CEO薪资1%的1/3，2015年的一份研究则指出，这一差距进一步拉大，已接近1%的1/4（Krantz, 2015）。这么大的薪酬差距自然带来了令人不安的社会影响（Stiglitz, 2012）。有研究使用了1972—2008年的数据，发现低收入美国人的不幸福感，随着收入差距加大而上升。这种不幸福，不是因为收入差距增大对他们本人的影响，而是因为收入差距增大让他们产生了不公正、不信任的感觉。收入差距大，收入较低的公民就会变得更加困扰，因为他们从整体上觉得无法信任别人的公平性（Oishi, Kesebir & Diener, 2011; 同类结果还可参见 Twenge, Campbell & Carter, 2014）。经济差距对信任感破坏作用的加大，还扩散到了学术造假这方面。在以收入差距大为特点的地区，学校的学生们有更大的概率浏览教他们如何在作业和论文里作弊的网站。这种作弊倾向是由学生们对人的不信任感造成的，可能也与他们认为其他所有人都会作弊有关（Neville, 2012）。

PRE-SUASION

04

注意力开关

如何吸引注意力

A Revolutionary Way to Influence and Persuade

我最初把《影响力》的草稿寄给各大出版商寻求出版机会的时候，暂定标题是《影响力武器》(*Weapons of Influence*)。一位组稿编辑打来电话，说他所在的出版社有意出版，但必须做出一处重要的修改。为了让书店里随意浏览的读者注意到并伸手拿起这本书，他提议把书名改为《社交诱惑力武器》(*Weapons of Social Seduction*)。“这样的话，”他指出，“只要看一眼，就能把这本书同性和暴力挂上钩了。”

虽然没有接受他的建议，但我能理解其中的部分逻辑。有些线索会强烈地吸引我们的注意力，因为它们跟我们的生存有着最有力的联系。性和暴力刺激是最合适的例子，因为它们事关我们生与死的根本动机：一方面是繁殖，另一方面是免受伤害。

性

明显的性刺激能把人类的注意力从其他因素，有时甚至是所有的其他因素上转移过来，这不是什么秘密。小说家、剧作家和电影编剧都知道这一点，并将其运用在自己的故事情节里。想想弗拉基米尔·纳博科夫的《洛丽塔》，田纳西·威廉斯的《欲望号街车》，史蒂文·索德伯格的《魔力麦克》

（*Magic Mike*）。广告商和营销人员也都知道这一点，他们在商业诉求里使用它。行为科学家同样知道。更重要的是，行为科学家们还证明，把性联想投射到事物上，让它指引行为，极为容易。

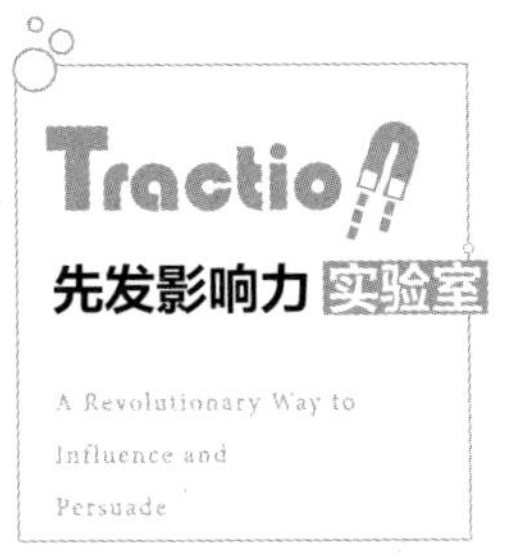

在法国完成过一次小小的研究。研究人员安排了一名诱人的 19 岁姑娘，走向随机路过、无人陪伴的中年男性，并向他们求助。她指着四个小混混，说自己的手机被这伙人偷了。“您能帮我拿回来吗？”她问。在这种情况下，一个单独在场的男子不愿意插手干涉是可以理解的。他不认识这位姑娘，而且如果发生争执的话，他一个人也应付不了四个人。事实上，在一号样本中，只有 20% 的男士回应了年轻姑娘的求助。但是在二号样本中，却有近乎一倍的人按年轻姑娘的要求，参与了争执。

是什么导致了这样的差异呢？几分钟前，所有的男性都碰到过另一位年轻姑娘向他们问路。只不过，对一些人，姑娘问的是马丁街怎么走；对另一些人，姑娘问的是情人街怎么走。被问及后一位置的男士，在随后事件中的表现要勇敢得多。研究人员曾在早前的研究里得到证据证明，被问及情人街，让男士们想到了跟性有关系的日子：情人节。这种性关联触发了他们的勇气，怂恿他们不顾危险，去赢得漂亮少女的青睐。

用性刺激能轻松唤起中年男性的愚蠢，这样的结果固然惊人，但也指出了一个具有启发意义的复杂因素。光是迷人的年轻姑娘请求协助这件事本身，还不足以让中年男士们去完成它。在切入这个过程之前，必须要预先安排好另一件重要的东西。要先让男士们接触到一个与性有关系的概念，比如情人节，才能促使其采取行动。为了让男人们更容易接受姑娘的请求，必须先有一套“开关”。简单地说，先发影响力必须到位。

跟下半身那点事儿相关的因素远不止如此。举个例子：在广告行业，人们相信，把性注入广告必定能提高销量。但从统计数字上看，在《广告时代》（*Advertising Age*）杂志的20世纪百强广告活动榜单上，只有8次活动在文案或图像上采用了性元素。为什么这么少呢？因为尽管人们对性内容的反应强烈，但并不是无条件的。适合借助性来销售的产品，仅限于那些用途与性相关的东西。化妆品（口红、染发剂），身体气味剂（香水、古龙水），以及修身的服装（牛仔裤、泳装），都属于这一类。软饮料、洗涤剂和厨房电器就不属于这一路，尽管不理解这一点的广告机构偶尔也会费些功夫这么做（见图4-1）。

图 4-1　性的销售能力是有选择性的

虽然上面两幅广告都很性感，但只有左侧的广告有可能提升产品的销量。

资料来源：Courtesy of the Advertising Archives.

有一条适用范围很广的教训，其影响远超广告领域。

注意力元素

在任何情况下，人们都更容易把注意力放到与情境和目标相吻合的刺激上，也更容易受其影响。

仅就性刺激来说，研究发现，处于性兴奋中的异性恋男女会花更多时间凝视魅力特别大的异性照片。这种倾向看似十分自然，没什么可大惊小怪的。可叫人惊讶的地方在于，只有当凝视者打算寻找浪漫关系或性关系时，才存在这种倾向。不打算寻找新伴侣的人打量好看的异性照片的时间，并不比打量姿色平平的异性照片的时间更长。还是那句话，光是身体吸引力，还不足以横扫人的理性。必须有别的东西先行到位，比如寻找新伴侣的目标，才能让整个过程启动。因此，一个人当前的浪漫或性目标，与其对漂亮异性额外关注的倾向，是存在强烈关联的。

顺便说一句，这一关联或许能带给我们一种鲜为人知的方法，略微提高将现有关系延续下去的机会。曾有一项调查对处在浪漫关系中的大学生提出了一系列通常用来预测关系稳定性的标准问题：他们对自己的伴侣爱得有多深，他们对这段关系的满意度有多高，他们希望这段关系维系多长时间，等等。除此之外，该调查还收录了一些新的问题，询问了一些额外的因素，如他们是否会注意到好看的异性，是否会为此感到分心。做完调查两个月之后，研究人员再次接触了受访者，询问他们的爱情关系是保持不变，还是已经结束。

值得注意的是，分手的最佳预测指标不是两个月前他们对伴侣爱得有多深、当时对这段关系有多满意，甚至也不是他们希望这段关系维系多长时间，而是当事人是否经常意识到身边出现了帅哥美女，是否对其给予关注。

面对这样的调查结果，碰到伴侣指责你眼神老是四处打量时，老套的开脱说法，比如“嘿，我知道我在节食，但看看菜谱总没害处”就很成问题了，因为这在将来很可能是有害处的。因此，在二人关系当中，我们应该敏感地意识到伴侣或者我们自己对迷人异性关注度的提升，它恐怕是这段关系危在旦夕的早期信号。[1]

危险

暴力，以及它对安全所造成的威胁，始终能够吸引人类的注意力。证据来自方方面面：比如看到汽车事故，我们不想看却忍不住去看；血腥电子游戏的销量总是居高不下；暴力电影的票房号召力始终强势，虽然这些电影以前是“射死他们”，后来变成了“轰死他们”和“砍死他们”。这种对潜在威胁刺激给予特别关注的倾向，似乎是我们从襁褓中带来的，它经常推动我们做出愚蠢的行为。

畏惧是有风险的。举例来说，人们有时会做出冒险的行为，以求避免某些伤害，而事实上这些伤害风险性并不高，只是当时成了关注焦点，所以显得很可怕。2001 年 9 月 11 日的恐怖袭击中，4 架商业客机同时遭到基地组织恐怖分子劫持，最终机毁人亡。媒体对此给予了大量的报道。结果，成千上万的美国人在长途出行时放弃了可怕的天空，选择了公路。但高速公路上的死亡率比搭乘飞机出行要高得多，所以其实更为致命。据估计,次年,大约有 1 600 名美国人在由此而来的额外汽车事故中失去了生命，比美国商业飞机坠毁遇难乘客的人数多 6 倍。

当然，从搭乘飞机改为选择公路交通，有可能不是因为畏惧风险，而是因为美国机场在恐怖袭击之后加强了安检程序，造成了不便。不过，有研究表明，2005 年 7 月伦敦地铁爆炸事件发生后，搭乘地铁出行的人数也出现了类似下降，尽管伦敦并未施加更多的安检举措造成不便。因此，上述解释成立的可能性削弱了不少。伦敦市民不再搭乘地铁，而是改骑自行车。由于在伦敦骑自行车比搭乘地铁更加危险，此后几个月，与交通相关的伤亡数量达到了高峰，发生了数百起自行车事故。害怕风险变成了真真正正可怕的风险。[2]

很明显，家庭火灾报警器、电脑备份程序甚至除臭剂的营销人员在广告里塞满各种惊悚信息，都是为了吸引我们的注意力。有关这些信息效果如何的大部分数据，都是在沟通者劝说我们改变不健康的生活方式时得到的。通常，在沟通中展现不健康习惯所能带来的最可怕后果，比展现较为温和的信息更管用，也比展现良好健康习惯带来的积极后果更管用。可怕的结果越是醒目，越是吸引关注，效果就越好。有十多个国家在烟盒上放置“香烟有害健康”的大幅画面，产生了双重效果：既说服更多的非吸烟者抵制香烟，也劝说更多的吸烟者戒烟（见图 4-2）。

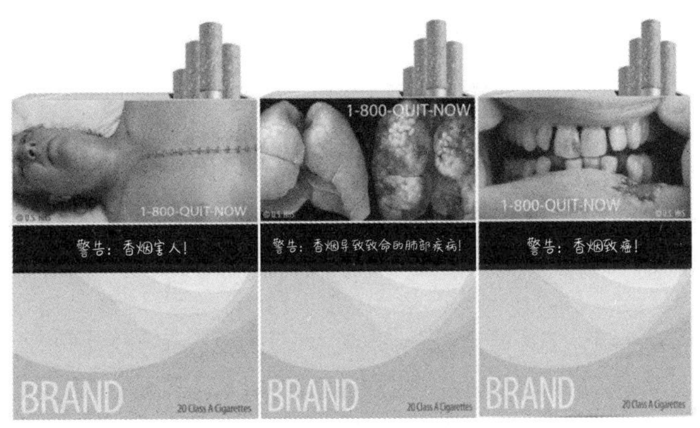

图 4-2　香烟点燃，健康亏光

烟盒上这类可怕的画面，在世界各地都减少了吸烟行为。

资料来源：HHS.gov. US Department of Health & Human Services.

有一种撩拨恐惧的信息，似乎最擅长改变行为。但具有讽刺意味的是，它是靠着降低恐惧来实现改变行为的目的的。这可不是小幅优势，因为对肺癌等疾病不祥后果的高度恐惧，或许会让一些吸烟者否认自己也可能落到这样的后果。“管他的，”一个老烟枪说不定会这么说，“我爷爷抽烟抽了一辈子，活到了 80 岁。我说不定也有很好的抗癌基因呢。”另一些人可能会用其他理由为自己的行为开脱，但总之会用类似的方式自欺欺人，以此缓解心底的焦虑。刚开始抽烟的年轻人最喜欢找的借口是：等到自己因为抽烟患病时，一定已经有了便捷可用的治疗手段了。

使用什么样的说服魔法，能让信息接受方既为自己不良习惯的负面后果深感担忧，又不会把他们逼得否认问题呢？沟通者只需要清晰地告诉接受方有哪些可行的步骤，可以改变对健康造成威胁的习惯即可。通过这种方式，接受方无须借助自欺欺人来应对恐慌，而是可以发起积极行动，获得真正的转变机会。

来看看荷兰一支研究团队引导受试者改变个人行为的例子。他们先为受试者做测试，告知后者他们很容易患上低血糖，有可能会引发严重的后果，如器官衰竭、痉挛或抑郁症。给出这个惊悚的警告之后，研究人员告诉受试者可以参加一个研讨班，改善饮食，降低患病概率。大多数受试者都会主动寻求有关饮食研讨班的更多信息。相比之下，另一组受试者得到的消息没那么叫人担心，他们报名参加研讨班的概率仅为前者的 1/4。这是因为，前一群受试者相信研讨班对自己的健康能产生有利的影响，并利用这一新的信念来控制焦虑，而不再一味否认现实。因此，公共健康方面的沟通人员散布真实且可怕的事实的最佳方法是，把可用的辅助系统如方案、研讨班、网站、指导手册等整合到沟通当中。[3]

影响力“开关”

总体而言，尽管性和危险刺激经常能吸引眼球，但它们产生的效果不见得都一样。考虑到这些复杂方面，我们才能理解怎样借助这些刺激，在某些情境下实现最大的影响力，又在另一些情境下降低影响力。我和几名研究队友想到这件事的时候意识到，广告机构经常忽视这些复杂性，结果设计出的广告既价格不菲，又对产品销售起到了破坏作用。经研究团队成员弗拉德·格里什科维舍斯（Vlad Griskevicius）的启发，我们采用了演化的视角。碰到危险情况时，人类进化出了加入群体、避免落单的强烈倾向，因为人多更安全、势力更大，碰到天敌或敌人时，一个人的风险很大。然而，碰到存在性交可能性的情况时，事情就反过来了。人会想要避开集体，以求成为浪漫关系的主要得益方。

我们还意识到，有两种经典的商业广告诉求完美地反映了上面这两种相反的动机：融入和脱离。其一是“别被抛弃”，怂恿我们加入大多数。其二是“特立独行”，怂恿我们不去跟随大众的脚步。那么，广告机构在什么时候将哪一种诉求植入观众的意识，能取得最佳的效果呢？我们的分析表明，凡是观众接触到可怕刺激的情况，都应该使用“从众”信息，比方说，当观众在电视上观看动作片时。因为此时他们正把焦点放在威胁上，希望置身集体。但要是观众正在观看电视里的爱情片，发送这种广告信息就是错的，因为情意绵绵的当事者正希望远离人群。

我们在实验中检测了这一设想，结果令我喜出望外。我们自己制作了一条强调旧金山现代艺术博物馆热门度的广告，广告词是“每年有超过100 万人次参观”。把这条广告向正在观看动作电影的受众播放时，强烈地激起了他们对博物馆的好感；可向正在观看浪漫爱情电影的受众播放时，却使他们对博物馆的好感降低了。

另一条略加调整的广告强调了博物馆的独特性而非热门度，广告词是“从人群中脱颖而出”。它具有相反的效果。独特性广告在观看爱情电影的观众中大获成功，但在正观看动作电影的观众里特别失败。

上述数据模式看似复杂，可透过本书的核心主张来看，它们就变得简单起来：

注意力元素

说服信息的效力，会受到先发内容的极大影响。通过影响力“开关”开启人们警惕的思想状态，那么出于对安全的渴望，对热门度的诉求将会飙升，对独特性的诉求则会下降。但要是用影响力“开关”开启人们求欢的思想状态，那么受随之而来的独处欲望驱动，结果就会反过来。

几乎所有的电视台和广播电台都有一个专门负责处理“交通”信息的人。他们的职责并不是协调当地道路状况、汽车事故、街道封闭等信息的即时播报。恰恰相反，这个人扮演的往往是日志编辑的角色：安排广告的位置，让特定的广告在一整天的不同时段都出现在合适的地方，在播出时跟直接竞争对手的广告衔接得不会太紧。

广告从业者都知道，要是日志编辑把福特皮卡和丰田皮卡的广告背靠背地放在一起，那就是一起严重的“交通管理”事故。这样的失误会招来广告客户的投诉，因为客户们明白，这样的失误会模糊自己的信息，浪费打广告的钱。不过我相信，没有哪家广告客户意识到，另一种广告放置的方法恐怕能带来更为可观的经济后果。也就是说，媒体不光向受众播放了广告，还通过节目内容将这些受众提前导向了特定类型的广告信息。

比方说，我敢打赌，如果福特的媒体采购员打算为福特的 F-150 购买广告时段，内容是“39 年来全美销量最大的皮卡”，他们从不会考虑优先将其放在犯罪电视剧、恐怖电影和新闻节目当中，回避浪漫爱情喜剧。反过来说，我也敢打赌，如果他们打算宣传 F-150 独特的 FX 外观套装，呼吁买家要“特立独行”，他们也从来没考虑过跟上述相反的广告放置形式。对福特来说，这可太糟糕啦。[4]

定向反应

每当我们首次察觉身边的变化，注意力就会飞过去。在这方面，我们没什么特别的，这种反应广泛出现在整个动物王国，甚至能够压倒心理学史上最著名的动物行为模式：巴甫洛夫的狗。

学过心理学的人都知道这条狗的故事。在一系列突破性实验当中，伟大的俄罗斯科学家巴甫洛夫发现，他能将狗分泌唾液的行为与某种跟分泌唾液无关的因素挂上钩，比如铃铛的声音。为了完成这套把戏，他反复在给狗喂食之前摇铃铛。不久之后，狗一听到铃铛声就会流口水，哪怕这一次没有出现任何食物。但学过心理学的人，几乎没有谁知道完整版的故事，因为就连心理学教授知道的也不多。

失败的经典条件反射实验

经过多次实验，巴甫洛夫相信自己发现的“经典条件反射”可靠而有力，很想展示给别人看。可当他邀请观众到自己的研究所观看演示时，却经常失败。此外，如果是助手在实验室里训练好狗，请巴甫洛夫来查看结果，同样的情形也会发生。狗很多时候都不回应，留下助手垂头丧气，老板大惑不解。

巴甫洛夫最终意识到，两种反常情况都可以归结到一个原因上：进入新的空间后，他和访客成了新异的刺激，劫持了狗的注意力，将之引导到了实验室的环境改变上，令狗无视铃声和食物（见图 4-3）。虽然巴甫洛夫并非第一位注意到这一反应的科学家，却给它起了一个说明其目的的标签：探究反射（investigatory reflex）。他明白，为了生存，所有的动物都必须敏锐地意识到环境中的改变，探究并评估这些变化带来了危险还是机会。所以，这种反射的力量大到可以抑制其他所有行为。

图 4-3 条件反射受到干扰

图中是巴甫洛夫训练的一条狗，它带着唾液收集管，用来证明它对食物分泌唾液的反应可以转移到铃声上，即条件反射。可如果实验室里有新的刺激吸引了狗的注意力，条件反射就会消失。

资料来源：Courtesy of Rklawton.

有一件折磨过我们所有人的平常琐事，从中可以看出环境条件迅速变化给人类注意力带来的有力影响。你从一个房间走到另一个房间，想要做一件事情，可等你到了那儿，却忘了自己为什么要过来。在埋怨自己的记忆力出问题之前，可以考虑另一个得到了科学证据支持的原因：穿过一道门之后，你就忘了该做什么事，这是因为周围环境的改变让你把注意力放在了新的环境上，从而扰乱了你的记忆，让你忘了此行的目的。我喜欢这样的说法，因为它为我的健忘症提供了一个不那么让人担忧的解释："别担心，西奥迪尼，这不怪你，怪那该死的门。"

巴甫洛夫的实验过去一个多世纪以后，我们的身体反应不再被称为"反射"。它改名为"定向反应"（orienting response），产生了大量相关研究。它并不像巴甫洛夫想的那样局限于感官，而是扩展到各种各样的身体调节过程，包括呼吸、血流、肌肤湿度和心率。

为研究这一行为表现，科学家们最近开始审视大脑，发现一种名叫“O 型波”（O-wave，即定向波“orienting wave”）的电活动模式出现在与评估相关的各个脑区。通过脑成像设备将人们脑袋里 O 型波的起伏绘制成图形之后，神经科学家确认了几种最能有效转移注意力的刺激。其中一类线索与变化相关，它值得我们考虑，因为它对影响力心理学有着迷人的暗示。[5]

我曾在南加州大学安纳伯格新闻与传播学院做过一年访问学者，想要了解大众媒体的说服方法。除了教学人员质量，我选择安纳伯格学院的一个很大原因在于学生们的背景。许多进修高级学位的人都曾有过广播和媒体行业的工作经验，我认为，他们是我了解大众媒体的沟通影响力的重要来源。一位制作过成功的电视广告和纪录片的女士在这个话题上带给我很大的启发。

她说，就电视广告和纪录片而言，以说服为导向的制片人、编剧或导演，主要需要关心拍摄和剪辑，其余的所有事都无非是这些基本元素的变形或微调。我记得自己当时想：嗯，当然了，你肯定会重视拍摄，因为拍摄为你的信息提供了内容。但为什么给剪辑同样的地位呢？剪辑只不过是改变一下内容的表现方面呀。这对我来说挺新鲜，有点不一样。而且，它也很切合本章的主题：正是这“不一样”的地方，抓住了我的兴趣。

我向她提起自己的疑惑后，她给出了一个符合先发影响力视角的理由：“剪辑能让人们把注意力转移到你真正想让他们关注的信息上。”换句话说，剪辑是说服成功的关键，因为它调整了表现的画面，把最具说服力的信息引入了人们的焦点。剪辑触发了观众大脑对重要信息的定向反应，哪怕他们还没有具体接触到这个重要信息。

据我所知，大多数广告商或电影制片人还没学会系统性地利用这一见解，为自己创造有利时机。而且研究证实，电视广告商非但不曾明智地利用剪辑将观众的注意力引导到自己素材中最重要的方面，反而在不加区别地提高广告中场景转换的整体频率。

历年来，场景转换的整体频率已提高了 50%。可以预见，观众会对广告的要点感到困惑，并且为广告的重点随意乱换而恼火。因此，哪怕剪切多的电视广告吸引了更多的总关注，但为广告所要说服的主张带来的记忆度却少得多，说服力也明显更加低下。原因很容易理解：观众的注意力没有固定在广告的最佳要点上，而是分散在素材的各类相关或不相关的特点上了。对相关人士而言，这可谓是死在“千刀万剪”之下了。[6]

当然，和广播媒体不一样，还有许多沟通渠道以固定、不可改变的形式来呈现信息，如报纸、杂志、书籍、传单、橱窗招牌、广告牌、电子邮件等，它们不能用剪辑来策略性地捕获、引导受众的注意力。在使用这些媒介的时候，为借助差异的力量，说服方往往会采用一种更为传统的策略。他们会利用新颖性，即某种旨在表现不同的东西，如原创、不熟悉或出人意料的元素，这同样能有效地吸引关注。

事实上，任何能让商品从竞争对手当中脱颖而出的事情，都能达到这个效果。只要聚焦的地方有价值，它的魅力就能大大超越同样有价值甚至更有价值的对手。一些新研究已经绘制出了一条此前无人发现的差异化路线，效果非常显著。

我们在第 2 章介绍过一种营销人员用来让人选择性地关注产品价值的方法：他们用某种类型的问卷让我们评估其产品的质量，但却不让我们评估其竞争对手的同类产品的质量。但要达到相同的目标，还有许多更微妙的方式。让我们来看看美国西北大学一项研究所得到的结果。

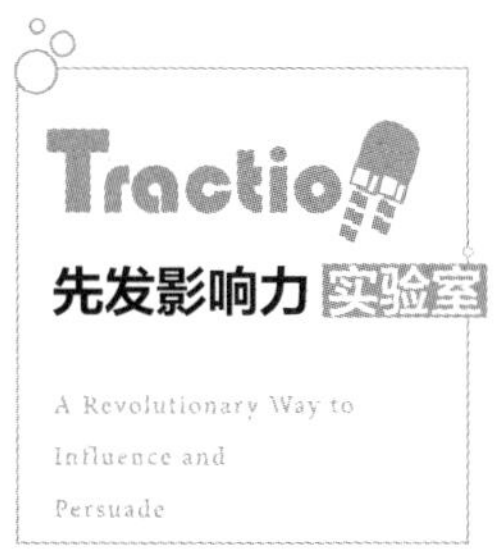

研究人员向在线参与者介绍了两张沙发的信息，假设说一张沙发叫“美梦”，另一张沙发叫“泰坦”。这两张沙发由两家不同的家具公司生产，除了垫子，方方面面都可媲美。“美梦”的垫子比“泰坦”更软，但不那么耐用。在这种一对一的比较里，客户更偏爱“泰坦”比较硬的垫子，选择它的人是58%；选择“美梦”软垫子的人是42%。

研究人员又向另一组在线参与者发送相同的信息，但同时还附上了另外三款其他型号的沙发。情况发生了变化。附加的沙发里没有强劲的对手，在多种维度上都偏弱，但它们都有着像“泰坦”那样耐用的硬垫子。在这一轮比较当中，“美梦”超越了其他所有型号的沙发，77%的客户都偏爱它。

这是一个惊人的发现。我们或许以为，在选项中增加竞争对手会减少“美梦”被选中的概率。再说了，“泰坦”仍然在可用的选项当中，原来的优点也都存在。可为什么额外的沙发竟然带来了剧烈的变化，让买家偏向“美梦”了呢？

针对这一主题做了多次研究之后，研究人员颇有信心地说出了奥妙所在。增加了三款垫子更耐用的沙发，让“美梦”和其他四种沙发有了明显的区别：它的垫子柔软而舒适。如前所见，独特性能将人们的注意力转移到独特的因素上，在本例中，也就是人们感觉垫子的舒适度变得更为重要了。

遗憾的是，从业者对事关说服力的绝大多数科学数据视而不见，就连上面这样有着重大价值的发现，也乏人问津。[7 8]

PRE-SUASION 延伸阅读

1

法国偷手机研究由 Lamy, Fischer-Lokou & Guéguen (2010) 完成。反对在广告里滥用性元素的证据来自斯科特·阿姆斯特朗（J. Scott Armstrong）的经典作品《广告说服力》（*Persuasive Advertising*, 2010, p.235），以及最近的一篇来自 Lull & Bushman (2015) 的综述。有关异性恋男女看漂亮异性照片的时间长短的数据来自 Maner et al. (2003, 2007, 2009)；它跟另一些适用范围更广的文献的结论相吻合，这些文献考察的是一个人的当前目标对其注意力产生的强大作用（Dijksterhuis & Aarts, 2010; Vogt et al., 2011, 2012）。人对潜在性伙伴的关注跟现有关系失败可能性之间的关系研究，见 Miller (1997)。

顺便说一句，有一个经常听人提到的说法，即男性和女性想到“性”的频率差距极大，比如男性每分钟都在想，女性一天才想到一次（Brizendine, 2005）。但这个说法似乎并没有现实根据。研究表明，年轻男性想到性的频率是每个小时一次多一点，而年轻的女性则差不多是每一个半小时一次（Fisher, Moore & Pittenger, 2012）。

2

人类婴儿对潜在威胁性刺激的特殊敏感性证据，可见 LoBue (2009, 2010) 和 Leppanen & Nelson (2012)。这一证据与来自成人的研究相吻合，后者表明，在大多数的事情上，坏的刺激比好的刺激更强。通常，具有威胁性的消极事实、人际关系、父母、道德、性格特质、言语、事件、股市变动、消费者体验，比积极的更令人难忘、冲击更大、调动性更强，这主要是因为前者能更好地吸引、保留我们的注意力（Akhtar, Faff & Oliver, 2011; Barlow et al., 2012; Baumeister et al., 2001; Campbell & Warren, 2012; Dijsterhuis & Aarts, 2003; Risen & Gilovich, 2008; Rozin & Royzman, 2001; Trudel & Cotte, 2009; Vaish, Grossman & Woodward, 2008）。

对“9·11”事件后因畏惧风险而带来的后果，最佳的分析可见于 Gigerenzer (2006) 和 Gaissmaier & Gigerenzer (2012)。2001 年 9 月 11 日之后的 12 个月里，美国的唯一一桩商业空难发生于 2001 年 11 月，而且似乎跟恐怖活动没有关系。伦敦自行车事故研究来自 Ayton, Murray & Hampton (2011)。此外，还有另一种畏惧风险的形式引起了医学专家的关注：人们过度使用洗手液以减少感冒风险，却增强了细菌的耐药性，从而引发了更大的健康风险（见 http://healthychild.com/healthy-kids-blog/antibacterial-hand-sanitizers-unnecessary-and-risky）。

3

有许多研究都检验了恐惧诉求的效力，证明了这类信息对态度、意图和行为的有力影响，相关总结可见 Tannenbaum et al. (2015) 及 Witte & Allen (2000)。威胁性太强的信息也会适得其反，例子可见 Nestler & Egloff (2010)。对于香烟包装上的严重健康警告，其说服力效果的证据可见 Hammond (2010); Huang, Chaloupka & Fong (2013); Blanton et al. (2014)。De Hoog, Stroebe & de Wit (2008) 进行的荷兰低血糖研究表明，在唤起害怕的沟通中加入行动步骤的信息，沟通效果最佳。另一项研究证明，对于全球变暖的观念也存在类似效应。如果气候变化的警告中详细列举了可怕的灾难性后果，人们对气候变化的信念反而会受到削弱；但如果警告里包含了问题的解决途径，就能逆转削弱趋势（Feinberg & Willer, 2011）。

4

在使用旧金山现代艺术博物馆的广告进行研究之后，我们希望确保所得效应并不仅限于博物馆。于是我们又进行了两次实验，一次是用餐厅广告，一次是用拉斯维加斯度假广告，都得到了同样的结果（Griskevicius et al., 2009）。随后的研究也得出了概念上类似的结果（Deval et al., 2013; Zhu & Argo, 2013），这给我们带来了更多的信心。

5

巴甫洛夫有时也将“探究反射”称为“这是什么”反应。有关他对这个概念的性质和力量的理解过程，更多资料见其 1927 年出版著作的“Conditioned Reflexes: An Investigation of the Physiological Activity of the Cerebral Cortex (Lecture III)”一章。有关当代定向反应研究的精彩总结，可见 Bradley (2009)。拉德万斯基及其同事们揭示了“走过门口忘了事儿”效应（Radvansky & Copeland, 2006; Radvansky, Krawietz & Tramplin, 2011）。更新的研究表明，光是想象自己穿过一道门，也会带来遗忘（Lawrence & Peterson, 2014）。

6

广告机构常常用过多的鲜明刺激，如古怪的人物、夸张的行话、幽默的故事情节、华而不实的视觉特效等，将人们的关注吸引到自己的诉求上，这是一种很自然的错误。依靠剪切的方法的确能为广告带来更多的整体关注（Hanson & Wanke, 2010; Fennis, Das & Fransen, 2012; Herr, Kardes & Kim, 1991）。但如果鲜明的元素用得没有针对性，没有专门放在广告最关键的特点或陈述上，这种方法反而有可能会破坏沟通效力。例如，有人研究了 1 000 条广告，发现在背景中使用多种吸引关注的元素的广告，理解度不佳，回忆度不佳，说服力不足（Stewart & Furse, 1986）。另一方面，有选择地凸显跟主要论点直接相关的内容的广告，说服力非常强，但前提条件是该论点本身足够有力（Fennis et al., 2011; Guadagno, Rhoads & Sagarin, 2011）。

Armstrong (2010, p.276-277) 审查了多项研究后指出：尽管包含了多个场景和摄像角度的电视广告吸引了更多的整体关注，但说服力却较低。依靠变化来为广告里的一个元素吸引关注，则具有相反的效果，能提高说服力。还有一份更新的研究也值得一提：在广告每次播出的时候，如果有一个吸引人的产品特点在广告中出现的位置发生了变化，观察者会自动对这个特点给予更多的关注，从而有更大可能选择这种产品，哪怕他们完全未曾意识到，是变化的位置影响了自己的注意力，以及自己对产品的偏好（Shapiro & Nielson, 2013）。

7

我曾向美国西北大学的研究人员（Hamilton, Hong & Chernev, 2007）求证，他们告诉我，还从没见过任何商业组织将这一研究的结果切实地运用起来，而这也是很典型的现象。

产品、服务或观念方面的差异化本身就能吸引关注，从而获得人气，证明这一点的并不只有美国西北大学的研究（见 Boland, Brucks & Nielsen, 2012; Chambers, 2011; Kim, Novemsky & Dhar, 2013; Yang et al., 2014）。有时候，差异能带来巨大的商业成功：扬米·穆恩（Youngme Moon）曾在一本很有想法、颇有挑衅意味的作品《哈佛最受欢迎的营销课》（*Different: Escaping the Competitive Herd*, 2010）里详细列举过好几个同类案例。更一般来说，定向反应所揭示的“新颖性有着吸引关注的基本作用”这一观点，也早就有过确凿的证据，见 Yantis (1993) 及 Bradley (2009)。

8

文化因素也可能会影响观察者的注意力。西方社会的成员会把注意力放在场景的前方和中央，而对东方社会的成员来说，场景的背景特征有着相对更大的吸引力（Masuda & Nisbett, 2001; Masuda et al., 2008; Nisbett, 2003）。因此，要正确说服西方受众，沟通者或许应该把最强力的论点放在陈述的前景中；而面对东方受众，沟通者则可以安心地把最强力的论点放到与待议主题相关的更宽泛的背景里。

PRE-SUASION

05

注意力吸铁石

如何保持注意力

A

Revolutionary

Way to

Influence

and Persuade

把注意力引导到特定刺激上可以带来说服优势，让注意力停留在该刺激上也有着显著的好处。如果沟通者能让受众的关注点固定在一个论点的有利方面，就更有可能让这个论点顺利站住脚、不被对立观点驳倒，因为对立观点被屏蔽在了注意力范围之外。

与自己相关

注意力元素

> 毫无疑问，有关自己的信息是一枚极为强大的注意力吸铁石。

先发影响力的衍生后果很明显。在个人健康领域，如果收件人收到一条专门定制的和自己相关的信息，引用了他的年龄、性别或健康史，就更有可能关注这条信息，认为它有意思，把它当真，记住它，保存以备将来参考。而所有这一切，都带来了更强的沟通效力。多种情境都对此有所反映，如减肥、锻炼、戒烟和癌症筛查。大型电子数据库、数字化医疗记录、个人通讯设备（如手机等）的不断扩展，令个性化信息的定制与传播日益成为可能，而且越来越经济。单纯从效益的角度看，要是有哪位健康行业的从业者未能充分利用这些工具的潜力，真应该脸红。

与自己相关的内容可以吸引注意力这一效应也适用于商业诉求。比方说你是一名营销顾问，帮忙营销一种针对中年蓝领男士的新型腋下止汗剂“止汗灵”。该产品的功效有着令人信服的切实科学证据，广告公司想要在广告中对此加以展示，但拿不准该先说些什么，才能把受众的注意力吸引到这些证据上。你的任务是对广告文案的第一个段落进行修改。现在的文案是这样写的：

> 多年来，人们大概已经默认止汗剂没有任何改进了。人们甚至可能也接受了大热天卖力干活后衣服上的难看污渍。可人们再也不必这么无助。

你能对措辞提出一个看似微不足道的调整建议，提高“止汗灵”营销活动的胜算，讨得广告公司的欢心，让你身为影响力魔术师的名声越发耀眼吗？把开场白里第三人称的“人们”改成个性化名词“你”。根据俄亥俄州立大学所做的一项类似研究的结果，你的小小改动能提升受众对该产品的态度。当然，因为与自己相关的线索只能将注意力引导到信息上，而非使人自动认可该信息，你的广告里必须具备强有力的后续证据作为支撑，才能让调整后的文案表现胜过原始文案。俄亥俄州立大学的研究还表明，如果你的广告中提供的有关“止汗灵”效力的证据薄弱，切换到个性化指代提升了受众的注意力，反倒会降低他们对产品的喜爱度。因此，这是将先发影响力为己所用的另一条经验：

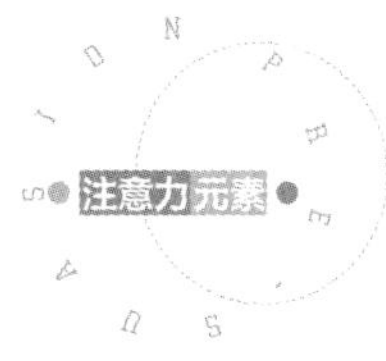

如果有强大的证据，就可以在开场白里使用简单的与自己相关的线索，比如“你”这个代词，在受众还没看到或听到具体说辞之前，就预先让他们进入状态，充分考虑有力证据。1

还有一种可以借助与自己相关的线索引导注意力、让说服大获成功的场合：在会议或集会上，当事人要在公共论坛上发表自己的意见，但身边还有许多其他人也要做同样的事情。

芭蕾大师与我的演讲

我在职业生涯初期有过一次难忘的经历：我受邀到一家大公司赞助的全球性会议上宣讲自己的研究。我很紧张。在此之前，我很少向企业做演讲，更从来没对各国听众做过演讲。等得知自己的演讲被安排在了“中场表演”环节之后，我更是担忧得不得了，中场表演是由著名舞蹈家爱德华·维莱拉（Edward Villella）表演的乔治·巴兰钦（George Balanchine）及伊戈尔·斯特拉温斯基（Igor Stravinsky）[①]的芭蕾杰作《阿波罗》选段。

这样的安排使我在会上留下了两点深深的遗憾。其一很好理解：观众沉醉在舞蹈表演当中。那可是巴兰钦，是斯特拉温斯基，是维莱拉，是《阿波罗》啊！比较起来，我随后的演讲简直了无生气。

但第二点遗憾我并未料到。进行舞蹈表演时，我虽然坐在前排，却完全心不在焉，彻底错过了它。我也知道是为什么：我的关注点全放在自己和即将到来的演讲上了，包括所有的措辞、过渡、停顿和强调。不幸错过的这次表演，成了我多年来的遗憾。那可是巴兰钦，是斯特拉温斯基啊！我深受行为学家所谓的“轮流发言效应”（next-in-line effect）所害，所以，自此以后，我就弄清了该怎样避免它，甚至将之为我所用。或许你也可以试试看。

① 乔治·巴兰钦是美国著名舞蹈家、编导，一生编排了200多部芭蕾舞，代表作有舞剧《堂吉诃德》等。伊戈尔·斯特拉温斯基是著名作曲家、指挥家和钢琴家，西方现代派音乐的重要人物，代表作有《火鸟》组曲、芭蕾舞剧《春之祭》等。——译者注

比方说，你心里有一套了不起的计划，期待着参加一场讨论问题解决方案的工作会议。你所在的工作团队经常碰头，每一名与会者之间都足够熟悉，也了解会议的基本流程：大家围坐在会议桌边，按所坐位置依次发言。发言人当中有一位经理，叫亚历克斯，开会时他的影响力是最大的，通常都是他决定了团队最终采用什么样的计划。所以，在即将举行的会议上，你的策略很简单：你打算挨着亚历克斯坐，这样，他就能考虑你准备已久的发言了。

但这么做其实并不明智。不管你是在他之前还是之后发言，根据“轮流发言效应”，亚历克斯都很难思考你的解决办法，不管它到底有多么优秀。如果亚历克斯要紧接着在你之后发言，你发言时他很可能正在聚精会神地排练自己的发言，漏掉你所说的细节。如果你的发言紧接着亚历克斯，他很可能正在回味审视自己刚才所说的话，同样会漏掉你发言的细节。我在那场国际会议上的遭遇就是这样。在这个时间段里，我的注意力被自我吸引，妨碍了我欣赏精彩的舞蹈表演。[2]

怎样顺利地扬帆驶过工作会议呢？我建议绘制一幅流程图，既考虑到轮流发言效应，也考虑到“焦点就是原因”效应。在亚历克斯对面找一个位置，这样一来，离他自己的发言足够远，他能充分地听取你的发言；二来，你的视觉形象突出，在你提出解决问题的建议过程中，他能清楚地看到你在发言中所承担的责任。当然，如果你尚未想出合理的问题解决方案，不妨找一张紧挨着亚历克斯的椅子坐下，这样他就会沉浸在“自我关注”里，顾不上关注你的表现。

公平地说，“与自己相关”这一点可以被视为注意力的强力胶，但还有一种信息也具备同样的黏合作用，只不过认可度较低。为了恰当地解释这一因素，让我们先回到20世纪20年代中期德国的一家露天啤酒屋，来看看心理学史上一件与食物有关的逸事。

未完待续

记忆力超群的服务员

现代社会心理学公认的奠基人是库尔特·勒温（Kurt Lewin），在移民美国之前，他曾在柏林大学执教10年。他很早就支持女性接受高等教育，为心理学领域培养了好几位学术成就斐然的姑娘。勒温有一群学生和研究助理，经常跟老师一起在当地的一家露天啤酒屋聚会，交流想法。其中有一位才华横溢的立陶宛姑娘，叫布卢马·蔡加尼克（Bluma Zeigarnik；见图5-1）。一天晚上，他们说起店里一位身怀绝技的资深服务员。这人无须纸笔帮忙，就能记住一大堆就餐者各自所点的饮料和食物，上菜时从不出错。随着讨论的深入，勒温和蔡加尼克设计了一个计划，想要试试这名服务员记忆能力的极限。等他为所有人完美无误地上完菜之后，学者们把盘子和酒杯遮起来，请他再回到桌子边，说出每人各自点了些什么。可这一回，服务员没能做到，甚至猜都猜不准。

是什么导致了这样大的前后差异呢？当然，时间隔得有点久了；但这似乎不大可能是原因，因为就餐者们用餐巾把盘子和酒杯盖起来也用不了多久。勒温和蔡加尼克怀疑是另一个原因：一旦服务员把最后一道菜正确地放在本桌最后一名就餐者面前,他上菜的任务就从“未完成”变成了“已完成”。未完成的任务更令人难忘，更能留住注意力，这样才能得到成功的推进。一旦完成，注意力资源就转移到其他的事情上了；可当活动正在进行时，必须为它保留高强度的认知关注。

为了验证这一逻辑，蔡加尼克执行了一系列实验，这是她、勒温和其他许多人研究日后所称的“蔡加尼克效应”的出发点。对我而言，迄今为止有关这一主题的 600 多项研究，引出了两点重要结论。

第一，和露天啤酒屋事件完全一致，对一桩正在执行的任务，如果它尚未完成，我们对相关元素会记得更清楚，因为我们的注意力仍受其吸引。第二，如果投入了一项这样的任务，但却遭到打断，我们会感觉很不舒服，很想回去继续完成它。这种欲望反映了对认知闭合的渴求，它促使我们回到之前没说完的故事、没解决的问题、没完成的目标上。

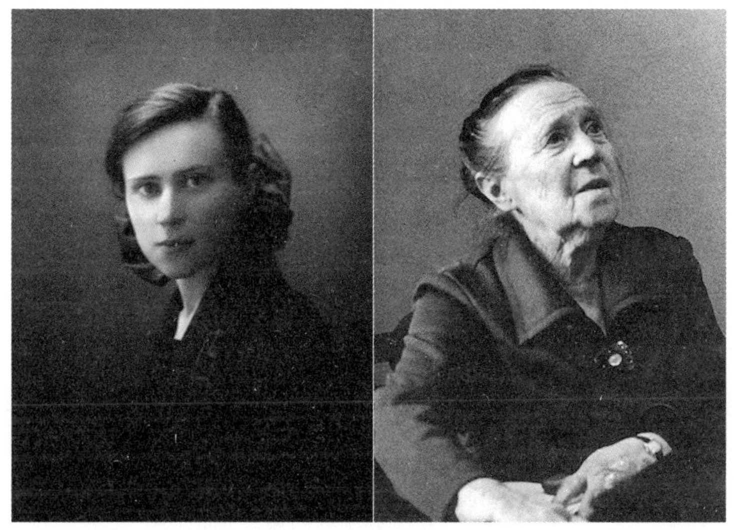

图 5-1　完整一生

左图：布卢马·蔡加尼克在柏林，即将着手研究蔡加尼克效应。右图：50 年之后，她度过了研究成果斐然的一生。照片摄于莫斯科，她去世前不久。

资料来源：Courtesy of Dr. Ardrey V. Zeigarnik.

上述结论中的第一条，即未完成的活动会让有关它的所有事情更加难忘，有助于解释一些我本来永远也理解不了的研究结果。

在一系列研究中，志愿者观看或收听含有软饮料、漱口水和止痛药商业广告的电视节目。接着，研究人员检测他们对广告的记忆。如果研究人员在广告自然结尾的五六秒前强行终止播放，志愿者对该广告的细节回忆度最佳。更重要的是，两天甚至两个星期之后，他们仍能更好地回忆未播放完毕的广告细节，这表明未完成蕴含着极大的持久力。

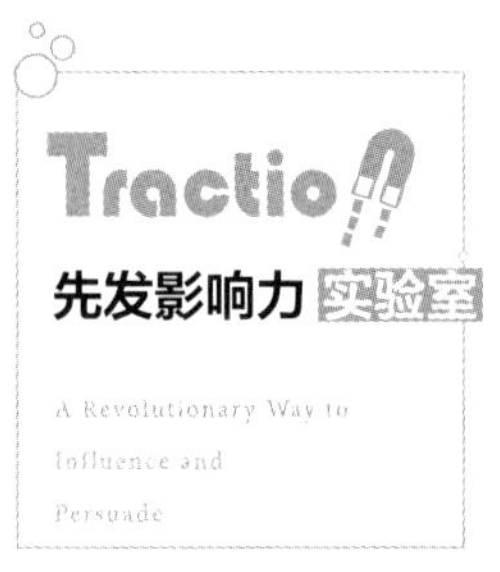

此外，还有一项乍看起来令人困惑的研究结果，来自关于英俊男青年对大学女生吸引力的研究。女生们参加了一项实验，她们事先知道，在实验当中，研究人员会让有魅力的男生根据Facebook上的资料对她们加以评估。研究人员想知道，过上一些时候，女生们会更喜欢这些男生里的哪一类。出人意料的是，女生们偏爱的不是给自己评分最高的男生，而是始终不知道其评分的男生。

还有一部分信息有助于我们理解这个令人费解的结果。在实验过程中，女生们不断提及评分尚未曝光的男生，这证实了研究人员的观点：如果一项重要结果对当事人呈未知状态，“他们就很难去想别的事情”。我们知道，经常向某事投去关注，会让这件事显得更值得关注，因此，姑娘们反复聚焦在这些男生身上，就让后者显得尤具吸引力。[3]

“未完成”能带给人一种不舒服的闹心感，人们会采取行动以求避免这种感受，这蕴含着什么样的暗示呢？根据这一洞见，我们能吸取什么样的教训呢？

拖延症是折磨大多数作家的一个问题。写作很辛苦；至少，要想写得好，很辛苦。有关这一点，我们可以看看英国小说家毛姆和一位年轻记者之间的对话。

记者：那么，毛姆先生，您喜欢写作吗？

毛姆：我喜欢写完。[4]

困境就在于此。作家都希望前往“写完”状态，可到达“写完”状态不是一桩简单的任务。这种情况也适用于各种非专业人士，比如需要为同事或上级撰写冗长报告、文章的人。所以，人很容易屈服于冲动，把注意力转移到其他一些活动上，比如整理办公桌，查看新闻，打个电话，或者去买一杯拿铁咖啡。我也不能免俗。

如何战胜拖延症

可我有一位同事似乎不受这个毛病摆布。她总能源源不断地写出评论、文章和书，这给我留下了极其深刻的印象。我问她是怎么做到的，她说没有什么秘密可言。相反，她给我看了一篇保存多年的杂志文章，内容是对写手们怎样提高生产力的建议。推荐做法里没有什么秘诀，也就是每天都安排固定时段进行写作，在该时间段不做任何分心的活动，如果这一天写作产量好，就奖励自己，比如在这段时间里喝杯拿铁咖啡就再合适不过了。这些设想都很合理，但对我来说没太大用处，因为我试过好几种，全都没有明显效果。然后，在不经意间，她提到了自己的一项策略，自此以后我也用得风生水起了。

每当写作时段快要结束的时候，她总是不在段落末尾收笔，也不把一个想法写完。她向我保证，她知道自己想怎么结束段落，但就是不写出来，非要到下一个写作时段才动手。真是妙招呀！通过让每个写作时段的最终段落处在“接近完成”的状态，她调动起了“闭合”冲动带来的激励力量，这促使她迅速回到椅子上，一鼓作气地动手写下去。说到底，我的同事还是有秘诀的。可我自己居然没想到！我本应该想到的，它就明明白白地写在我熟知的有关蔡加尼克效应的作品里。我拿定主意，再也不让这一类“失误”发生，不管是在写作当中，还是在我执教的大学课堂上。我知道，通过先发影响力，我可以提高课堂的效力：在每一堂讲座开始的时候，都讲述一种特殊的未完成故事：一个谜。

谜之力量

从方方面面来看，在大学教书都是一份很棒的工作。可它也存在一些困难。除了要在课程里涵盖各类恰当的主题、不断更新讲座、公正地考试和打分之外，教师还面临着一种更基本的挑战：把学生的全部注意力都吸引到课堂上，让他们理解课程中讲授的概念。这是一个自古以来就存在的问题，毕竟，一堂课平均时长 45 分钟，有时候还远远不止，从头到尾都保持注意力集中未免太难。再说了，大学生正处在散发魅力、为异性所吸引的黄金时期，要他们克服这种本能的冲动，不东张西望地搜寻帅哥美女，而是把视线聚焦在教室前方，看着每堂课样子都差不多、打扮落伍、身材走形的老学究，这怎么可能呢？[5]

许多年前，我在其他地方偶然发现了一个能有效缓解这一问题的办法。它结合使用了蔡加尼克效应，以及爱因斯坦所称的“人能体验到的最美丽的事情”，同时也是“一切真正科学和艺术的源泉”。

怎样写好一本大众科普读物

我当时正准备写自己的第一本针对普通大众的书。动手之前，我决定去图书馆，把所有学者撰写的针对非专业人士的通俗作品找出来。我打算读一下这些书，看看哪些部分在我眼里最成功，哪些最失败，把它们都复印出来，分类排列，然后重新阅读这些内容，寻找区分两者的具体特点。

在失败的段落里，我找到了一些常见的“嫌疑犯”：不清晰，行文做作，使用专业术语，等等。而在成功的段落里，我也如愿找到了许多共同之处：跟前述失败段落截然相反的特点，再加上合乎逻辑的结构、鲜明的案例和幽默感。但我也发现了一个此前没有料到的特点：最成功的作品总是以一个神秘的故事开头的。作者们先是描述一种看似令人费解的状态，接着邀请读者阅读后面的材料，解开这个谜。

此外，除了好奇，这一发现还带给我一点小小的诧异，不妨让我厚着脸皮把它说成是一个谜吧：既然这种手法在普及学术知识方面有着如此明显的效果，为什么之前我没有注意到它呢？毕竟，我当时是这类读物的狂热爱好者。多年来，我都在购买、阅读这一类的书籍。我怎么这么多年都没能看出这一机制来呢？

照我想来，这跟这种手法之所以效果出众的原因是同一个：它牢牢抓着读者的衣领，把他们拽到了要传达的信息面前。只要呈现方式恰如其分，谜团是相当抓人眼球的，读者没法对故事的结构和元素保持冷静旁观的态度。面对这种特殊的文学手法，人没法把它想成是文学手法：因为神秘故事天然的未解决的性质，人的注意力会被它强烈地吸引过去。

“根本停不下来”的一堂课

在课堂讲座上引入神秘故事之后，我看到了渴望闭合的力量有多强大的证据。当时，我的经验还不够丰富，有一天，我弄错了时机，下课铃已经响了，我却还没来得及揭示此前提出的问题的答案。在我执教过的每一所大学里，每堂课结束前 5 分钟，就有些学生开始收拾东西准备下课了。这些迹象看得见，也听得见，因此极具传染性：笔和笔记本都收拾好了，笔记本电脑合上了，背包拉上了拉链。

但这一次，不光没人这样提前准备，下课铃响了之后，也没人挪窝。实际上，我本打算就此结束那堂课，学生们还抗议连连。要是不解开谜题，他们就不让我停。我记得当时自己想：西奥迪尼，这下你一不小心踩上炸药啦！

除了作为调动、保持学生兴趣的出色沟通手段，还有另一个使用神秘故事的理由：跟其他更常见的教学形式，如提供详尽的课程教材，或是对教学内容提问相比，谜题的指导启发性更强。阐释需要的是说明，问题需要的是答案，而神秘需要的则是解释。我向学生提出挑战，要他们为本来不合理的事态做出解释，结果他们的考试分数飞速上涨。何以如此呢？因为这个过程最有可能让他们以有意义并持久的方式理解教材。[6]

举个现成的例子。我经常试图向各种各样的受众传达一条鲜为人知的真理：在说服竞赛当中，反驳的论点往往比立论更为强大。尤其是，如果反驳不光指出了某个具体例子中的错误，还指出了对方在整体上就不可靠，进而否定其主张，这种优势会特别明显。采用反驳的方法，说对手在相关主题上提供了错误的信息，因此论点不可信，大多能在单一问题上胜出。但如果反驳表明对手本身不诚实，进而破坏对手的论点，往往能赢得整场战斗，甚至包括未来与这位对手进行的战斗。

如何采用神秘故事的形式，维持谜题的吸引力，让学生更深刻地领悟上述教学点呢？要想组织神秘故事，展现反驳的潜力，有很多种方法。根据我的经验，有一种做法效果很好，那就是按顺序提供以下信息。

1. **呈现一个谜。** 20 世纪 60 年代末，美国烟草消费连续 3 年下跌 10%，烟草巨头们做了一件事，非常有效地终结了衰退，刺激了消费，还把广告费用削减了 1/3。到底是什么事呢？

2. **强化神秘感。** 答案非同寻常。1969 年 7 月 22 日，在美国国会听证会上，美国各大烟草公司的代表提出强烈要求，禁止电视台和电台播放香烟广告，尽管行业研究表明，广播媒体是刷新销量的最有效途径。这一史无前例举动的后果是，1971 年以后，美国的电波里就再也没有了香烟广告的身影。

3. **考虑其他解释并提供反对的证据，把范围收窄到正确的解释上。** 1964 年，美国卫生部长公布报告，详尽罗列了抽烟有害健康的证据。有没有可能，美国烟草行业为了同胞的福祉，决定放弃部分利润呢？这似乎不太可能。他们丝毫也没有减少提升香烟销量的努力，只不过是把产品的推销路线从广播媒体转向了印刷广告、体育赞助、促销赠品和电影产品。

4. **为正确的解释给出线索。** 因此，按照烟草公司高管的逻辑，杂志、报纸、广告牌和电影都是公平的游戏，只有在广播中应该禁止营销活动。广播媒体有什么特别之处呢？1967 年，美国联邦通信委员会（FCC）裁定，“公平原则”适用于烟草广告问题。公平原则指的是，对重要而又存在争议性的主题，电台和电视台应该向论辩各方提供相等的广告时间。如果一方在这些媒体上购买了播出时间，那么，另一方就可获得免费时间进行反驳。

5. **揭开谜底**。这一决定对广播广告的前景产生了直接的影响。美国癌症协会等反香烟势力，第一次负担得起对烟草广告进行反驳的费用了。它们否定广告所展现形象的真实性，提出反驳，说吸烟有害健康，破坏人的魅力，让人产生奴性依赖。反烟草广告播放的 3 年里，美国的烟草消费被一举砍掉了近 10%。起初，烟草公司提升了广告预算，努力迎击这一挑战。可根据公平原则的规定，反烟草广告也随之增多。一旦明白了这一点，烟草公司干脆诉诸政治手段，在广播领域禁播自家行业的广告，从而确保反烟草势力无法获得免费时段来对其进行反驳。结果，电视、电台广告禁播之后，烟草公司产品销量大幅上涨，广告支出明显减少。

6. **从所研究的现象中得出启示**。反香烟势力发现可以利用反驳来削弱烟草广告的效果。但烟草公司的高管们也学到了相关的一课，并从中获利。

提升受众对信息接受度的最佳方式之一，是尽量减少对它的有力反驳，因为反驳往往比立论更强大。

到了这时，有关反驳的强大冲击力和可用性的教学点，就成了一个解释。于是，它不仅让人认识到基本事实，例如美国烟草公司通过成功的游说禁掉了自己行业的电视和电台广告；回答了相关问题，即这样做的结果是烟草公司的产品销量大幅提升，广告费用减少；还让人理解了两个看似莫名其妙的事件背后蕴含的心理过程，即它们与反驳的优势相关。7 8

请注意，这一类的解释不仅提供令人满意的概念性叙事，它有着“揭开复杂阴谋”的形式，所以还带来了一点额外的好处：引导受众关注信息的细微之处。因为要恰当地解谜、破解侦探故事，观察者必须留意所有相关细节。想想看：我们手里拥有了这样一件“神器”，不光能让受众聚精会神地关注整体问题，还能让他们注意到材料的细节，这些细节虽然必要，但大多比较枯燥，容易让人走神。对掌握着有力但复杂观点的沟通者来说，还有什么比这更好的呢？

哦，对了，关于爱因斯坦所称的“人能体验到的最美丽的事情”，同时也是“一切真正科学和艺术的源泉”，答案是：奥秘（见图 5-2）。

小书僮 5.2

图 5-2　神秘的吸引力

想想历史上最著名的画作达·芬奇的《蒙娜丽莎》所提出的难解之谜。她在微笑吗？如果是，她的微笑意味着什么呢？画家是怎样画出如此高深莫测的表情的呢？尽管各方争论不休，有一点显而易见：这个悬而未决的谜团，构成了它吸引力的重要来源。

资料来源：©Andrei Iancu/Dreamstime.com.

PRE-SUASION 延伸阅读

1

为提升受众采取健康生活方式的概率，健康方面的沟通人员可以利用一种与自己高度相关的信息：接受方的出生日期。较之一年里的其他月份，生日过后的几个月，人们更乐意参与健康活动，比如锻炼等。因此，向当事人发送个性化的“生日快乐”消息，敦促收件人为来年设定健康目标，可谓来得正是时候。顺便说一句，在敦促接受方设定目标的时候，沟通方应该向接受方提出建议，设定较为宽泛的目标，如减肥 3~5 斤，而不是特别具体的目标，如减肥 4 斤。这是因为，人们在判断是否继续根据意图采取行动的时候，可以借助宽泛目标整合两个不同的参考点：一个是可行的，另一个是挑战性较强的（Scott & Nowlis, 2013）。生日研究来自 Dai, Milkman & Riis (2014, 2015)，他们认为生日只是各种时间节点中的一个例子，其他时间节点还包括一个星期、一个月或一年的开头等，在这些时间节点上，人们感觉自己准备好了要有一个全新的开始，因此特别倾向于按照理想的方式行事。

广告文案里与自己相关线索的作用的有力证据，来自 Burnkrant & Unnava (1989) 的一项著名实验，以及对 92 条真实广告的后续分析（Armstrong, 2010, p.193-194）。人们的注意力常以自我为中心这一设想的支持证据，可参见各种调查研究（Burrus & Mattern, 2010; Humphreys & Sui, 2016; Kruger & Savitsky, 2009; Moore & Small, 2007; Ross & Sicoly, 1979）。定制信息对健康相关行动的积极影响综述，可见 Martin, Haskard-Zolnierek & DiMatteo (2010); Noar, Benac & Harris (2007); Rimer & Kreuter (2006)。与此同时，拙劣的个性化尝试，比如在一条跟当事人毫无关系的信息里插入受众的姓氏，却不大可能奏效。

2

其实，我不光错过了维莱拉的表演；我演讲完之后的所有演讲，我都记得不太准确了。虽然时隔多年，而且还放在了延伸阅读里，我仍想向这次大会的两位重要组织者格里·艾伦（Gerry Allen）和伊尔丝·艾伦（Ilse Allen）表示感谢。他俩心地善良，为我的遭遇深感同情，邀请我来年再来演讲，并且给我找了一个跟“文艺表演”隔得很远的发言时间。

轮流发言效应研究揭示，在自己当众发言之前与之后的两个时段，人们的记忆力存在低谷（首次证实该效应的研究见 Brenner, 1973）。研究还证实，出现记忆缺失的原因在于，人们无法恰当处理这两个时间段里出现的信息（Bond, 1985）。

3

对于蔡加尼克效应首次被发现的地点和过程，我还听说过其他略有不同的版本；比方说，在有的版本里，啤酒屋成了维也纳的咖啡馆。但对本书中所说的这个故事，我对它的相对准确性还是挺有信心的，因为这是我的同事约翰·蒂博（John Thibaut）教授告诉我的，蒂博是库尔特·勒温的学生，他说这是勒温亲口对他所讲。

虽然蔡加尼克效应在近90年前就已经公之于众（Zeigarnik, 1927），支持其基本假设的研究却从当时源源不断地延续到了今天（如 Ovsiankina, 1928; Lewin, 1935, 1946; McGraw & Fiala, 1982; Kruglanski & Webster, 1996; Marsh, Hicks & Bink, 1998; Shah, Friedman & Kruglanski, 2002; Forster, Liberman & Higgins, 2005; Fiedler & Bluemke, 2009; Leroy, 2009; Walton, et al., 2012; Carlson, Meloy & Miller, 2013; Kupor, Reich & Shiv, 2015）。与此同时，也有一些研究未能证实这一效应（Van Bergen, 1968）。这些失败的研究，大多可以用该现象的一个基本特征来解释：它主要适用于人们特别投入地想要完成的任务、活动或目标。例如，蔡加尼克 (1927) 指出，对一项任务投入越深，该效应就越强烈，这一发现已经得到了他人的证实（如 Jhang & Lynch, 2015）；Johnson, Mehrabian & Weiner (1968) 则指出，如果当事人属于那种强烈希望完成自己尝试的任何事情的性格，那么对未完成任务的记忆就会尤为鲜明。

女性对评判自己 Facebook 资料的男性的反应研究，来自 Whitchurch, Wilson & Gilbert (2011)。他们的发现跟此前的一项研究（Wilson et al., 2005）完美契合，即如果人接收到了善意，却不知道是谁出于什么原因提供的善意，接收人会高兴更长时间。未看完的电视广告带给人更强烈的记忆，出自 Heimbach & Jacoby (1972)，它几乎已经完全遭人遗忘了。我很好奇，如果作者采取根据自己的数据提炼出的方法，把文章结论部分的最后一段拿掉，运气会不会变得更好些。

4

多萝西·帕克（Dorothy Parker）也有一句经常为人引用的话，用近乎相同的文字表达了同一种情绪："我讨厌写作。我喜欢写完。"另一些著名作家更生动地介绍了写作这门手艺的艰辛。比如，库尔特·冯内古特（Kurt Vonnegut）说："写作的时候，我感觉自己就像是个没有胳膊、没有腿的人，嘴里叼着蜡笔在折腾。"海明威也发出过著名的抱怨话："写作没什么神秘的。你只需要坐到打字机跟前流血就好。"

5

绝大多数高校教师的外表都不怎么时髦，我自己也不例外。举个例子，有一次，我在另一所学校作了一年访问学者，当回到自己学校附近找我的理发师时，我发现，为迎合时尚，他们理发的风格有所改变。我要求见经理。经理是位女性，我从前就认识，我希望她能平抚我的焦虑：这地方还适合我来理发吗？在等待期间，我翻阅杂志，浏览模特们的华丽服饰和发型，越看越心焦。美发店的女顾客们似乎会把头发染成自然界里没有的颜色，而男士们则竖着“鸡窝”头，在我的大学时代，那样的发型会被人说成“宿醉”头。经理来了，我表达了自己的担忧，并打开一本杂志，指着一幅普拉达的广告强调：“我不想要看起来像这上面的任何人。”经理的说辞，一方面减轻了我的担忧，另一方面也支持了我此前所说的“大学教授样子土气”的观点。她这样说：“放心吧。我给你指派个发型师，所有高校教员的头发都是他剪的。别担心，他是从印第安纳州[①]来的。”

6

当今世界，观众能够按着遥控器轻松切换电视频道，精明的制片商和编剧早就在利用认知闭合的力量，确保观众在广告切入时不换频道。在被广告打断之前，他们会在节目正片里提出一个刺激的问题，并在广告结束后解答（Child, 2012）。

解释可以促进理解，证实这一观点的数据非常多。早期研究综述可见 Koehler (1991)，更新一些的证据和引文可见 Moore (2012)。

7

请不要把这一流程视为站在讲台上向听众宣讲的顺序。相反，在适当的时间段，应该邀请听众参与发现过程。最理想的情况是，给他们机会，让他们自己推测，自己提出解释。请他们考虑这些解释能否说明现阶段给出的所有证据，以及你即将给出的新证据。到了流程的最后，你应该问问他们，能不能提出另一种符合所有证据的解释。不要认为这种做法很特别。这只是针对成年人的一种良好的教学方法。而良好的教学方法，即动员听众参与、激发批判性思维，同样适合运用在讲述神秘故事的场合。

神秘故事有效运用在娱乐和品牌推广领域的范例可参考：www.ted.com/talks/j_j_abrams_mystery_box.html, www.ign.com/articles/2008/01/15/cloverfield-a-viral-guide, www.innovationexcellence.com/blog /2012/11/12/the-power-of-mystery-in-branding。

---

① 印第安纳州有个别名为“保守之州”（Hoosier State）。——译者注

有效反驳可成功地削弱对手的说服论据，关于这一点，存在大量实证证据（Blankenship, Wegener & Murray, 2012; Eagly et al., 2000; Killeya & Johnson, 1998; Maaravi, Ganzach & Pazy, 2011; Petty & Brinol, 2010; Romero, Agnew & Insko, 1996; Wood & Quinn, 2001）。如果反驳直接否决了对方的主张（McGuire, 1961; Pfau & Burgoon, 1988; Petrova & Cialdini, 2011; Szybillo & Heslin, 1973），削弱了对手的可信度，这种作用就体现得更为明显了，因为一旦策略被识破，人们就能够抵挡与策略及其执行者相关的影响力（Eagly, Wood & Chaiken, 1978; Sagarin et al., 2002）。举例来说，在实验环境下，指出说服者不恰当地摆布他人的意图，往往能让说服者原本令人信服的信息失去效果（Fein, McCloskey & Tomlinson, 1997）。同样，在市场环境中，研究人员发现，如果受众察觉到说服者使用了花招，说服影响力会遭到严重削弱（Campbell, 1995; Darke, Ashworth & Ritchie, 2008; Darke & Ritchie, 2007; Ellen, Mohr & Webb, 2000; MacKenzie & Lutz, 1989）。

8

20 世纪 60 年代中期，美国联邦通信委员会认定“公平原则”适用于烟草广告问题，勒令广播或电视中每出现三个烟草广告，就应该分配免费的广告时间给一段持相反意见的广告。这样一来，美国癌症协会得以播出一系列反烟草广告，对大型烟草公司的广告加以讽刺、恶搞。自从 1967 年首次亮相，反烟草广告就开始遏止香烟的销售势头。此前，香烟消费量连续攀升了 25 年，而在反烟草广告播出的第一年，香烟的人均消费量就急剧下降，而且，在它们播出的 3 年里，香烟消费量持续下跌。大部分下跌都可归结为反烟草广告的影响；因此，等这些宣传结束，香烟消费缩水的时期也戛然而止（Fritschler, 1975; McAlister et al., 1989; Simonich, 1991; Warner, 1981）。

除了与自己相关和未完成，还有其他一些特点可以令信息惹人关注，如将信息持续与奖励相关联（Anderson, Laurent & Yantis, 2013）。《让创意更有黏性》（*Made to Stick: Why Some Ideas Survive and Others Die*, 2007）是一本内容翔实、当之无愧的畅销书，作者奇普·希思（Chip Heath）和丹·希思（Dan Heath）还介绍了另外几种吸引关注的“吸铁石”：简单、意外、具体、可信、情感、故事。针对这种情况，有人基于记忆研究设计出了一种方法，请参见卡门·西蒙（Carmen Simon）极具教育意义的作品《不可忽视》（*Impossible to Ignore: Creating Memorable Content to Influence Decisions*, 2016）。

PRE-

第二部分

SUASION

联想

先发影响力第二大武器

A Revolutionary

Way to

Influence

and Persuade

PRE-SUASION

06 语言联想

文字和图像

A Revolutionary Way to Influence and Persuade

在思想观念这个领域，没有哪个概念是孤零零地冒出来的。每个概念都通过一套共同的联想系统，存在于相关联的网络当中。一直以来，许多科学家都为与“连接”有关的生理学和生物化学研究着迷，包括大脑神经元、轴突、树突、突触、神经递质等。不过，这许多人中不包括我。我对这些神经加工的内部运作没有太大兴趣，反而更关心它们带来的外部结果，尤其是，用什么样的措辞进行沟通能改变人类的评价和行为。

不过，对像我这样喜欢琢磨沟通中的影响力的人来说，心理活动的神经基础引出了一点重要的启示：大脑的运作从根本上源自联想。正如可以把氨基酸说成是生命的积木，这里，也可以把联想说成是思维的积木。[1]

在各种影响力培训项目里，我经常听到教官提醒学员：要说服他人接受信息，就必须使用能控制对方思维、观念或情绪反应的语言。以我之见，这话有一部分是对的。说服别人，就是运用语言，将对方的心理联想引导到我们的信息上。他们的思维、观念和情绪反应，正是在加工这些联想的过程中产生的。

最近有一个研究项目，旨在解答如下问题：运用语言的主要目的是什么？这个问题直接点明了有效信息的含义。在不懈追问这个问题的研究群体里，著名心理语言学家居恩·谢明（Gün Semin）是领军人物。在我看来，他的结论可归结为：运用语言的主要目的是将听众的注意力引导到现实的某一点上。一旦完成，听众对这一关注点的联想就将占据上风，从而左右人的反应。

就说服而言，这种说法似乎很有开创性。我们不应再把语言主要看作传输机制，是沟通者传递概念的手段。相反，我们应该把语言主要视为**影响机制**，是诱导信息接受方认同概念，或根据它做出行动的手段。举个例子，我们在描述自己对电影的评价时，与其说是在向他人解释自己的立场，倒不如说是在说服他人接受自己的立场。我们运用语言，引导对方把思路转向对我们有利的领域，这些领域里有着有利于我们观点的联想，从而使我们得以达成自己的目标。

特别有意思的是，研究人员找到了推动注意力转向某一领域的语言机制。它们包括：将注意力吸引到情境中某一特点上的动词，将人的关注点转移到他人特征而非行为上的形容词，强调现有关系的人称代词，为阐释某一事态提供特定框架的比喻，跟想要他人产生的观念相关联的特定字眼。让我们先来看看这些机制里最简单的一种，也就是最后一个。

措辞的力量

不久前，我碰到了一家组织，和我见过的其他组织相比，它更加有意识地规范公司内部所使用的语言元素，以保证这些语言元素带来的心理联想跟企业的价值观相一致。这家公司叫作“SSM 健康中心”，它的主要产品是一套针对医院、养老院及相关实体的非营利系统。这家公司邀请我在领导大会上发言，我同意了，部分原因在于 SSM 有良好的声誉。SSM 是第一家荣获美国波多里奇国家质量奖（Malcolm Baldrige National Quality

Award）的卫生保健供应商。该奖项每年由美国总统颁发，由美国商务部认定，奖励那些在各自领域里做出了非凡成绩的组织。我想知道 SSM 是怎样达到这种卓越水平的，于是很高兴地接受了邀请，打算一探究竟。

在大会上，我了解到，公司网站上所写的“员工推动成功”可不仅仅是说辞。虽然我通过了 SSM 严格的筛选程序，还是从千里之外邀请来的，但大会的主要发言人并不是我。在我发言的那一天，大会的主题演讲叫“我们的员工演讲”，7 名员工一个接一个地上台介绍自己前一年里参与的不同寻常的工作任务。大会的另外两天，还有其他 14 名员工上台做类似的演讲。当然，把 21 名员工提到重要发言人地位的做法极不寻常；而采用这样的做法，是为了贯彻“员工推动成功”的信念，那就更不同寻常了。不过，到了这时候，看到 SSM 的员工对公司的信条一板一眼地身体力行，我也毫不吃惊了。

并不是文字游戏

一个月前，SSM 公司领导大会的主办者为了帮助我准备发言打来电话。通常而言，这样的任务有一两名员工提供信息就够了，可我却跟 SSM 的 6 名员工说了话，每个人都贡献了宝贵的意见。该团队的发言人是史蒂夫·巴尼（Steve Barney），他也是大会的主席。整个过程中，史蒂夫的态度都亲切而温暖，可到了最后，他的语气变得严厉起来。他提醒我：“你在演讲里不能说‘致命要点’，也不要告诉大家怎样‘攻克’影响力问题。”我抗议说，没了这些词汇，我演讲的力度会削弱。史蒂夫回答：“你可以保留它们，但要把它们改个说法。”我拿出了自己习惯性的“巧妙”应对:“呃……什么?”史蒂夫解释说:“我们是一家医疗机构，是进行治疗的，所以我们从不使用跟暴力相关的语言。我们不说‘致命要点’，而是说‘信息点’。我们不‘攻克’问题，而是‘处理’问题。”

在大会上，我向一位与会的医生问起这一非暴力语言政策。他举出了更多的例子:“我们把业务‘靶子’①改成了业务‘目标’。而这些目标之一，就是不再‘战胜’竞争对手，而是‘超越’他们。”他甚至还给出了一个慷慨激昂的理由:“你难道看不出来，对我们来说，把自己跟‘目标’‘超越’联系到一起，比跟‘靶子’‘战胜’联系起来要好得多吗?”老实说，我的确没看出来。这些小小的措辞调整真的能对 SSM 公司旗下人员的思维与行动产生什么有意义的影响吗?我很怀疑。2

但那是在当时。现在我已经心悦诚服。对 SSM 严格的语言政策，我之前的反应是“啧啧，真蠢”，而今变成了“啧啧，高明”。这样的转变，发生在我对数量惊人的研究做了一番集中考察之后。

强大的启动效应

想要说服别人的人，不应当把信任寄托在正确的论点上，而应该寄托在正确的措辞上。

——约瑟夫·康拉德(Joseph Conrad)

① 原文为“target”，在中文里既是“靶子”，也是“目标”的意思，为符合上下语境，这里有意翻译成了“靶子”。——译者注

让我们姑且继续停留在暴力语言的领域，想想以下实验的结果：把人暴露在充满敌意的文字中，而后测量其攻击性。研究中，受试者需按要求将30组顺序错乱的词语还原成连贯的句子。对一半的受试者，给他们呈现的词语若正确还原的话，会得到大量跟攻击有关的句子，比如"hit he them"会变成"he hit them"（他打了他们）。对另一半的受试者，给他们呈现的词语若正确还原的话，得到的大多是跟攻击没有关系的句子，如"door the fix"变成"fix the door"（修门）。之后，所有的受试者都要参加另一项任务：电击同伴12下，并判断对方有多痛。结果令人震惊：先前接触暴力相关词汇，会令当事人选择的电击强度提升48%。

从这样的研究结果来看，SSM公司所提出的非暴力用语要求就极为合理了。作为一家医疗机构，它应该本着医学伦理的基本原则来运营："首先，不得伤害人。"但请注意，作为一家绩效卓越的医疗机构，SSM公司并不禁止使用与绩效相关的词汇。它只是把有着凶恶联想的词语用没有这种联想的同义词替换掉了，如"靶子"改成"目标"、"战胜"改为"超越"。或许，这种做法解释了SSM领导的信念：充满暴力的语言会提升伤害性，因此应该取消；而表明绩效的语言有可能提升绩效，应该予以保留。

如果SSM领导者确实秉持这样的信念，他们就是对的。多项研究表明，将人微妙地暴露在强调成就的词汇下，能提升其任务绩效，并将坚持下去的意愿增强一倍以上。

这样的证据改变了我对偶尔会在公司办公室的墙上看到的这种类型的

海报的看法。呼叫中心似乎是个最符合我说法的地方。海报上通常写着几个硕大的字，比如克服、成就、成功、持之以恒，旨在激发员工获得更好的成绩。有时候，文字是单独展示的；有时候，它是跟相关图像配套的，比如跑步选手赢得了比赛；还有时候，海报上只有图。

不管是什么形式，我以前总觉得很可笑，这样的海报怎么可能管用呢？但还是那句话，那是之前的想法，如今我再一次心悦诚服。这一回，多亏了一些加拿大的研究人员。

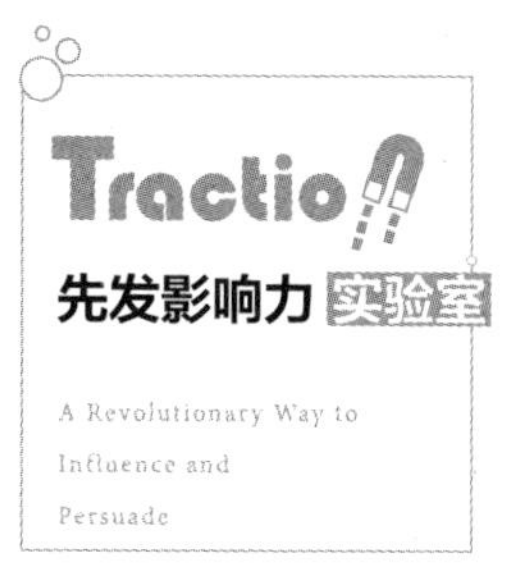

一些影响力研究人员在某呼叫中心开展了一个项目，试图影响电话筹款员的业务绩效。筹款员开始当班，所有人都拿到一些信息，帮助他们向客户介绍筹款的意义，为本地一所大学募捐。一些筹款员分发到的信息是印在普通白纸上的，另一些筹款员拿到的信息则配有跑步选手赢得比赛的照片，先前的研究已经证明这样的照片能够激发与成就相关的思维（见图 6-1）。在 3 小时轮值结束的时候，第二组筹款员筹措到的资金，比第一组多 60%。

图 6-1　胜利者可以刺激胜利

这张照片提升了看到照片者与成就相关的想法及生产力。

资料来源：John Gichigi/Getty Images.

因此，一开始看到的简单词汇或图片，似乎能对人稍后的相关行为产生先发影响力。让我们从一种特殊的词汇开始，探讨一些与影响力相关的暗示。3

比喻引发的联想

如果你想改变世界，那就改变比喻吧。

——约瑟夫·坎贝尔（Joseph Campbell）①

从亚里士多德创作《诗学》的时代，即公元前350年左右开始，沟通者就听说，应该用比喻来表达自己的观点。向听众传递一个模糊概念的有效方式，是用听众早就明确知道的另一个概念来描述它。比方说，长跑运动员会把无法坚持跑完赛段的经历描述成“撞墙”。现实中他们当然无墙可撞，但墙这一实体障碍的某些特点，如阻隔通路、无法轻易消除、不容否认，跟选手的身体感觉有着足够多的相同点，让这个标签传达了清晰的含义。

然而，也有人批评比喻，认为它常常带来误导。他们指出，通过一件事物，如墙壁，去理解另一件事物，如在比赛中再也迈不动步子，固然揭示了两者有所重叠的部分，但它们的对应远非完美。例如，实体的墙壁通常是撞墙者之外的人修建的，而跑步选手的“墙壁”是因为选手自己的原因而存在的，是训练不足和比赛节奏等导致了问题。因此，选手用墙来作比喻，或许不仅仅是为了表达肌肉运动崩溃的感觉。他们还可能是出于策略性目的，有意将失败表现成外在因素所致，而非自己失误所致。

① 约瑟夫·坎贝尔是美国神话学大师，他将全球各地的神话与宗教故事总结为共通的英雄旅程，认为神话中隐喻着对自我与心灵成长的探寻。他的著作有《千面英雄》《追随直觉之路》《英雄之旅》等，中文简体字版均由湛庐文化策划、浙江人民出版社出版。——编者注

之前已经提到过，新的心理语言学分析表明，语言的主要功能不是表达或描述，而是影响。它借助有利于沟通者观点的一连串心理联想，提前将接受方的注意力引导到某一点上，从而实现这一目的。如果确实如此，我们就能明白为什么比喻这种语言机制拥有强大的潜力了，因为比喻让人在思考某种东西的时候，联想到了另一种东西。事实上，半个多世纪以来，研究人员已经证明了恰当的比喻能造成多么强大的影响。不过最近，人们的研究重点是比喻转移联想的能力，发现了一系列让人眼界大开的说服效应。

OPENER

犯罪浪潮是野兽还是病毒，取决于你想怎么对付它

假设你是一名顾问，受雇于某市的市长候选人，要帮他赢得选举。该市最近犯罪率激增，成了一个大问题。这位候选人所在的政党素来对犯罪分子立场强硬，支持抓捕、关押不法分子的政策。候选人希望能让选民相信，这种解决问题的方法是正确的。凭借对比喻说服力的认识，你立刻自信满满地拿出了方案：在有关犯罪主题的所有公开声明里，都应该把犯罪浪潮描述成一头在城市里横冲直撞的野兽，必须要把它拦下来。为什么呢？因为要控制住一头野兽，你必然是抓住它、用笼子把它关起来。在选民心目中，妥当应对狂暴野兽的自然联想，就转移到了妥当应对犯罪和犯罪分子身上。

现在想象一下，这位候选人和他所属的政党一贯倾向于对犯罪问题采用另一种不同的方法：通过解决失业、缺乏教育、贫困等社会原因来遏制犯罪增长。在这种情况下，根据对比喻说服力的知识，你同样可以自信满满地立刻提出建议：在有关犯罪主题的所有公开声明里，候选人应该把犯罪浪潮描绘成一种传染性病毒，必须予以遏制。为什么呢？因为要控制住病毒，就必然得消除它赖以滋生和蔓延的不健康条件。这样一来，这些与疾病相关的联想，就会让市民们顺着这个思路去思考怎样应对犯罪问题。

如果候选人的其他顾问嘲笑你以比喻为出发点做出的上述建议，说它过分简单，可以让他们看看以下数据再发表意见。斯坦福大学的研究人员让随机选择的一群在线读者阅读一段新闻，内容是城市犯罪率连续 3 年激增，文中将犯罪形容为肆虐的野兽。另一群随机选择的读者阅读同一段新闻和统计数据，只有一点区别：这篇文章里把犯罪描绘成了猖獗的病毒。稍后，研究人员请所有读者挑选自己青睐的解决方案。研究者对读者的选择做了最为精确的分析，结果发现：最初看到把犯罪形容成野兽的读者，建议采用捕捉 - 笼子式解决方案；而最初看到把犯罪形容成病毒的读者，则青睐消除不健康条件式解决方案。

值得注意的是，改变形容方式带来的选择差异为 22%，比因为读者的性别或政治党派而自然存在的差异 8% 大两倍有余。在预测选民偏好时，政党会把性别或党派等人口因素的作用考虑在内，只可惜他们很少考虑运用比喻带来的强大得多的先发影响力。

如果其他顾问认为，实验室里的发现跟真实世界不同，你还可以给他们看一种来自现实世界的证据。王牌推销员最了解比喻的力量。高中辍学生本·费尔德曼（Ben Feldman）虽说只在家乡俄亥俄州东利物浦小镇方圆 100 公里的范围内做买卖，却成了他那个时代，甚至是整个历史上最了不起的寿险推销员。事实上，在他的巅峰期 20 世纪 70 年代和 80 年代，他一个人卖出的人寿保险比美国 1 800 家保险机构里的 1 500 家都要多。1992 年，他因为脑溢血入院，他所效力的纽约人寿保险公司决定设立“费尔德曼月”，纪念这位伟大推销员为公司效力 50 周年。在这个月里，公司旗下所有代理展开竞争，看谁能卖出总价最高的保险。谁赢了呢？本·费尔德曼自己。他是怎么做到的呢？80 岁的他躺在医院病床上给客户打电话，28 天里卖出了价值 1 500 万美元的新合同。

从不间断的内在动力和对工作的投入感肯定是费尔德曼惊人成功的部分原因。但从记录来看，他从不会强迫不情愿的潜在客户。相反，他会暗中启发他们，顺利引导他们掏出腰包。费尔德曼先生是个善用比喻的高手。比如说，他形容生命走向尽头，不说人死了，而是说从生活中“离开”，这个说法让人联想到家庭责任里留出了有待填补的空隙。接着，他马上使用同类的比喻把寿险形容成解决方案。他会说：“等你离开了，保险金会顶上来。”听到购买寿险在道义责任上的这一隐喻，大多数客户都挺直了身子，拿定了主意。

虽然比喻需要用语言在两种事物间建立联系才能发挥作用，可一旦联系建立起来，不用语言也可以触发比喻的力量。例如，在英语和其他许多种语言里，重量的概念，如“沉重”，隐含着严重、重要和努力等比喻意义。因此，如果应聘者的简历用分量十足的剪贴板夹着，评估人在阅读时会逐渐把应聘人视为更有力的竞争者；如果报告用分量十足的剪贴板夹着，评估人会认为报告主题更加重要；如果手持重物，评估人会付出更多精力考虑城市改进项目的利弊。这样的结果对想要把电子阅读器做得更轻巧的生产厂家可不是好消息，因为阅读器更轻有可能意味着，读者会忽视阅读资料的价值、轻慢作者的知识深度、减少理解作品所投入的精力。

在另一项研究中，也出现了类似的结果：短暂地接触温暖的东西，如捧着一杯热咖啡，能让人对周围其他人的态度立刻变得比捧着冰咖啡时更热情、更亲近、更信任。在随后展开的社交互动中，他们会变得更慷慨、更合作。因此，不用一个字，就可以激活施加先发影响力的强大比喻联想。

是的，触摸就足够了。[4]

确保正面联想的三种方法

由于负面联想和正面联想一样容易转移，对沟通者来说，词汇自带的多重语义，有可能是一场美梦，也可能是一场噩梦。几年前，一位白人政府官员用“niggardly”这个词形容自己打算怎样处理收紧的办公室预算，结果收到了大量的投诉，竟逼得他辞了职。这个词的意思是“吝啬”或“花钱缩手缩脚”，但因为它跟“nigger”（黑鬼）的字音和拼写都有相近之处，引发了人们的负面反应。此外，出于一个类似的原因，二手车销售员都听培训师教导过，不要把卖的车形容成“旧车”（used），因为这个词跟磨损、撕裂有关联，而要说成是“二手车”（preowned），它联结了拥有、持有的想法。同样，信息技术供应商也知道，不应对客户说产品的“成本”或“价格”，因为它们跟资源的损失有关系；相反，应该告诉客户“购买”或“投资”金额，这两个词跟获益的概念相关。如今，一些商业航空公司的飞行员和乘务员培训项目也特别指出：在飞行之前或期间和乘客沟通时，要避免使用跟死亡相关的词汇：“您的最终目的地”一听就很可怕，要缩短为“您的目的地”，而“终点”①也应尽量改为“出口”。

不必说，精明的营销人员不仅想避免自己的产品和服务与让人产生负面联想的东西挂钩，更希望同时做好攻与防：消除与最不利内涵的联系，同时努力强化与最有利因素的联系。影响效果最强烈的要素有哪些呢？我们在第12章会详细介绍“人对负面联想的反应最强烈”这个概念，所以请各位读者暂且按捺一下好奇心。不过，为减轻由此带来的蔡加尼克效应，这里提前做个简短的预告：对即时判断和未来应对最具破坏力的先发概念

① 原文为“terminal”，有“终点”“末端”的意思，中文也可译为“航站楼”。——译者注

是“不值得信任”，以及随之而来的说谎和欺骗等概念。

自我

在做出判断时有着最有利影响的因素，我们先前就碰到过了，那就是自我。它的力量来自两个源头。它不仅能以电磁般的强度吸引和保持我们的注意力，提高事物的重要性；还为这件被我们注意到的事物带去了积极的联想，至少对大多数人来说是这样。因此，任何跟自我相联结，或显得跟自我存在联系的东西，都能立刻抓住我们的眼球。有时，这些联系显得很平凡，但仍然可以用作通往成功说服的跳板。

如果两个人知道自己出生在同一天，或者同一个地方，就会不自觉地喜欢彼此，从而更有可能与对方合作或相互帮忙。如果私人教练告诉客户，他们俩的生日是同一天，客户会更乐于购买训练项目。就连在网上，人们对这种联系也没有免疫力：如果一位男士在Facebook上对年轻姑娘说两人生日相同，那么年轻姑娘“关注”该男士的概率会提高两倍。通过小额信贷网站发放的小企业贷款，如果贷款提供人和接受人的名字首字母缩写一样，那么发放概率会明显更大。这种重视与自我存在关联的人或东西的整体趋势被称为“内隐自大”（implicit egoism），研究人员在考察该现象时发现，人不光喜欢名字里有跟自己相同的字母的人，连对商品也是一样，如饼干、巧克力和茶。为了利用这种亲近感，2013年夏天，可口可乐英国分公司将1亿听可乐的产品包装名换上了英国最常见的150个名字！怎么证明这一举措的合理之处呢？前一年，在澳大利亚和新西兰运作的类似方案明显提高了可口可乐的销量；而在美国，它让可口可乐的销量在10年来出现了首次增长。

就连组织都容易对名称中包含与自己有关的元素的东西产生高估。2004年，为了庆祝摇滚乐诞生50周年，《滚石》杂志发布了一份摇滚时代

500首最伟大歌曲榜单。根据编辑的考量和权衡，两首排名最高的歌曲是鲍勃·迪伦（Bob Dylan）的《像一块滚石》，和滚石乐队的《无法满足》。撰写本书期间，我比较了10份同类的摇滚歌曲榜单，没有一份把《滚石》杂志选中的这两首歌列为第一或第二。[5]

归属感

在考虑内隐自大的说服潜力的时候，还须纳入一个重要条件。被高估的自我并不总是个体自我。它也可以是社会自我，也就是说，不由该个体的特点界定，而由个体所在的群体界定。

“自我驻留在个体之外，从属于相关社会单位”这一概念，在一些非西方社会表现得特别强烈。在这些社会里，公民对与集体自我相关的东西有着特殊的亲切感。有人曾对美国和韩国两年间的杂志广告做了分析，发现：在韩国，广告大多试图将产品与服务跟读者的家人或团体挂钩，而在美国，主要是跟读者个体挂钩；且从影响力的角度来看，跟集体挂钩的广告在韩国更有效，而在美国，跟个人挂钩的广告最有效。

凭借着对东方世界价值观的认识，韩国政府采用了一种明智的谈判手法来应对阿富汗武装分子。这个手法虽然简单，但西方的阿富汗谈判专家此前却很少采用，西方大国至今用得也不多。

谈判的关键：使用对方的语言

2007年7月，阿富汗塔利班组织绑架了21名韩国教会义工作为人质，并杀害了其中两人。释放剩余19名人质的谈判进展很不乐观，绑匪又拉出两名人质准备处死。这促使韩国国家情报院负责人金万福（Kim Man-bok）飞往阿富汗试图补救谈判。他拿出了一套方案，将韩国谈判团队和一件对武装分子的集体认同来说至关重要的事联系到了一起，这就是武装分子所用的语言。金万福一到，就把主力谈判代表换了下来，找了一名阿富汗翻译转达诉求，此外，他还找来了一位能流利地说普什图语的韩国代表。

在金万福的指导下，人质迅速获释。按他的说法，“谈判的关键是语言”。然而，这不是因为用当地语言交流更准确、更清晰，而是因为一种更简单的先发影响力。“对方看到我们的谈判代表说着他们的普什图语，和我们产生了强烈的亲近感，所以谈判才进展顺利。”6

难易度

除了自我，传播人员在摸索如何有效驾驭这些联想的机会时，还带出了另一个同样具备明确积极联想的概念，值得我们审视。这就是“容易”。

轻松实现某事，会以一种特定的方式跟极大的积极性挂钩。如果我们熟练地掌握了某件事，可以毫不费力地迅速想象或者处理它，那么我们不光会更喜欢它，也会认为它更可行、更值得做。

出于这个原因，有韵律和常规格律的诗歌，不光唤起了读者更强烈的喜爱之心，还唤起了更高的审美价值感。这跟自由诗爱好者和现代诗歌刊物负责人的想法恰恰相反。认知诗学领域的研究人员甚至发现，韵律的流畅能提高说服力。“Caution and measure will win you riches”改成“Caution and measure win you treasure”[①]，会让人觉得更真实可信。那么，为了提高说服成功率，这里有一条小小的经验：多押韵[②]。

就整体吸引力而言，观察者对五官容易辨识、名字发音容易的人或东西有更大的好感。有趣的是，如果人们能在认知上轻松地处理某件事，他们面部肌肉的神经活动会增加，产生微笑。反过来说，要是事情很难处理，观察者往往不喜欢这一体验，从而也就不喜欢相关的东西。后果很严重。有人分析了美国10家律师事务所里500名律师的名字，发现要是律师的名字越难发音，他在事务所所处的层级就越低。顺便说一句，这一效应独立于名字的异国情调。也就是说，跟有着容易发音的外国名字的人相比，有难以发音的外国名字的人可能职位更低。人们碰到难以发音的药品或食品添加剂时也会产生类似效应：他们会不太喜欢这种产品及其潜在风险。那么，为什么营养保健品和医药公司会给自己的产品起那么难发音、难拼写的名字呢，比方说托法替尼（Xeljanz）和达格列净（Farxiga）？或许他们是想要以此表明产品来自什么样的植物或化学谱系。如果是这样，这恐怕是得不偿失了。

商务沟通中欠缺流畅性，还可能在更多方面带来问题。数不清多少次，我坐在餐馆的桌子旁，就着昏暗的灯光，艰难地阅读着菜单上几乎难以辨认的草书字体。研究表明，在就餐者眼里，用难以进行认知加工的介绍所呈现的菜品更不好吃；而难以阅读的声明，一般而言也更不可信。既然是想要用食物来诱惑我们，餐馆老板们本该明白这一点的。

但商务人士未能意识到，这些效应所造成的最具破坏性的案例来自证

① 这两句是一个意思，都是“谨慎克制能致富”，但后者把“riches”改成了“treasure”，跟“measure”押了韵。——译者注

② 原文为“to make it climb, make it rhyme”，本身就是押韵的。——译者注

券交易所。有人随机选择了纽约证券交易所 1990—2004 年开始交易股票的 89 家企业，分析后发现，名字发音容易的公司的表现优于名字难以发音的公司，不过这一效应随着时间的推移会变弱。还有人分析了纽约证券交易所里发音容易的股票代码如 KAR，和发音困难的代码如 RDO，也得到了类似的结果（见图 6-2）。[7]

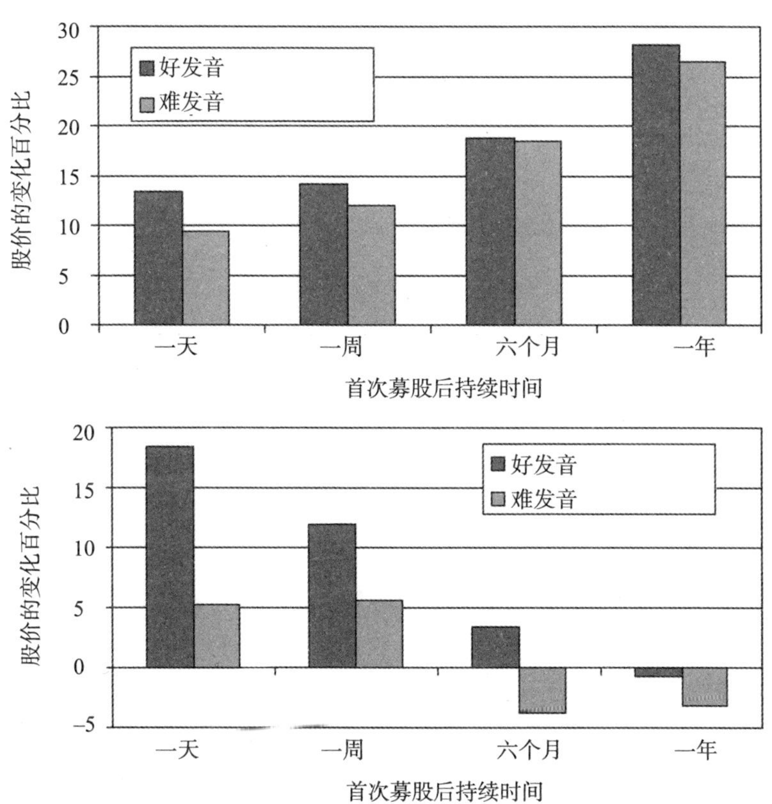

图 6-2　如果名字容易发音，早期利润也更易于启齿

在美国股票交易所，如果公司的名字（上图）或股票交易代码（下图）容易发音，公司股票初始价值会更大。

资料来源：Courtesy of Adam Oppenheimer and the National Academy of Sciences, U.S.A.

从这一证据来看，在很多常见环境下，我们已经沦落到了一种令人不安的“被绑架”状态。本书目前涉及的大部分研究都表明，我们有充分的理由对这种状态表示关注。难道说，为了避免被偶然所见的文字、符号、画面带来的联想摆布的危险，我们必须把自己藏起来么？幸运的是，用不着。只要我们理解联想过程怎样运作，就可以有策略地对其进行先发控制。首先，我们可以选择进入有着自己乐于体验的联想的环境。如果条件不允许，我们可以用带有有利联想的线索，提前加工即将到来的情境。具体怎么做，请接着往下看。

PRE-SUASION 延伸阅读

1

连接，有时也称为联结，研究人员已确定，这一过程是包括人类在内的所有动物的心理活动的核心（Tyron, 2012）。在类人猿身上，这些以连接为基础的心理活动包括：条件反射、分类、协调、概念形成和目标识别（Donahoe & Vegas, 2004; Soto & Wasserman, 2010; Stocco, Lebiere & Anderson, 2010; Wasserman, DeVolder & Coppage, 1992）；在人类身上，则为选择、学习、记忆、推理、概括、创造、阅读理解、启动效应和态度的改变（Bhatia, 2013; Helie & Sun, 2010; Hummel & Holyoak, 2003; McClelland et al., 2010; Monroe & Read, 2008; Schroder & Thagard, 2013; Seidenberg, 2005; Yermolayeva & Rakison, 2014）。事实上，现在有可靠证据表明，个人意义感，即生活的意义和方向，同样源自对事物之间可靠关联的体验（Heintzelman & King, 2014）。

2

谢明认为语言的主要目的是策略性而非描述性的，对这一思想的早期概念化论述见于 Semin & Fiedler (1988)。对相关理论和证据的近期综述见 Semin (2012)。相关支持研究，见 Cavicchio, Melcher & Poesio (2014)。另一些研究表明，不光语言元素可通过激活联想制造改变，同一个人所运用的不同语种也可以产生影响。研究人员请说双语的阿拉伯裔以色列人用阿拉伯语或希伯来语评估阿拉伯人和犹太人，两种语言不同的内在关联使得这些受试者用阿拉伯语回答时偏向阿拉伯人，用希伯来语回答时偏向犹太人（Danziger & Ward, 2010）。

SSM 非暴力语言政策的根源可追溯至这一系统的创办者：1872 年肩负医疗使命从德国搬到美国的天主教教会圣玛丽修女会（Sisters of St. Mary，缩写即

SSM）。这一教会现在名为玛丽方济各修女会（Franciscan Sisters of Mary），仍然对 SSM 的运作有着很大影响力，坚持不懈地反对一切歌颂暴力的做法。

3

将人暴露在充满敌意的文字中会提高其电击他人的强度，这一研究由 Carver et al. (1983) 进行。这种一般性联系在其他研究中也有所体现，如在潜意识层面播放怀有敌意的文字，受试者并未意识到自己接触到了暴力语言，然而，他们明显变得更好斗了（Subra et al., 2010）。除了本书里介绍的研究，如与成就相关的文字刺激（Bargh et al., 2001）及图像刺激（Shantz & Latham, 2009, 2011）对行为的影响力，还有一些实验也展示了同样的模式，如让受试者看到与帮助（Macrae & Johnston, 1998）、粗鲁（Bargh, Chen & Burrows, 1996）、合作（Bargh et al., 2001）、忠诚（Fishbach, Ratner & Zhang, 2011; Hertel & Kerr, 2001）、洞察力（Slepian et al., 2010）、外向（Grecco et al., 2013）、公平（Ganegoda, Latham & Folger, in press）相关的刺激后，受试者分别变得更乐于助人、粗鲁、乐于合作、忠诚、具洞察力、外向、公正了。在利用个别单词作为“开关”来激发相关行为时，如果文字激活了当事人高度重视的目标，如成就，似乎能带来最好的效果（Weingarten et al., 2016）。但仍有一个尚未得到解答的重要问题：这类刺激是有着持久效果呢，还是在当事人已经习惯了看到它们，对它们视若无睹之后，效果就会消失呢？对呼叫中心的后续研究显示了持久效果的部分证据：筹款员连续 4 天接触到与成就相关的照片，能获得更大的成功（Latham & Piccolo, 2012）。还有一项具有启发意义的研究工作表明，让受试者执行一项需要审慎评估问题解决方法的任务时，看到罗丹《思想者》塑像照片的人，其决策正确率提高了 48%（Chen & Latham, 2014）。

约瑟夫·康拉德之所以认为正确措辞的说服力强于正确论点，有以下几个因素。他是个作家，在写作这一行，所有人都在持续不断地寻找正确的措辞。而且，虽然他的母语是波兰语，其次是法语，但他是用英语进行写作的，这必然加剧了他对语言的微妙之处及其效果的敏感度，使他更重视用精美而正确的措辞来实现最佳沟通目的。最后，他既不是着重于推理的哲学家，也不是科学家，而是小说家，因此，他是通过令人回味的说明性语言来表达论点的，而不是进行论证。

4

触摸足以激活比喻的影响力，更多证据可见一支由周欣悦领导的国际研究团队的发现（Yang et al., 2013）。他们发现，金钱有着积极和消极两方面的比喻含义。它可以是脏的，即不诚实地得来，与作弊、欺骗相关；也可以是干净的，即诚实地得来，与公正、尊严相关。在 7 项独立的研究中，首先过手肮脏钞票的人，在随后的商业或社会活动中更有可能作弊。例如，在中国南方的农贸市场上，小贩只不过是在头一桩买卖里过手了一张沾着泥土的钞票，在随后的生意里，他们就有更大可能在秤上动手脚，虚报蔬菜的重量。如果他们先过手的是干净的钞票，则并未出现这种不诚实行为。因此，你不妨考虑带着干净无褶皱的钞票去农贸市场买东西，这能减少你碰上缺斤短两事件的概率。

对野兽与病毒的比喻，来自 Thibodeau & Boroditsky (2011) 的研究。物理重量会影响人们对智力的分量、话题的重要性、所付出的认知努力的感知，证据来自 Ackerman, Nocera & Bargh (2010); Jostman, Lakens & Schubert (2009); Schneider et al. (2015); Zhang & Li (2012)。物理温暖的含义转移到人际温暖层面，证据来自 Ijzerman & Semin (2009, 2010); Inagaki & Eisenberger (2013); Kang et al. (2011); Williams & Bargh (2008)。

综上所述，近年来对比喻说服力研究的考察及回顾可带来两个总体上的结论：第一，在沟通时使用精心设计的强大比喻，可以带来令人信服的说服力；第二，这种效应来自一个几近自动的极为基础的过程，把一个概念的特点跟另一个概念相关联（Chernev & Blair, 2015; Gu, Botti & Faro, 2013; Kim, Zauberman & Bettman, 2012; Landau, Meier & Keefer, 2010; Landau, Robinson & Meier, 2014; Lee & Schwartz, 2012; Morris et al., 2007; Ottati & Renstrom, 2010; Sopory & Dillard, 2002; Zhang & Li, 2012; Zhong & DeVoe, 2010）。

5

对于一些媒体最为偏爱的有关内隐自大的研究结果，其确凿性存在很大争议。比方说，名叫丹尼斯（Dennis）的人，有更大概率成为牙医（dentist）；名叫路易斯（Louis）的人，有更大概率搬到路易斯安那州（Louisiana；Pelham & Carvallo, 2011; Simonsohn, 2011）。但我在这里列举的诸多结果，如相同的出生日期、出生地、姓氏或缩写，能够提升人们在网络和现实中的喜好、合作、顺从、帮助和关照，却是毫无争议的。线上研究来自 Galak, Small & Stephen (2011); Martin, Jacob & Guéguen (2013)。线下研究来自 Burger et al. (2004); Brendl et al. (2005); Finch & Cialdini (1989); Jiang et al. (2009); Jones et al. (2002, 2004); Miller, Downs & Prentice (1998)。从联想迁移的角度看，在自尊低的人身上，内隐自大效应不太明显，因为他们并未为自我分配太多价值（Perkins & Forehand, 2012; Prestwich et al., 2010）。

很显然，随着自我与其他实体之间的连接从弱到强，其力量也相应增加。重要的自我连接以相同血缘、教育水平或价值观等线索为基础，它们能对行为产生令人瞠目的影响。就相同血缘这一维度来说，有人请法国大学生完成并交回一份 40 道题的在线问卷，当发出请求的人跟当事的学生有着相同的姓氏时，学生的顺从率高达 96%（Guéguen, Pichot & Le Dreff, 2005）。就教育水平而言，参加面试时，如果跟面试官教育水平类似，能将被拒绝的概率减小一半（Durrant et al., 2010）。就价值观层面来说，清洁用品销售员说自己跟客户的音乐口味一样，能将销售额提高两倍（Woodside & Davenport, 1974）。这是通过什么过程实现的呢？人们认为，类似的音乐喜好反映了相似的价值观（Boer et al., 2011）。

6

对于西方文化里的个人主义与东方文化里集体构建自我的概念之间的差异，相关证据非常丰富（Cialdini et al., 1999; Cohen & Gunz, 2002; Hoshino-Browne et al., 2005; Markus & Kitayama, 1991; Morling & Lamoreaux, 2008; Sedikides, Gaertner & Vevea, 2005）。对韩国与美国杂志广告的研究来自 Han & Shavitt (1994)。东方世界看重集体利益高于个人利益的情形，不仅限于韩国。2013 年 7 月，中国颁布了一项法律，父母可控告探访不足的成年子女（Lawson, 2013）。

讽刺的是，成功解救人质后，金万福在其祖国却遭到激烈批评，然而这跟我们想要表达的整体观点是相符的。批评意见主要集中在他讲述这件事的方式，似乎意在提升自己的个人声望和抱负，而没有从韩国这一社会集体的角度出发。

7

对认知诗学理论和研究的综述，可见 Obermeier et al. (2013)。"押韵的更可信"这一研究来自 McGlone & Tofighbakhsh (2000)，丹尼尔·平克（Daniel Pink）① 曾在一段兼具指导性和娱乐性的视频里做过阐释。

五官容易辨识、名字发音容易的人或东西有着更强的吸引力，加工流畅性能影响人用于微笑的肌肉颧大肌，证据可见 Winkielman et al. (2006); Laham, Koval & Alter (2012); Winkielman & Cacioppo (2001)。揭示加工不流畅带来的负面影响的研究可见：律师晋升（Laham, Koval & Alter, 2012）；食品及食品添加剂说明（Petrova & Cialdini, 2005; Song & Schwarz, 2009）；一般情况（Greifeneder et al., 2010; Reber & Schwarz, 1999）；股市绩效（Alter & Oppenheimer, 2006）。

加工不流畅带来的效应不见得总是坏事。倘若人们愿意花时间静下心来深入思考你的消息，那么，用难以辨认的字体或形式发送信息，有更大概率促使他们这么做，从而更好地理解和记忆那些加工困难的内容（Alter, 2013; Alter et al.,

① 丹尼尔·平克是著名趋势专家、全球最具影响力的 50 大思想家，著有畅销书《驱动力》《全新思维》《全新销售》等。以上 3 本书的中文简体字版已由湛庐文化策划、中国人民大学出版社和浙江人民出版社出版。——编者注

2007; Diemand-Yaurman, Oppenheimer & Vaughan, 2011)。这或许是诗刊编辑青睐不押韵诗句的一个原因。他们认为，只有在读者有着充足时间和心理资源进行思考的时候，才有可能记住看过的资料。对于加工流畅性在判断和社会影响力上产生的效应，整体综述可见 Alter & Oppenheimer (2009); Lick & Johnson (2015); Petrova, Schwarz & Song (2012)。

PRE-
SUASION

07

情境联想

外部环境与内在体验

A

Revolutionary

Way to

Influence

and Persuade

影响力是讲究情境的。

OPENER
在什么地方写什么书

我动手撰写第一本针对普通读者的书时，并没有从大学告假。我的办公室位于较高楼层，只要把办公桌摆到窗口，在写书的时候，我就能瞭望远方，看到一排排学术机构、中心和院系大楼。而在这面望向学术世界的窗口的两侧，我又摆放了书架，放着通往学术世界内部的各种资料：专业书籍、期刊、文章和文件。

在城里，我租了一间公寓，同样正对着窗户摆了一张办公桌，我也在那儿写东西。尽管一切出于无心，但公寓窗外的风景，跟大学办公室有所不同。有别于学术行业的森严堡垒，我看到的是川流不息的行人：大部分都是路人，去工作，去购物，做普通人会做的任何普通事情。我办公桌周围的环境也很不一样，尤其是信息环境。报纸、杂志和电视节目，取代了科学出版物、教材、文件柜、跟同事们的闲聊。

在这两个不同的地方写作，带来了一个我没有料到，而且事隔一个月之久才注意到的后果。当时，我将前期所写的部分整理在一起统一阅读，结果发现，我在几公里外的家里所写的部分，远比在大学里写的部分要好，明显更适合我假想中的普通读者。事实上，就行文的风格和结构而言，我在学校办公桌前写出来的部分，只能拿给专业同事，根本不适合其他人阅读。

我很惊讶：我明明清晰地理解想要打入的市场，为什么在大学的办公桌前却写不出合适的文字来？如今回想起来，答案显而易见。每当我从大学的办公桌前抬起头、转过身，视线所及的全是与学术世界及其专门的词汇、语法、沟通风格打交道的线索。

我脑袋里对目标读者特点和喜好的了解，一点也不重要。在学校环境下写书，没有太多线索能让我时不时地自觉想起不是学究的普通人。可从我家里的办公桌边抬头看，就有太多线索与这桩任务相匹配了。身边各种东西都在提示我联想到那些自己为之写书的人，我得以更成功地与之建立和谐关系。

意识到这一点之后，我做了一个基于情境说服力的决定，把自己在大学里写好的部分全都带回了家，重新修订。这件事做得太值了。举个例子吧，那本书原来的开场白是这么写的："我在学术上从事的分支学科是实验社会心理学，它是研究社会影响过程的主要领域。"后来我终于良心发现，把它改成了："现在我可以坦白承认了，我这一辈子，一直是个容易上当的家伙。"下一步怎么做也很简单：在家时动手写这本通俗读物，在大学的办公室里则完成以同事为目标受众的作品。[1]

外部环境

这次经历带来的教训，不光适用于撰写通俗学术读物，还可适用到范围宽广得多的问题上：我们应该怎样安排环境，使之产生先发影响力，把我们送上通往预期目的地的联想通路?

几家咨询公司为企业客户开发提升员工工作效率的系统，这个系统主要靠的是经济刺激，奖励员工达成业绩目标。我跟一家咨询公司的项目经理在营销会议上聊了聊，提出了一个经常向资深从业者提出的问题：是什么让他们在各自的领域这么成功呢？就这位项目经理而言，我问的是，在她看来，设计出最成功的激励计划要靠什么呢？她举了几个很容易理解的积极影响因素，比如自己的团队在客户那个行业里是否有丰富的经验，客户团队提供给她的信息是否充分，双方团队的准备是否充足。接着，她又提到了一个自己完全搞不明白的因素。有一种客户总部的工作空间给项目带来的效果特别好，那就是位于中央的玻璃墙办公室。

她告诉我，之所以注意到这一古怪的结果，是因为她原本以为，看到形形色色的员工在身边来来去去，会分散房间里方案策划员的注意力，让他们想到不相关的事情上。“你难道不这么想吗？”她问。我把这跟自己两张办公桌的故事联系了起来，解释说，从前我大概也会这么想，但一次重要的经历改变了我的看法。事后想来，她误以为玻璃墙办公室这一工作环境中与任务不相关的那些方面，其实跟任务成功高度相关。为了开发出最好的员工激励计划，她和团队需要在视觉上持续不断地接触到将要使用这一计划的员工。对我来说也是一样：为了让作品在兴趣点和沟通风格上跟潜在受众保持一致，我需要有东西提醒自己。这就是为什么我决定只在能提供相关线索的环境里写作的原因。

虽然我的故事说服了这位女士，但她并不高兴。她说，我当然有能力选择理想的工作环境，她却不能。是呀，她的团队能在客户总部获得什么样的工作空间并不受她控制，一切要听凭客户的安排。“再说了，”她抱怨说，“大部分办公大楼都没有玻璃墙办公室；所以，就算知道什么样的房间能提高工作效率，对我也没有什么帮助。”我能理解她的无奈。对大多数人来说，光是知道具体环境会产生什么样的影响还不够，他们还想要知道怎样运用这一知识。我们结束对话时，她有些失望。但事实证明，她并未气馁。

几个月后，她心情很好地给我打来电话，提起自己采用了一套全新的手法，取得了“巨大成功”。她在跟自己的员工讨论时提到了我的观点，即为客户公司员工设计绩效改善项目时，在视觉上看到对方效果更佳。这时她冒出了一个念头。她决定想办法给自己的团队不间断的低强度刺激，让他们能一直看到客户公司的员工，哪怕是在封闭办公室工作也一样。她团队里最年轻的员工提出了一个便于执行的解决办法，事后证明也十分有效。在召开现场工作会议之前，团队从客户公司的网站和内部刊物上下载符合要求的员工照片，把照片放大，贴在展板上，将展板斜靠在团队工作的办公室墙边。据说，客户们都很喜欢这个点子，因为他们欣赏顾问们为这份工作带来的“个性化接触”。

请注意，项目经理和她的团队在入场工作之前，就把线索置入了工作环境，所以，他们的做法和我们在本书中介绍的先发影响力方法并没有太大不同。唯一的区别是，他们要影响的对象是自己，而不是别人。

项目经理和她的团队把这件事视为一个学习的过程，随着过程的推进完善了这套方法。他们认为，和单纯的大头照相比，员工的工作照片能为项目设计团队带去更好的效果。更令人印象深刻的是，他们使用非常聪明的办法，对“环境里的背景线索能引导人的思考方式”这一心理学知识加以运用，取得了可喜的效果。最激励人的地方则是，他们没有受制于不利的现实，怪罪任务环境不够理想，没有合适的联想线索。相反，他们选择改变现实，为任务环境注入更多有帮助的变量，自动激活想要的反应方式。[2]

我们也可以这么做。为什么不呢？回报很丰厚；更何况，有两种很棒的方法可以实现线索与目标的统一。我们可以照搬上文那个设计团队的思路，改变外部的自我说服力情境。又或者，我们可以改变自己的内部环境。前一条，我们讨论过了；所以，让我们来看看后一条。

自我的内在体验

外部世界的某些特点很容易将我们的注意力引导到内部心理特征上，比如特定的态度、信念、特质、回忆或感觉。我已经讲过，这种焦点转变有着某些间接影响：在那一瞬间，我们更容易将自己关注的因素看得更重要，认为它主导了因果，并采取与之相关的行动。

你有没有碰到过这样的情况呢？去观看艺术表演，可另一位观众的大声咳嗽却搞砸了它。各类表演者，包括舞台剧演员、歌手、音乐家、舞蹈家，都讨厌噪声，哪怕是一声咳嗽。除了噪声会令人分心以外，还有另一个原因：它具有传染性。这一点不光有着确凿的科学证据支持，艺术家们更是给予了最激烈的证词。作家兼编剧罗伯特·阿德里（Robert Ardrey）形容过剧场里的一连串攻击是如何出现的："观众里有个人发出了可怕的咳嗽声，然后咳嗽声蔓延开来，整个剧场变得像是疯人院一般，演员们火冒三丈，编剧躲进了最近的酒吧里。"

不光在表演人员聚集的场合能看到这种蔓延效应。有两百多人出席一家报社的社评人晚宴，房间一角响起了咳嗽声，这股声浪迅速蔓延，每一个人都被它传染了，主办方不得不让所有人撤离，包括时任美国司法部长的珍妮特·雷诺（Janet Reno）。尽管对房间做了严格的检测，但人们并没有找到咳嗽大爆发的外部原因。每年，世界各地会发生成千上万的类似事件，不止是咳嗽，还涉及各种各样的症状。让我们来看看几个有代表性的例子。

- 在奥地利，新闻媒体报道说发现了一种毒蜘蛛，如果被它咬到，会产生头痛和恶心的症状。当地居民如潮水般涌向医院，说自己被咬了。弄错了的人比真被咬了的人多 4 000%。
- 美国田纳西州的一名高中老师报告说，她在教室里闻到了煤气味，感到头晕恶心，结果学生、其他教师和工作人员都开始出现相同症状。当天，上百人从学校前往医院急诊室，都有着与煤气泄漏相关的症状。5 天后，学校重新开放，又有 71 人因同样症状去了医院。可在此期间没有任何一天发生过煤气泄漏。
- 加拿大两座靠近炼油厂的小镇的居民从一份流行病学研究报告中得知，自己社区的癌症发病率比正常情况高 25%，于是居民们开始出现一系列与接触有毒化学品相关的健康问题，而且越来越严重。几个月之后，研究作者撤销了上述研究报告，承认报告的结果存在问题。最初所说的这两个社区里癌症发病率高，是因为统计运算出错所致。
- 在德国的一场有关皮肤发痒的皮肤病学讲座上，听众们当场感觉自己的皮肤出现了过敏症状，并以越来越快的速度动手抓挠。

最后一个例子最好地解释了事情的前因后果，因为它很类似一个著名的现象，叫作“医学生综合征”。研究表明，70%~80% 的医学生曾受过它的折磨：不管在学习什么疾病的时候，他们总是会体验到相关的症状，并确信自己染了病。虽然预见到这一现象的教授早就警告过大家，可似乎完全没用；学生们还是会真切地感知到自己的症状，甚至会按课程顺序依次体验到“本周新病”。

医学教授早就知道的一种解释向我们揭示了其中的奥妙。1908 年，医生乔治·林肯·沃尔顿（George Lincoln Walton）写道：

> 医学生担心自己染上了所学的疾病，接连不断地找老师咨询。知道肺炎会令某个部位出现疼痛，会让人把注意力集中在该区域，只要那里出现任何感觉都传出警报。光是知道阑尾的位置，就能把该区域最无关紧要的感觉转换成具有严重威胁的症状。[3]

达成有效的自我影响意味着什么呢？在我们每个人身体的底层，都沉睡着能够突然被唤醒的各种体验，只要我们把注意力转移到它们上面，它们就能发挥出强大的力量。所有人都会咳嗽，一旦有其他人咳嗽，我们就会把关注点放在肺的上半部分，从而激活自己的咳嗽功能。试试看你就明白了。头晕、恶心或头痛，也同样适用这个道理：如果我们把注意力集中在大脑中央的一个点上，或是胃部上方、眼睛上面，就能分别激活这些体验。

然而，我们体内的这些体验同样包括有益的态度、高产的特性和好用的能力，如果我们恰当地引导注意力，也能激发出这些积极的体验。

让我们来探讨一下怎样调动最令人垂涎的体验：幸福感。除了本身就是一件好事以外，幸福感还有一点额外的益处。它不光来自良好的生活环境，也能造就良好的生活环境，提高身心健康水平，带来整体上的成功。因此，我们有充分的理由去理解怎样通过自我影响来提升幸福感。为了做到这一点，我们首先要解开幸福感研究领域的一个谜。[4]

积极情绪的力量

假设做过全面的体检之后，医生告诉你一个确凿无疑的坏消息：你得病了，这种病将以多种形式破坏你的健康。病情的恶化会逐渐损害你的视力、听力和思考能力。你的味觉将退化，再也无法享受到食物带来的乐趣，不光如此，消化系统也将受到损害，只能吃最没滋没味的东西。随着病情的推进，你的精力和体力都将衰退，最终，你没法开车，甚至不能走路，再也参加不了自己喜欢的各种活动。你会越来越容易沾染其他各种疾病，如冠心病、中风、动脉粥样硬化、肺炎、关节炎和糖尿病。

就算你不是健康专业人士，也知道这种逐渐推进的疾病是什么。那就是衰老。衰老的不良后果因人而异，但平均而言，老年人的身心功能会出现明显的退步。然而，衰老并不会削弱老年人的幸福感。事实上，这里有个悖论：年龄增长会产生恰恰相反的结果，老年人往往比自己年轻时感觉更强壮、更健康、更幸福。为什么会存在这样的悖论呢？几十年来，研究人员一直对此十分好奇。考虑了若干种可能性之后，由心理学家劳拉·卡斯滕森（Laura Carstensen）领导的一群研究人员得出了一个出人意料的答案：随着生活里各种负面状况的降临，老年人会认为，他们没时间在不开心上浪费工夫。

他们渴望在余生中寻找情感上的满足，并有意识地采取步骤去实现这一目标：他们是靠着掌握情境的自我影响力来做到这一点的。老年人会更频繁地接触那些能提升自己情绪体验的外部环境和内心体验，更彻底地沉浸其中。和年轻人比起来，老年人更多地回顾积极记忆，爱往好的方向思考，寻找并保留有利信息，搜索并凝视幸福的面孔，关注消费品的优点。

请注意，他们是借助一个我们此前讨论过的极为有效的心理手法，把人生之旅引导到这条阳光大道上的：把注意力集中到积极方面。事实上，有着最高明的“注意力管理”技能，即擅长引导注意力并将之保持在积极内容上的老年人，表现出了最明显的情绪提升。而这一技能较差的人则不能借助强大的注意力控制能力摆脱苦海。随着年纪渐长，这些人的情绪也会变差。我敢打赌，老年人之所以会给外界留下脾气暴躁、令人讨厌的刻板印象，就是因为这些人。毕竟，臭脾气的人比心满意足的人更扎眼。

我曾问过卡斯滕森：她最初是怎么冒出“老年人决定关注积极方面来享受美好晚年”这个设想的呢？她说，她曾采访过一对住在养老院的姐妹，问她们是怎么应对各种负面事件的，比方说，经常在身边看到的各种各样的疾病与死亡。两姐妹异口同声地回答：“哦，我们才没时间担心那些呢。”她记得，听到这样的回答，她很疑惑，因为退休老人没有工作，也不做家务，不承担家庭责任，整天有大把的时间要打发呀。过了一阵，卡斯滕森从影响力的角度去思考，意识到两姐妹指的“时间”不是一天里可用的时间，而是余生可用的时间。站在这个视角，用余生的大部分时间关注不愉快的事情，的确没什么意义。[5]

那么，我们其余人怎么办呢？难道我们必须等到老年才能幸福地展望生活吗？根据积极心理学领域的研究，用不着。但我们必须改变自己的战术，让自己变得更像老年人。好在有人已经为我们准备了一份清单，列出了各种利用先发影响力来达成这一目标的方式。

索尼娅·柳博米尔斯基（Sonja Lyubomirsky）博士并不是第一个研究幸福感的科学工作者。不过在我看来，她对这一主题做出了突出的贡献，因为她比其他任何人都更加系统化地调查了一个关键的问题。不是你想象中的那种概念性问题，比如：哪些因素和幸福有关系？相反，这是一个程序性问题：我们可以从事哪些具体的活动来提升自己的幸福感？柳博米尔斯基在孩提时代就随家人从俄罗斯来到美国，家庭经济条件不太好，还必须应对融入陌生文化环境这个额外的问题，这种环境有时极具挑战性。与此同时，新的生活也带来了许多有利而可喜的特色。回想那些日子，她想知道，家人们可以采取什么样的行动，来消解令人沮丧的情绪，让孩子振作起来。

“那些日子并不全都黯淡无光，”2013 年，她在《幸福的神话》（*The Myths of Happiness*）① 里写道，“但要是当时的我掌握了现在知道的事情，我的家庭一定能采取更好的姿态，把日子过得更好。”这段话让我感到很好奇，想弄明白她现在到底知道了些什么。我给她打去电话，问她能不能介绍一些针对情绪的科学方法，让生活过得更好。对想要了解怎样获得更多欢乐的人来说，她的回答里既有好消息，也有坏消息。

一方面，她指出了一套能可靠提升个人幸福感的活动，都是个人能够主动执行的。其中有几种活动只需要将注意力重新聚焦到可施加先发影响力的因素上即可，她清单里的前三条均属此类：

1. 每天一开始就默念你的祝福和谢意，并拿出一段集中的时间，把它们写下来。

2. 在事前着重思考当前情况、事件和未来前景的光明面，培养乐观精神。

3. 限制用于纠结某一问题、与他人进行不健康比较的时间，打消消极因素。

苹果手机上甚至有一款应用程序，叫作“幸福生活”（Live Happy），帮助用户投入这类活动，享受频繁开展这些活动所带来的更大幸福。

另一方面，这种方法需要持之以恒的努力。“你可以让自己变得更幸

① 该书中文简体字版已由湛庐文化策划、浙江人民出版社出版。——编者注

福，就像你能减肥一样。”柳博米尔斯基向我保证，“但也跟减肥一样，你得改变饮食习惯，坚持去健身房。你必须每天都投入努力，坚持到底。”

最后这句话，似乎很能揭示老年人是怎样找到幸福的。他们不像观光客那样对待自己内心中最舒适友好的地方，匆匆来，匆匆走。相反，他们选择在心理上留在这些地方。他们做这样的心理迁徙，原因就跟搬到佛罗里达或亚利桑那州一样：为了每天早上都享受温暖的天气。

我问柳博米尔斯基：为什么在进入老年状态之前，大多数人必须这么努力才能变得更幸福？她说，她的研究团队还没弄清楚答案。但我想，这个答案或许已经由卡斯滕森的研究揭示出来了。想必你还记得，卡斯滕森发现，老年人决定将情绪上的满足视为生活的主要目标，因此将注意力整体转向了积极方面。而年轻人的首要生活目标与此不同，他们要学习、要发展、要争创业绩。实现这些目标需要怀着开放的心态去面对种种令人不安的因素：艰巨的任务，相反的观点，陌生的人，为错误或失败承担责任。他们只能这样做。

这样一来，青年人和中年人难以将思想从苦难上转移开来也就说得过去了。为了在这些时期朝着人生的主要目标奋斗，我们必须真切地感知到负面因素的存在，以便从中吸取教训，应对它们。但如果我们陷入了它们所掀起的情绪之中，把自己锁进负面因素的循环，那就成问题了。柳博米尔斯基的活动清单恰好能在这些地方发挥作用。就算我们还没有准备好永远居住在自己最温暖的心理营地之中，也可以运用这些注意力转移活动，经常拜访那里，打破寒冬的围困。[6]

创造理想的精神状态

有关幸福感的研究向我们展示了相对简单的注意力策略，有助于管理情绪状态。能不能用类似的方法来管理其他状态呢，比如那些与个人成就和职业成功相关的状态？

我刚读研究生的时候，班上有 6 名同学，都是来修习社会心理学博士课程的。有个叫艾伦·蔡金（Alan Chaikin）的家伙，给我们看了他 GRE 的成绩，激起了其余人的敬畏之心。他在 GRE 考试中的全部 3 科（语言、数学和分析推理）成绩都是全世界所有考生里最顶尖的 1%，在心理学专业知识考试上的成绩也是最顶尖的 1%。我们有些人在一两科上能考出这种成绩，但很少有人能做到 3 科全优，4 科全优的一个也没有。所以，我们做好了被艾伦的智力水平震惊的心理准备。事实上，我们的确被他震惊了，只不过跟我们预料的方式不同。

艾伦是个聪明的小伙子。但过了一阵，人人都意识到，在一般意义上而言，他并不比我们其他人更聪明。他并不那么擅长提出好点子、洞察有缺陷的论点、做出敏锐的评论、提供清晰的见解，他只不过是特别擅长参加标准化考试，尤其是 GRE。读研究生的第一年，我们共用一间办公室，两人的关系变得很亲近，于是我问他是怎么把成绩考得这么好的。他毫不犹豫地告诉我，他认为，自己在考试上的相对成功，主要得益于两件事。

首先，他读书的速度特别快。读研究生的一年前，他参加了一个培训班，学会了如何快速浏览书面材料而不漏掉重要内容。这让他在 GRE 考试上获得了可观的优势，因为在当时，GRE 考试的分数是由学生正确回答了多少道题目来决定的。艾伦意识到，运用速读技巧，他在第一次通读试卷时就能解决试卷里的大量简单题目，立刻给出答案。他先通过这样的方式把简单的题目做完，接着再回过头去对付棘手的难题。其他学生总是一道题做完再做下一道，很可能长时间地卡在难题上，从而遭受双重损失：第一，回答错误；第二，浪费了时间，来不及回答后面那些简单的题目。不过在那以后，包括 GRE 在内的大多数标准化考试都做了重新设计，速读技术无法再带来竞争优势了。所以，现在的考生已经没法享受到这种好处了。

但他的另一招手法就不一样了。艾伦告诉我，在参加任何标准化考试之前，他都会系统地花些时间“让心理充分预热”。他介绍了一系列活动，很可能是修改自柳博米尔斯基的清单。考场门打开之前，他不会像我那样临时抱佛脚，手里拿着笔记，想尽量把所有拿不准的信息都塞进脑子里。他知道，把关注点放在他还拿不准的材料上，只会提升自己的焦虑。相反，他有意识地将这一关键时段用在平抚恐惧上。同时，他还会回忆自己过去在学业上的历次成功，列举自己真正的强项，培养自信。他相信，自己的大部分应试优势，都源自恐惧减少和信心提升。“你害怕的时候，脑子就想不清楚了。”他提醒我说，“再加上，你对自己的能力有信心，也就更能坚持下去。”

对于他竟然能为自己创造出理想的精神状态，我很吃惊，不只是因为他理解了该把注意力放在什么地方，还因为他懂得在考试之前几分钟这么做能获得先发影响力。他很擅长制造关键性的瞬间。所以，艾伦在一个很重要的方面比我们其他人更聪明。这是一种特定类型的聪明：一种战术性的智力，能让自己把“害怕会使成绩变差，而获得信心能提升成绩”这种一般性的知识具体地运用出来，达成有利的结果。这是一种非常有用的智力。让我们在艾伦的带领下,看看怎样做才能实现同样的结果吧。这一回，我们是要打动他人，获得有利结果。[7]

他人的内在体验

你是一个处于困境中的地区督学：你所在的学区正在申请一大笔联邦拨款，以升级过时的科学实验室、设备和教室。你有拿到这笔拨款的机会，但你必须提供证据，说明在自己的督管下，有更多的中学女生选择理工科，即科学、技术、工程和数学。要想申请成功，你需要拿出文件证明：较之往年，各高中的女生在一场所有人都必须参加的标准化考试中的数学成绩提高了。

你很担心。虽说你近年来已经倾尽全力，招募了更多的女性理工科教师，并保证所有的姑娘都跟男孩子一样，获得了有关理工科职业和奖学金的信息，但你并未发现女生的数学考试成绩有所提高。你怀着最美好的期待，像往年一样准备在本学区的高中里进行这场重要的考试。你的准备工作如下：

1. 所有高年级学生同时进行考试。因为一所学校不可能用一间教室装下所有的考生，所以，校方按照考生的姓氏，把他们安排到两间大教室之一。姓氏首字母为 A 到 L 的考生在一间教室，首字母为 M 到 Z 的考生在另一间教室。

2. 每个考场由随机抽选的几位老师监考。

3. 考试开始前十几分钟，让学生们整理思路，预测一下自己会怎么对付考试里出现的难题。

4. 考试一开始，要求学生写下自己的姓名、学号和性别。

虽然这些做法在大规模考试里十分常见，但采用其中任何一种做法，对你来说都是个错误。为什么呢？原因在于一条常识，你曾多次从学校的教育顾问那里听过，许多女孩都相信一种刻板的社会印象：跟男性比起来，女性不怎么擅长数学。

研究表明，任何有可能让姑娘们提前聚焦于这一观念的做法，都会降低她们的数学成绩。首先，这会让她们越发焦虑，干扰对已有知识的记忆；

其次，这让姑娘们从考试上分了心，提高了她们漏掉重要信息的可能性；最后，这让她们以为难题之所以难做，是因为自己的先天缺陷，而非题目本来就难，从而过早放弃。

你所采用的 4 种考前程序，全都有可能强化女生们原本动摇不定的初始关注点。好在也有研究得出了几条针对性补救措施。

1. 根据相关因素分配考生所在的考场，而不要采用不相关因素，也就是说，要根据性别，而不是姓氏首字母。为什么呢？女生跟男生在同一考场考数学，更容易联想到数学 - 性别这一刻板印象。因此，和男生在同一考场解数学题的大学女生，成绩不如在全女生考场的女生。值得注意的是，口头表达能力考试里没有这样的成绩下降情况，因为社会上并没有什么刻板印象暗示女性的语言能力不如男性。

2. 不要随机指定教师监考。要根据性别和教学特色，有策略地进行指定。女生考场的监考老师应该是教科学或数学课的女老师。为什么呢？证据表明，违背了刻板印象的其他女性，能削弱刻板印象造成的影响。所以，接触到其他在科学上有所成就的女性之后，女学生解出的数学考试题明显更多了，连难题也是如此。

3. 取消发考卷之前让学生们整理思路、预测自己考试表现的 10 分钟。这有可能给他们带来麻烦，因为把关注点放在任务最困难的部分，会影响他们的成功。相反，可以请女生选择一条自己眼里最重要的个人价值观，如维持和朋友的关系，或帮助他人，写下她们认为这一价值观重要的原因。为什么呢？因为这种“自我肯定”把注意力引导到了个人优势上，减少了不利成见的影响。在一堂大学物理课上，女学生们做了这种自我肯定练习仅仅两次，考试成绩就跃升了整整一个等级，而该考试中与数学相关的题目很多。

4. 别让考生在数学考试一开始就写下性别，它同样有可能提醒女性考生，让她们联想到与数学相关的性别刻板印象。相反，让考生写下自己所在的年级，本例中，考生会写自己是“高三”。为什么呢？这是为了发挥出转移关注点的力量。这一调整能让考生预先把关注点放在自己的学业素养上，而不是放在自以为的学习缺陷上。采用这样的流程，就能提高女性考生的数学成绩。

上面介绍的多种方法都在演示怎样将注意力从内部体验的一个地方转移到另一个地方，从而影响人的成绩。不过我最偏爱的还要数以下这一种。

社会上除了有“女孩子学不好数学”这种成见，还有另一种成见，那就是“亚洲人数学好”。在一次数学考试之前，研究人员让一些亚裔美籍女生写下自己的性别，让另一些女生写下自己的族裔，此外还有一个对照组的亚裔女生，什么也不写。三者进行比较，被提醒了性别的女生考试分数较低，而被提醒了族裔的女生分数较高。[8]

在一定程度上，我在本章中介绍的一些先发影响力效应似乎让人难以置信：动笔写作之前，光是坐在特定的办公桌前就能让我写得更好；用挑选出的照片装饰办公室，能让工作的质量变得更高；让女生在考试之前写下一条看似无关的个人价值观，提高了她们的物理成绩；考试前让亚裔美籍女生写下性别，会搞砸她们的成绩，而要她们写下族裔却能提高其成绩。这些现象看起来简直就像变魔术。

不过，和所有的魔术一样，现象并不反映真正的机制，即表面之下真正发挥作用的原因。接下来，我们要深入地考察一下这些机制和原因，以及它们是怎样跟先发影响力框架相契合的。

PRE-SUASION 延伸阅读

1

这一点有必要做一些澄清。我并不是要建议在撰写通俗读物时，作者应该摒弃来自学术界的证据。我的意思是，在与大众进行沟通时，使用有着复杂学术规范的证据不太合适，比如在学术期刊或会议上常用的语法和结构。在为学术圈之外的读者写文章的时候，我采用了一个技巧，避免让两群人中的任何一群失望。我想象自己肩膀上有两个人：一个是在相关主题上受人敬重的学术权威，另一个是我认为会对这个话题感兴趣的邻居。一段话写完之后，我会修改到这两位对它都满意，才进入下一段落。都说不动脑子是浪费，何况我肩膀上还顶着两个脑子。

2

一般而言，我不愿意太过信赖那些建立在一两件逸事上的证据。此处所举的例子，即看到与工作项目相关人士的背景图片，能使为这些人效劳者的想法朝着积极方向改变，也是一样。好在研究支持这样的结论。例如，向放射科医生同时展示患者的 X 光照片和真人照片，能让医生花更多时间审慎地考察 X 光照片上的各种重要临床征兆（Turner & Hadas-Halpern, 2008; Wendling, 2009）。

3

咳嗽传染性的科学证据来自 James Pennebaker (1980) 主持的一组精彩研究，他还证明，完全醉心于观看表演的观众，对另一名观众咳嗽产生反应的概率明显较低，因为他们将自己的关注点聚焦在了演出上。这一发现给了演员们另一个讨厌观众发出的咳嗽的理由：咳嗽的扩散意味着他们没有把工作做好，观众的注意力跑偏了。

阿德里充满洞见的引言，来自他令人难忘的作品《非洲创世纪》（*African Genesis*）。沃尔顿同样富有洞见的引言，则来自他几乎遭到遗忘的作品《为何忧伤》（*Why Worry?*）。本段里提及的其他例子出处如下：社评人晚宴（“Coughing Fits Overcome 200”, 1993）；奥地利毒蜘蛛（“Eight-Legged Invasion”, 2006）；美国田纳西州煤气泄漏（Jones et al., 2000）；加拿大癌症恐慌（Guidotti & Jacobs, 1993）；德国皮肤病学讲座（Niemeier, Kupfer & Gieler, 2000）；“医学生综合征”

（Howes, 2004）。如果你从这些例子中得出结论，那些大规模发病事件全部或者大部分都是由心理原因导致的，那就错了；最近的数据表明，这类事件中只有1/6主要来自心理原因（Page et al., 2010）。然而，技术进步是否会让“医学生综合征”变得大众化，也就是说，现在任何能够接入互联网，访问诸多描述具体疾病、障碍和其他健康相关问题的人，是否都有可能发作此病，倒是让我颇感好奇。

4

幸福感对有关健康与财富的多个指数的因果影响，详细研究可见Diener & Biswas-Diener (2009); Lyubomirsky (2013); Lyubomirsky & Layous (2013); Lyubomirsky, King & Diener (2005); Ong (2010)。当然，和大部分事情一样，幸福的积极影响并非一成不变。如果一个人置身不恰当的场合，或是其情绪不能反映在行为上，例如在葬礼上表现得很开心，就会导致不良后果（Gruber, Mauss & Tamir, 2011; Mauss et al., 2011）。

5

有必要了解的是，幸福的老年人并不会盲目地否定不幸的存在（Shallcross et al., 2013）。他们也会接受糟糕的事情，只是并不纠结于此，而是选择把注意力关注在好的事情上。例如在婚姻中，他们和年轻夫妇处理冲突的最大区别在于，年长者往往会把关注点从冲突转移到其他更令人愉快的话题上（Holley, Haase & Levenson, 2013）。承认负面情况、庆祝积极情况的心态，还能让各个年龄阶段的人在经历创伤事件后恢复心理健康（Kalisch, Müller & Tüscher, 2015; Pennebaker, Mayne & Francis, 1997）。但一些人选择停留在消极心态中，单人脱口秀演员马克·马龙（Marc Maron）曾说过这样一句讽刺的话：“我认为，在大多数情况下，失望和抑郁的区别，只在于你对这件事的投入程度。”

在卡斯滕森的领导下，一部分研究人员似乎已经解决了“老年人的积极悖论”（见Carstensen et al., 2011）；对他们研究的总结见Reed & Carstensen (2012)；来自该研究团队以外的证据见Livingstone & Isaacowitz (2015)，其他人也对这方面的研究做出了贡献（Gross & Thompson, 2007; Isaacowitz, Toner & Neupert, 2009; Shiota & Levenson, 2009; Urry & Gross, 2010）。证明老年人幸福感的提升来自注意力控制的相关研究来自Isaacowitz et al. (2009); Mather & Knight (2005); Noh et al. (2011)。有着良好注意力控制能力的老年人，不是唯一从这一特质中受益的群体（Cheung et al., 2014; Claessens & Dowsett, 2014; Duckworth & Steinberg, 2015; Geng, 2014; Joorman & Vanderlind, 2014）。就连公认能从注意力灵活性中受益的

艺术家，似乎也只是在项目或任务的初始阶段会发散注意力。对任务投入持久关注度的人，才能获得更大的艺术成就（Zabelina & Beeman, 2013）。考虑到这样的调查结果，一篇大范围学术综述指出，能提升短期和长期幸福感的最成功的干预方式，大多涉及有效的策略性"注意力部署"（Quoidbach, Mikolajczak & Gross, 2015），也就不足为奇了。

老年人更积极的悖论一般并不适用于生命的最后阶段。这可能是因为此时的老年人无法再有意识地管理自己的外部环境和内心体验，至少部分与此有关。内部管理混乱的原因之一是，注意力自我控制是一种复杂的心理能力（Langner & Eickhoff, 2013; Mather & Knight, 2005），会随着生命最后阶段认知能力的迅速下降，或药物带来的大脑混乱而严重受损。至于外部环境管理方面，请想一想，相对没那么老的长者，在生活能自理时一般是怎么做的。他们把生活环境的每一个角落都摆满令人开心的线索：家人尤其是孙儿们的照片，温馨旅行的纪念品，电台里播放的舒缓音乐。再看看那些生活无力自理的老人的居住环境：被限制在昏暗的卧室之内，或是面对着医院病房的白墙。同样，受这一现象影响的也不只有老人。善于通过自我控制管理内心体验的大学生，在一定程度上，也是通过妥善安排外部环境来实现前者的。也就是说，他们会策略性地把更多时间用在有可能提升良好自我控制力的人际社交场合（vanDellen et al., 2015）。

6

注意力转移能"打破寒冬的围困"，哪怕不是老年人也一样，相关的实验证据如下：给伤心的孩子布置一桩与伤心主题无关的画画任务，他们的悲伤情绪能够得到明显改善。这种调整孩子注意力焦点的方法不仅简单易行，而且对研究中6~12岁年龄组的孩子都有效（Drake & Winner, 2013）。

柳博米尔斯基的研究概述，可参考两本非常精彩的通俗出版物（Lyubomirsky 2008, 2013）。喜欢更学术性作品的读者，可参见 Lyubomirsky & Layous (2013) 的总结。对苹果手机应用程序"幸福生活"的使用，及其与更强幸福感的相关性的研究，由 Parks et al. (2012) 完成。柳博米尔斯基清单里罗列的12种诱发幸福感的活动，完整版可从以下网页最底部的链接下载：http://thehowofhappiness.com/about-the-book。

7

艾伦生下来就患有囊性纤维化，在职业生涯里没走多远就早早去世了。我们一起在美国北卡罗来纳州查珀尔希尔接受训练时，我亲眼见证了这场抗争走向尾声。艾伦英勇地面对自己的命运，从无怨言。但对我来说，疾病这么早就夺去了这个优秀年轻人的生命，我始终感到非常遗憾。以下的内容献给逝者：他未能亲眼见到科学向我证明了他的建议，即预先把关注点放在自己的优势和成就上，能使人在考试中发挥出色。一组研究表明，首先描述一次令人感到自豪和成功的亲身经历，能让受试者在接受智力测验时获得明显更好的成绩，这一效应在考试成绩不好的人群中尤其显著（Hall, Zhao & Shafir, 2014）。

8

有关数学的性别刻板印象对女性考试成绩的影响，综述可见 Rydell, McConnell & Beilock (2009); Schmader, Johns & Forbes (2008); Shapiro & Neuberg (2007)。支持我四条具体建议的研究，请参考：第一条建议（Inzlicht & Ben-Zeev, 2000; Sekaquaptewa & Thompson, 2003）；第二条建议（Marx & Roman, 2002; McIntyre, Paulson & Lord, 2003; Latu et al., 2013; McCormick & Morris, 2015）；第三条建议（Cervone, 1989; Miyake et al., 2010）；第四条建议（Danaher & Crandall, 2008; Rydell et al., 2009; Shih, Pittinsky & Ambady, 1999）。

在对数学的性别刻板印象的研究里还发现了其他两个值得注意的结果。首先，其涉及的基本心理过程并不仅仅激活了这一种刻板印象。例如，有一种普遍观念是，运动员不太聪明；因此，如果提醒大学生运动员的运动员身份，他们在数学考试里的分数会一落千丈（Yopyk & Prentice, 2005）。还有另一种同类型的模式，但具有更严重的社会影响，那就是在考试之前提醒非裔美国学生的种族会降低他们的考试成绩（Nguyen & Ryan, 2008; Steele, Spencer & Aronson, 2002; Walton & Spencer, 2009）。幸运的是，面对这种有害的影响，能为女学生提供缓冲的程序，如自我肯定、展示成功的榜样等，也能在非裔美国学生身上发挥作用（Cohen et al., 2006; Taylor & Walton, 2011）。

其次，女性比男性更不擅长完成与数学相关的任务，这种观念是毫无客观依据的（Ceci et al., 2014）。除非让女学生把关注点放在自己的性别上，否则在通常情况下，女学生在数学考试里的分数跟男生一样好（Lindberg et al., 2010）。那么，为什么女性从事科学、技术、工程和数学工作的人这么少（Ceci, Williams & Barnett, 2009）呢？这似乎主要是个偏好问题（Ceci & Williams, 2010; Robertson et al., 2010; Wang, Eccles & Kenny, 2013）。要想在需要大量运用数学的领域，如天文学、化学、计算机科学、工程学、数学和物理学上表现好，必须理解非生物的数字、机械和物理系统的各个要素之间的关系。女性或许跟男性有着同等的能力，但却没有同等的意愿。女性对社会系统的运作更感兴趣，这或许是因为她们更喜欢跟人而非东西互动（Diekman et al., 2010; Lubinski, Benbow & Kell, 2014; Meyers-Levy & Loken, 2015; Schmidt, 2014; Su & Rounds, 2015; Su, Rounds & Armstrong, 2009; Zell, Krizan & Teeter, 2015）。实际上，哪怕是在婴儿时期，女婴在这方面就表现出更强的注意力水平，女婴观察人类面孔的时间明显比男婴更长(Gluckman & Johnson, 2013)。就算没看过我所引用的研究的人，也能找到其他令人信服的证据，说明年轻女性能够细致入微地分析复杂系统里各个元素之间的关系，只要听听小姑娘们怎样谈论自己社交网里的其他成员就够了。

PRE-
SUASION

08

关于先发影响力的重要提醒 1

适用范围、实施方法和失效方法

A

Revolutionary

Way to

Influence

and Persuade

先发影响力的基本思想是，通过策略性地引导初始注意力，沟通者有可能打动受众，让他在接收到具体信息之前就对其产生认同。这里的关键是要让受众从一开始就把关注点放在与尚未到达的信息有关且一致的概念上。但这是怎么运作的呢？依靠什么样的心理机制，红酒店经理能通过在店内播放德国音乐，引导顾客购买更多德国葡萄酒呢？又是依靠什么样的心理机制，求职者把自己的简历放在更重的活页夹里递给评估人，就令对方更重视自己了呢？

让头脑做好准备

> 准备就是一切。
>
> ——威廉·莎士比亚，《哈姆雷特》，第五幕，第二场

上述答案跟心理活动的一个特点有关，只不过，这个特点相当不受重视，那就是：

心理活动不仅仅是在准备好的时候启动，而是在做准备期间就启动了。

当我们接触到一个特定概念的时候，与这个概念密切相关的概念就在我们的头脑里享受到了特权瞬间，获得了无关概念无法匹敌的影响力。之所以如此，原因有二。首先，一旦“开关”概念（德国音乐，重量）抓住了我们的注意力，与之密切相关的次要概念（德国红酒，人的分量）也冲上了意识的前线，极大地提高了我们注意到这些相关概念并做出回应的概率。相关概念在意识里的地位提升之后，就有更大的能力影响我们的感知、引导我们的思路、控制我们的动机，从而改变我们的行为。其次，与此同时，与“开关”概念无关的概念在意识里遭到了抑制，它们抓住我们的注意力、获得影响力的机会也就变小了。它们非但没能做好行动准备，反而暂时退居二线了。

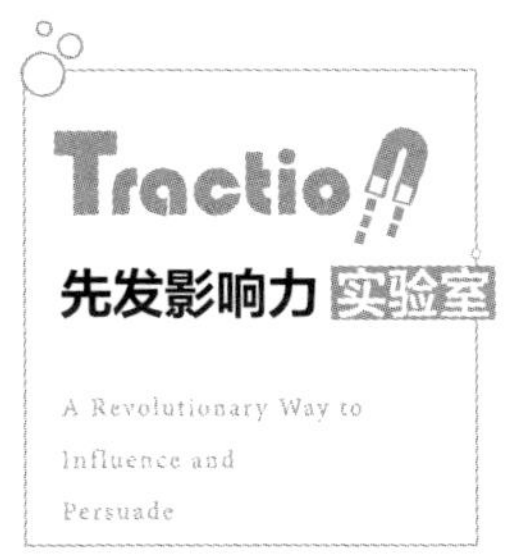

与“开关”相关的次要概念会在意识里变得更突出，这种机制似乎解释了近来一个争议性现象：玩电子游戏。我们从数量颇多的研究中得知，玩暴力电子游戏能直接挑起种种反社会行为。比如，这类游戏让玩家更容易发出烦人的喧闹声。原因在哪里呢？游戏把与侵扰相关的想法植入了玩家的脑袋，而接触到这些想法会唤起人的攻击性。

参与亲社会电子游戏，即呼吁人保护、营救或协助游戏中角色的游戏，则能带来一个类似但恰恰相反的效应。研究发现，玩了这类游戏后，玩家变得更乐意帮忙清理垃圾、志愿贡献个人时间，甚至在碰到年轻姑娘受前男友骚扰时还主动出手调停干预。而且，这种乐于助人的行为，是玩家接触到游戏植入意识的一系列亲社会想法所带来的直接结果。此外还有一点有趣的反转，更新的研究表明，如果玩家是在游戏里协助他人消灭敌人的话，即使玩暴力游戏也能减少事后的攻击行为。新研究的更多细节与前述解释相吻合：合作玩游戏抑制了攻击性想法，哪怕游戏自带暴力内容也一样。[1]

关于先发影响力适用范围的三个问题

有研究解答了另外三个有关上述过程适用范围的问题，为先发影响力的这一基本机制提供了有益的启示。

适用年龄

第一个问题着眼于它的本源。我们已经看到，有着密切关系的联想能带来强大的先发影响效应。比方说，我们了解到，顾客访问家具店网站时，如果登录界面以蓬松的云彩为背景，他们会首选舒适的沙发，因为蓬松和舒适跟他们以往的体验有关系。人长到多少岁的时候，“开关”机制才能在我们身上制造出这样的特权瞬间呢？让我们来看看以下研究。研究的目的是刺激受试者的乐于助人精神。实验人员向他们展示了一系列两个人站得很靠近的照片，并正确地预料到，因为站在一起和乐于助人在人们心目中是相关的，看了这些照片的人应该会更乐于助人。

事实上，和其他看了两个人分开站着或者一个人独自站着的照片的受试者相比，看了两个人站在一起的照片的受试者协助研究人员拾起他“无意中”掉下的东西的概率高了 3 倍。

虽然涉及的行为不同，但这种先发影响力似乎与我们之前看到的相吻合，如将初始注意力放到蓬松的云彩上让人偏好舒适的家具，展示跑步选手赢得比赛的照片带来了更多职场成就，等等。不过，“两个人站在一起”的实验里有两个元素给我带来了新的启示。

第一，当我看到那些助人行为提高了 3 倍的受试者才刚刚 18 个月大时，禁不住吹了声口哨：他们还几乎不会说话，不太能审视、反思或者推理啊。先发影响力涉及的机制竟然是如此根本性的人类机能，连婴儿都能有力地受其调动。

第二，该机制对婴儿的影响是自发的。接触了“站在一起”的概念之后，他们会迅速去帮助研究人员，无须别人催促或提出要求。提醒一下：我们将在第 10 章和第 11 章看到，“站在一起”的概念对成年人的反应有着更大、更自动的影响。在一组研究中，“站在一起”的线索提高了人们对共同完成任务的喜爱度，从而让他们坚持得更久，绩效更佳。因此，如果“联盟”成了焦点，除乐于助人之外的各种可取概念也都会准备好采取行动。

关联度强度

这里还有第二个问题，要是能够妥当回答，有助于我们衡量先发影响力过程波及的范围。它着眼于连接的强度：两个概念之间的联系，不管有多么牵强多么疏远，只要前者进入脑海，都能为后者触发特权瞬间吗？答案是不能。先发影响力效应有一个重要的局限。由于注意到第一个概念而给第二个概念所做的预热，跟两者之间的关联度成正比。

几年前，我亲自经历过这样一件事。当时，我正着手设计一套研究项目，目的是劝阻人们不要在公共场合乱扔垃圾。乱扔垃圾虽然并不是最糟糕的不环保行为，但也算不上小过失，除了破坏环境美观，还会造成水体污染、留下火灾隐患、带来虫害，从而威胁人们的健康。每年，世界各地要花费数十亿美元清理公共垃圾。

我的研究团队，包括我自己都相信，为了让人们不乱扔垃圾，可以试着把他们的注意力转移到反对乱扔垃圾的社会规范上。但我们想知道，如果我们用其他社会规范作为“开关”，对乱扔垃圾的行为会产生什么样的影响。

寻找答案的过程并不太难安排。我们先做了初步调查，发现在人们眼里，垃圾回收、在家里随手关灯和参加投票这三种社会规范，跟反对乱扔垃圾的关系分别是接近、一般和相去甚远。

接下来的步骤就有趣多了。我们前往一家公共图书馆的停车场，在每辆车的挡风玻璃上随机放置了传单。传单里包括了以下 4 种信息之一：反对乱扔垃圾；垃圾回收；在家里随手关灯；参加投票。作为研究对照组，我们还派发了第 5 种传单，它包含的信息跟社会规范没有任何关系，内容是推广当地的美术馆。

等车主回到自己车上阅读传单的时候，我们就能观察到他们会不会把传单扔在地上。

我们观察到的行为模式再清晰不过了。让人们聚焦在反对乱扔垃圾的规范上的信息，能最好地让人抵挡乱扔垃圾的倾向。要是“开关”概念把他们的注意力引导到跟反对乱扔垃圾的规范相去较远的信息上，他们则不太能抵挡这种冲动（见图 8-1）。这些结果非常直白地暗示了怎样才能最好地发挥先发影响力：

“开关”概念与相关概念之间的联系强度，决定了先发影响力效果的力度。因此，想要借助先发影响力促使人采取行动，就应该找一个跟该行动有着强烈正相关的概念，在请求协助之前把这个概念灌输给信息接受方。比如要想让人出手相助，就要向对方呈现“站在一起”的概念。2

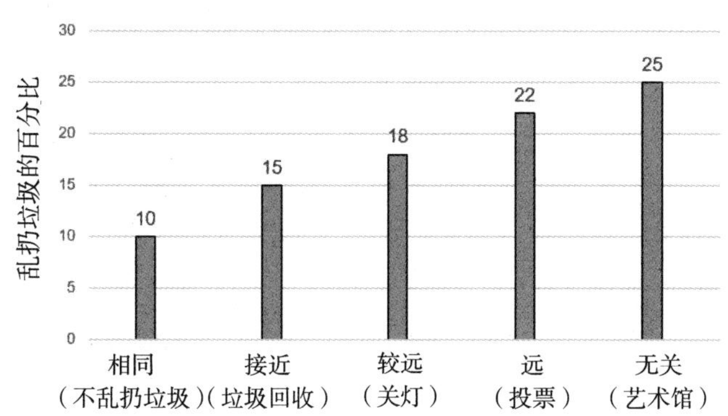

图 8-1 联系更紧密，地方更干净

传单信息与反对乱扔垃圾的社会规范之间的联系越紧密，乱扔垃圾的人就越少。

资料来源：Courtesy of Robert Cialdini and the American Psychological Association.

关联是可以创建的

还有一种方法，不需要寻找现存的有力联系，甚至完全不需要存在联系。相反，它靠的是从无到有地创建联系。

一个多世纪以来，广告商一直在使用这一手法：他们展示某种能吸引目标受众的东西，如美丽的风光、好看的模特、受欢迎的名人，接着将之与产品放在同一段广告内展示，创建联系。

观众们碰到过广告商的各种“拉郎配”：高尔夫球手老虎伍兹和别克汽车的联系，女歌手碧昂丝和百事可乐的联系，男演员布拉德·皮特和香奈儿 5 号香水的联系，鲍勃·迪伦和女性内衣品牌“维多利亚的秘密”的联系。显然，广告商希望名人对观众的吸引力能通过这种即刻创建的联系，转移到产品上（见图 8-2）。

图 8-2　吸引力的转移

广告商知道，把产品跟受欢迎的名人挂钩，会让产品更受欢迎。

资料来源：Splash News/Newscom; Francis Dean/Deanpictures/Newscom.

广告行业使用这种方法，没什么必要大加批评。几乎人人都知道他们在做什么。但我们除了知道这种方法的确管用，还需要意识到一点：

概念之间的有效联系，不必根植于普遍现实。联系是可以创建出来的。

只要让人感觉概念之间存在某种直接联系，展示前者就能为与后者相关的行动做准备。

回想一下巴甫洛夫的狗这个实验，铃声和食物之间并不存在天然的联系，事实上，两者之间没有任何联系，只不过狗频繁地体验到了两者同时发生。等配对的次数足够多，两者的联系被强化，摇铃就能够让动物自发地为进食行为做好准备，也就是流口水了。

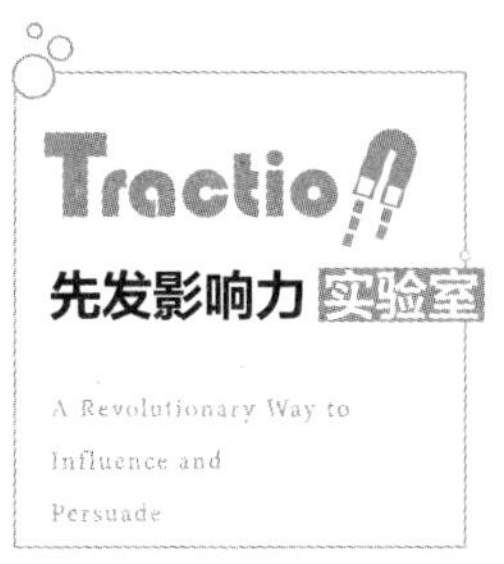

有充分的证据表明，人就和巴甫洛夫的狗一样，很容易受这种策略性配对的影响，而且对此毫无觉察。举个例子，把一种比利时品牌的啤酒跟愉悦活动的照片，如航海、冲浪和拥抱等叠加显示 5 次，就能提升观众对该啤酒的积极感觉。广告商对此一定会喜出望外。同样，把一种品牌的漱口水跟美丽的自然风光叠加显示 6 次，会让观众立刻对该品牌产生更多好感，且这种好感能持续到 3 个星期以后。在向口渴的观众提供新款饮料之前，给他们看 8 次幸福面孔的照片，与看了 8 次愤怒面孔照片的观众相比，他们消费了更多饮料，而且在商店购买该饮料时愿意花费的金额也提升了 3 倍。在这些研究里，参与者无一意识到自己受到了配对展示的影响。[3]

实施方法

就算我们不是精明的广告文案师或著名的俄罗斯科学家，知道先发影响力联想可以创建出来，也能给我们带来不少个人好处。我们所有人都会时不时地给自己设定希望达到甚至超越的目标或标准。但很多时候，我们的希望会落空，目标未能实现。科学家们找到了达成目标之所以这么困难的原因：尽管意图很重要，但光是意图本身还不足以让我们采取必要步骤去实现目标。比方说，在健康领域，我们大概只有一半的时间能把良好意图转化成积极的行动步骤。成功率这么低，可归结到两点疏忽上。首先，我们不光会偶尔忘掉自己的意图，比如多锻炼，还经常看不出什么样的时间或环境适合从事有利的行为，比如放弃搭乘电梯、主动爬楼梯。其次，我们经常因为分心因素的影响，比如实在太忙，而放弃朝着目标奋斗。

好在有一种策略性自我陈述能够通过先发影响力克服这些问题。这类陈述在学术上有不同的叫法，但我在下面统称为“如果……那么……”

计划。它能够帮我们做好准备工作，在能够推进目标的环境下预设线索，继而在这些与目标一致的线索激发下采取恰当行动，从而达成目标。比方说，我们的目标是减肥，对应的“如果……那么……”计划就是：“如果商务午餐之后，服务员问我还要不要甜点，那么我就点柠檬茶。”应用这样的计划，还可有效完成其他目标。老是记不住服药时间的癫痫患者，制定“如果早上 8 点刷完牙，那么我就该吃药了”的计划之后，坚持服药的比例从 55% 提升到了 79%。

有一个案例给人留下的印象特别深刻：进医院强制戒毒的瘾君子在戒毒期快要结束的时候，需准备就业简历，帮助自己出院后找工作。研究人员要一部分瘾君子按“如果……那么……”计划准备简历，而对照组并无这样的要求。相关的“如果……那么……”计划可以是这样：“如果午餐完毕，餐桌空了出来，那么我就在桌子上写就业简历。”到一天结束的时候，对照组没有一个人执行了写简历的任务，这其实也没什么好奇怪的，毕竟，这些人是正在强制戒毒的瘾君子呀！可同一天结束的时候，“如果……那么……”计划组里的人，有 80% 都完成了简历。

另一个令人印象深刻的地方是，“如果……那么……”计划比简单的意向陈述或行动计划，如“我这个月想减重 5 斤”，或者“我打算少吃甜食减肥”的效果好得多。光是陈述自己达成目标的意图，或是定下一份普通的行动计划，成功的概率相当低下。“如果……那么……”计划之所以效果显著，理由很充分：这一计划里各个元素的特定出现顺序，有助于我们抗击总是妨碍目标达成的敌人。使用“如果……那么……”这样的措辞，其目的是调动我们的警觉性，辨识出适合执行有益行动的具体时间或环境。

我们要想进入就绪状态，首先得注意到可取的时间或环境，其次要让它自动跟期待行为挂钩。这一先发影响力过程的自主定制性质值得注意。我们必须让自己对特定线索保持高度警觉心，并在这些线索和有助于实现目标的步骤之间建立强力的关联。[4]

对于有些特别有力的动机，沟通者无须通过先发影响力让受众进入预备状态。这些概念本来就是为施加影响而预备的。举个类似的例子，想一想你用过的计算机程序。它可能包含了指向所需信息源的链接，你需要点击两次：一次是让链接做准备，一次是启动链接。但程序里也可能包含了只需点击一次的链接，因为这些链接本来就预备好了。这就是指向所需信息的超链接。超链接到一个位置，被网络工程师称为“预读”。

一如软件设计师会在电脑程序里安装通往特定信息源的捷径，生活设计师，也就是家长、老师、领导，还有我们自己，也对我们的心理程序做了同样的设定。这些预读信息源在意识里一直处于“就绪”状态，只要稍经线索提示（点击），就能启动行为。

认识到这一点，“如果……那么……”计划对实现目标的潜在作用也就一目了然了。这些目标以预读信息源的形式存在，本来就处在“就绪”状态，只等着经线索提示，启动操作。请再次注意，“如果……那么……”计划的条件是任由我们自己设计的，以便在合适的时间和环境下，我们很可能碰到它们。因此，就算看似棘手的坏习惯也可以得到改善。长期减重不成功的人，在设计了恰当的“如果……那么……”计划，比如“如果我看到超市货架上的巧克力，那么我就要想想自己正在节食”以后，高热量食物吃得少了，减掉了更多体重。尤其对于我们下定决心想要达到的目标，不利用“如果……那么……”计划带来的先发影响力优势，那就太傻了。[5]

让先发影响力失效的三种方法

到了现在，我们已经介绍了大量数据，表明头脑里便于访问的内容更容易转化为行动，且访问的便利性会受到周围信息线索以及初始联想的影响。探讨“如果……那么……”计划的部分，以及论述情境影响力的章节，都提供了有利的证据，证明我们可以从这些基本过程中获得更高级的益处。怎么做呢？把与达成目标强烈相关的行动线索设计到日常环境当中。

但要保护自己免受这一原始心理机制的潜在不利影响，难道只有战术性调整这一种办法吗？说到底，我们总不可能在所有环境下都预置对自己有利的线索吧。我们经常会投身到完全陌生的环境和社会互动当中，经常会碰到精心设计的劝诱，无法预料其中会包含什么样的元素。在这种情况下，我们会像风中树叶一样，被偶然遭遇的线索中所蕴含的强大联想吹得东一片西一片吗？答案取决于我们是否注意到有风吹来。

喜好和选择有可能遭到摆布。有时候，幕后之手是无形的线索，比如某个企业有一段押韵的口号、一个跟我们本人类似的名字、一段展示了漂亮风光的广告，或是一个便于发音的股市代码。按理说，如果是这样，我们肯定希望在跟该企业的接触中纠正这些偏差。毫无疑问，只要有因素对我们的判断和加工造成了偏差，我们就希望从整体上进行纠正。针对这一点，有一条令人鼓舞的消息。通常而言，只要能察觉这些不利的影响，就足以屏蔽其作用了。而要想察觉，我们可以采用的方法不止一种。

简单的提醒

我们都知道，心情好的时候，周围的人和东西看起来就更美好。街上的行人收到一份改善心情的高质量书写纸礼物之后，认为自己的汽车和电视工作得更好了。我们也知道，晴朗的天气能提升情绪，带来轻率的判断。一项研究表明，在晴朗的天气里，男士先恭维年轻姑娘，再向后者索取电话号码安排约会，其成功率比在阴天里这么做高得多：晴天成功率是22.4%，阴天是13.9%。

阳光灿烂的日子不光夸大了我们对自己、对遇到的人的感受，对我们怎样看待自己的生活也产生着同样的影响。在晴天接受电话访问的人对自己整体生活的满意度，比在雨天接受采访的人高20%。因此，风中树叶这一不甚诱人的比喻，似乎很适合形容我们人类。好在这一发现也有乐观的一面：只要在调查开始前提醒受访者天气因素，这个比喻就明显用不上了。如果采访员先问一句："顺便问问，您那里天气如何？"晴雨天效应立刻就消失于无形了。仅仅是把焦点短暂地放在天气上，提醒调查参与者它可能造成的偏差影响，参与者就会对自己的思路做相应矫正。这样的结果不光让人欣慰地意识到，我们并不会盲目地服从原始加工过程的拉力，还有着另一点值得考虑的含义：要消除偏差，只需一个简短的问题。

罗斯·彼得拉斯（Ross Petras）和凯瑟琳·彼得拉斯（Katherine Petras）在《776句最蠢的话》（*776 Stupidest Things Ever Said*）一书里举出了一些明显属于蠢话之列的段子。比方说："而且，更重要的是，我同意自己刚才所说的每一件事。"——南非前驻美大使皮特·库恩霍夫（Piet Koornhoff）。再来一句："我出差太多了，来不及长胡子。"——前美国职业棒球大联盟球员，也是我的一位校友，鲍勃·霍纳（Bob Horner）。但两位作者还引用了好莱坞导演格雷戈里·莱托夫（Gregory Ratoff）的一句话："为了给你提供些信息，让我问你一个问题。"

两位作者认为莱托夫的这句话很荒唐，我并不认同。提问真的能让听到问题的人获得宝贵的信息。它可以刺激当事人想到原本拥有的知识，比方说，察觉到天气晴朗的时候，我们不光会给眼睛戴墨镜，还会给心理戴暖色眼镜。这一知识在意识里的地位原本不够明显，而一旦其成为焦点，就改变了一切。因此，从自我纠正机制的层面上说，我们可以找到先发影响力核心原则的另一验证源：重新引导注意力的做法，往往能让人即刻进行大规模调整。[6]

过于明显的意图

植入广告，即偷偷摸摸地将消费品插入电影或电视节目的情节中的广告，已经潜入我们的生活好长时间了。近 100 年来，好莱坞制片公司都设有专门的办事处跟厂家商谈植入广告事宜，并从中收取费用。同样，几十年来，要是厂家希望电视节目里的角色使用自己的产品和服务，也会给制片人付钱。对大受欢迎的演员或者虚构人物而言，按这种方式支付的报酬尤其可观。厂家支付大笔资金，换取关联权：让受欢迎的人物伸出手拿可乐、开雷克萨斯车、吃士力架。这种强行建立联系的市场近年来已经膨胀到了数十亿美元的规模，大部分广播广告公司都采用这一做法；而在音乐、舞台剧和电子游戏领域，也诞生了大量产品植入机构负责处理这类业务。很明显，广告机构相信产品植入广告及其创建的联想能发挥作用。他们想的没错，只不过不见得是以他们想象中的那种方式。

许多植入广告从业者相信，越是让人清晰感知到构建好的关联，它的效力就越大。这一观点来自看似牢不可破的逻辑：一段信息越是明显，就越能提高观众注意到它、受它影响的概率。这种认识得到了证据的支持：产品植入的位置越是突出，按广告行业测量成功的标准，即观众的记忆度来判断，也就越是有效。举例来说，有研究考察了产品植入在热门电视剧《宋飞正传》(*Seinfeld*) 各季里的突出度。一如预期，跟不太明显的展示位置，比如品牌只是出现在画面里，没有报名字，或者只是由角色提及，没有相应画面比起来，最引人注目的展示位置，即品牌既出现在摄像机里，也由角色大声提及，带来了最大的辨识度和回忆度。

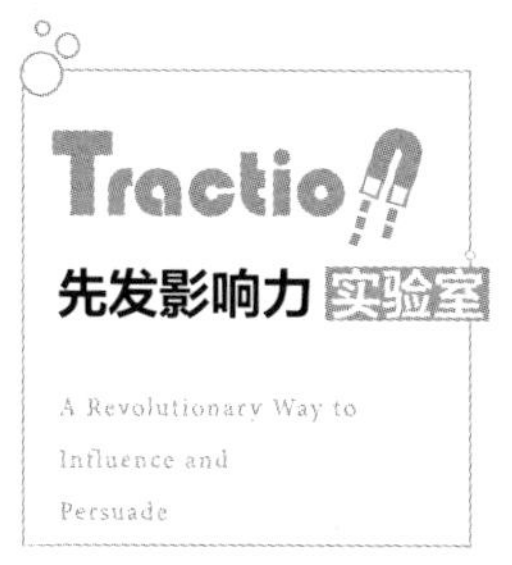

除了辨识度和回忆度，研究的作者还做了一件此前的研究人员没做过的事情：他们找到了第三种衡量植入广告是否成功的方法，推翻了传统观点。观众要从一张品牌清单里选出哪些商品自己在购物时有可能会买。猜猜怎么着？原来，调查中的受访者竟然最不愿意选择植入最突出的产品。植入广告的醒目位置，令观众察觉了广告商摆布自己偏好的狡猾尝试，并导致他们对偏差做出了矫正。47% 的观众选择了植入最巧妙的品牌，只有 27% 的观众选择了植入最明显的品牌。

人们知道，广告商的做法有可能影响自己的判断，但除非经过提醒察觉到了偏差源头，他们并不会对系统进行矫正。在这里，提醒的形式是推得太过火的广告尝试，也就是对意在建立虚构联系的植入产品的过分曝光。值得注意的是，触发矫正唯一需要的就是提醒。如果把“remind”（提醒）这个词拆开，看一看构成它的各个语素，原因就更清楚了。让人根据已有知识采取行动唯一需要的就是：在行动之前，“重新”（re）把“思路”（mind）放到上面。按字面意义看，这就是“提醒”。[78]

有时候，无须太多的思索和延迟，我们就能进行调整，抵制无根据的影响。对当前天气状况的提醒使我们重新校准就是一个很好的例子。另一些时候，矫正机制会运作得更缓慢、更蓄意一些。这种机制是通过有意识的推理来运作的，它可以用于克服来自基本心理倾向的偏差。比方说，我们怀着买些健康、营养、廉价食物的念头去超市，基于产品标签上的卡路里、营养和单位价格等信息权衡选择，就可以抵消那些花了大笔广告费用、包装诱人、放在货架醒目位置的产品产生的吸引力。

深入的思考

另一方面，跟自然的心理反应，即选择熟悉、精美、便于获取的选项相比，进行深入分析需要投入更多的时间和精力，以及更强的动力。因此，它对我们决策的影响，会受到做出决策时的现实条件的限制。如果没有足够的时间、能力和意愿去认真思考各个选项，就无法深入审视。上述的要求有任何一项达不到，我们往往就会采用决策捷径。捷径不一定会带来不良后果，因为在很多情况下，我们正是依靠捷径迅速而有效地进行选择的。可在其他许多情况下，它们会把我们送到自己不乐意陷入的境地。至少，如果我们停下来细想，就会不乐意了。

如果我们不具备恰当思考的能力，比如在太过疲惫时，就无法对利弊进行全面评估，矫正日后有可能后悔的情绪性选择。我曾出席过电视购物节目制作人会议。我原本以为，制作人把广告放在夜间时段，唯一的原因就是因为这一时段的播出费用较低。可我很快发现不是这样。尽管这类电视购物节目被放在深夜，一开始主要是因为费用问题，但如今还有了一个更重要的原因：广告在深夜效果更好。经历了漫长的一天之后，观众已经没有足够的心理能量抵挡广告的情绪触发机关了，比如讨人喜欢的主持人，演播室里热情的观众，供货量越来越少，等等。

在精神疲劳损害了人的全面分析能力以及抵挡诱惑的能力时，乘虚而入的不光只有电视购物节目。睡眠研究人员指出，在对炮兵部队进行现场测试时，得到了充分休息的部队经常违抗命令，不愿意朝医院或其他平民目标开火。但熬了 24~36 小时不休息之后，他们往往会无条件、无质疑地遵守上级指示，对任何目标都更乐意开火。同样，在刑事审讯中，经历了长时间精疲力竭的盘问，就连无辜的嫌疑人也难以抵挡审讯员敦促其招供的压力。典型的审讯往往在一个小时里结束，而逼出虚假口供的盘问则平均持续 16 个小时，这就是原因所在。

除了疲劳，还有无数其他的条件能妨碍人们意识到并矫正自己潜在的愚蠢行为倾向。事实上，如果一个人急急忙忙、超负荷运作、心事重重、太冷漠、压力太大、心不在焉，或者是阴谋论爱好者，愚蠢倾向都有可能占上风。

上述清单太长，难以一一探讨，所以在这里我们只看看第一种条件。一个人急急忙忙的话，就没有时间考虑决策里涉及的所有因素。于是，我们很可能会走捷径，单纯地依赖一个因素来导航。在考虑购买同类商品里的哪一种时，我们或许有着这样的想法：买具有最多种优越功能的。虽然我们或许知道，只着眼于这一因素可能会出错，可要是时间太短，有意识地拆解、评估方方面面的优缺点，不免太过奢侈。

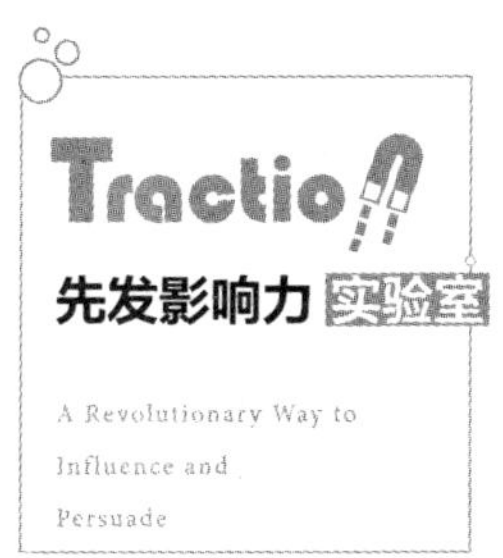

一项研究表明，时间限制严重影响了相机产品买家做出偏好选择的方式。报告比较了两个品牌的 12 项功能。品牌甲在相机最重要的 3 项功能上表现突出：镜头素质、成像机制和图片质量。品牌乙在 8 项功能上占据优势，但那都是些无关紧要的功能，比方说附赠了肩带。研究人员让一部分买家浏览有关 12 项功能的信息，但每项功能平均只能看两秒钟时间，这时候，只有 17% 的人首选了高质量的相机，大多数人选择了不相关优点多的品牌乙。另一部分买家浏览信息的时间较长，每项功能可浏览 5 秒钟，选择模式有所改变，但仍然只有 38% 的人支持较为合理的选项。最后一组买家可无限制地考量相机的功能信息，于是购买模式彻底颠倒过来，绝大多数人（67%）选择了优点少但明显更重要的品牌甲。

我们没有足够的时间分析沟通信息里的所有要害，这一点是否能提醒你该怎样应对当今诸多连珠炮似的铺开的信息呢？多想哪怕一秒钟吧。最好的做法是思考时不限制时间。广播媒体是不是在利用这种信息流喷射无法轻易减速、也不能掉转方向的特点，不让我们有机会彻底加工呢？我们无法把焦点放在广播或电视广告所推广产品的真正质量上，也无法对政客演讲的新闻片段做出深思熟虑的回应。相反，我们只会聚焦于次要的特点，比如广告代言人的吸引力，或者政治家的个人魅力。[9]

除了时间挑战性，现代生活的其他方面也破坏着我们全面、理性地斟酌决策的能力，哪怕是很重要的决策。当今世界的信息，从绝对数量上看势不可当：复杂得令人费解，无情地消耗人的精力，范围太大叫人分心，前景也不免使人焦虑。再加上现在几乎人人都携带着能带来铺天盖地信息的电子设备，严重干扰了人们的专注度，谨慎评估作为一种现成的决策矫正机制，其作用日益遭到削弱。所以，如果沟通者想要通过基于注意力和联想的自动化先发影响力机制，将受众注意力引导到特定概念上，向他们凸显即将到来的信息，无须太担心这一手法会被有意识思考击败。“深入分析”这一救兵很难及时出现，逆转结果，因为人们很少去召唤它。

这样一来，自然引出了一个高度相关的问题：面对覆盖面极其广泛的先发影响力效应，受众的注意力应该放在哪些概念上呢？我们在接下来的章节会探讨7个概念。

延伸阅读

1

“开关”可以让与施加影响相关的概念准备就绪，并抑制无关概念，支持此观点的研究非常之多（Buanomano, 2011; Bridwell & Srinivasan, 2012; Gayet, Paffin & Van der Stigchel, 2013; Higgins, 1996; Kim & Blake, 2005; Klinger, Burton & Pitts, 2000; Loersch & Payne, 2011; Maio et al., 2008; Tulving & Pearlstone, 1966; & Wentura, 1999）。

概念的易用性，即是否便于认知联系，在随后的注意力及相关反应中扮演着核心角色。这一观点有着久经验证的强有力证据（如 Blankenship, Wegener & Murray, 2012, 2015; Higgins & Bargh, 1987）。暴力电子游戏对反社会行为和攻击性想法的影响，相关研究见 Anderson et al. (2004); Anderson & Dill (2000); Greitemeyer & Mügge (2014); Hasan et al. (2013)。与此相对应，亲社会电子游戏对乐于助人及亲社会想法的影响，相关研究见 Gentile et al. (2009); Greitemeyer & Osswald (2010); Greitemeyer & Mügge (2014)。玩家乐于助人精神提升的现象，可跨越不同文化，并持续多年，证据可见 Prot et al. (2014)。只要玩家在游戏里彼此合作对抗敌人，暴力电子游戏就可减少攻击行为，相关研究见 Jerabeck & Ferguson (2013)。从对攻击性想法的认知易用性角度解释这一效应，可见 Granic, Lobel & Engels (2014) 及 Schmierbach (2010)。

2

“小孩子在一起”研究的作者对“这种方法有可能轻松地大幅提升婴儿的亲社会行为”表达了真正的惊讶之情（Over & Carpenter, 2009, p.1192）。我可以理解这种惊讶：孩子们在照片上看到的站在一起的人是在图片的背景当中，而非在前景中；而且这些“人”不是真正的人，而是玩具娃娃；孩子们帮助的研究人员则是一个真正的陌生人，并非之前跟孩子们在一起共度过一段时间的人。然而，看到“在一起”带来的效果真的非常明显，60% 的孩子自发给予了帮助，而研究里其他所有对照组的孩子帮助他人的比例仅为 20%。对“在一起”线索对成年人任务绩效的作用的相关研究来自 Carr & Walton (2014)。

我的乱扔垃圾研究，是跟 Raymond Reno 及 Carl Kallgren (1991) 一起进行的；它还包括了另一项研究，表明了精确定向的社会谴责具有多么大的效力。人们在停车场乱扔传单行为的概率是 33%。但如果受试者先看到一个人带着责备态度捡起别人扔在地上的垃圾，那么就没有一个受试者会把自己的传单扔在停车场，哪怕这个捡垃圾的人已经离开了现场。因此，要抑制乱扔垃圾的行为，确认并展示对乱扔垃圾的社会谴责概念，是一种非常有效的方法。

3

比利时啤酒研究来自 Sweldens, van Osselear & Janiszewski (2010)；漱口水研究来自 Till & Priluck (2000)；软饮料消费研究来自 Winkielman, Berridge & Wilbarger (2005)。更新的证据显示，无须有意识的控制或察觉，这些吸引力上的变化也会出现，具体可见 Gawronski, Balas & Creighton (2014); Hofmann et al.(2010); Hütter et al. (2012); Hütter, Kutzner & Fiedler (2014)。对广告商利用相关机制的精彩恶搞，可见 www.fastcocreate.com/3028162/this-generic-brand-ad-is-thegreatest-thing-about-the-absolute-worst-in-advertising?partner=newsletter。

4

有人曾对报告了“如果……那么……”计划效果的科学文献进行了综述，覆盖范围很广，结论也很引人注目（Gollwitzer & Sheeran, 2006, 2009）。癫痫患者坚持服药和瘾君子撰写求职报告的研究，分别来自 Brandstätter, Lengfelder & Gollwitzer (2001) 及 Brown, Sheeran & Reuber (2009)。“如果……那么……”计划与一般意图陈述相比的优势，可参考一项鼓励学生坚持努力、解决逻辑推理难题的研究。研究人员请一些学生做如下承诺，表达自己的意愿：“我会尽可能多地正确解答题目！我会告诉自己，我能解开。”另一些学生则按“如果……那么……”的顺序来表达相同意愿：“我会尽可能多地正确解答题目！如果我开始做一道新题目，那么我会告诉自己，我能解开。”尽管两句话看似相同，但使用“如果……那么……”形式陈述的学生，答对的题目多了 15%（Bayer & Gollwitzer, 2007, study 2；更多类似结果见 Oettinger, Hönig & Gollwitzer, 2000; Gollwitzer & Sheeran, 2006; Hudson & Fraley, 2015）。“如果……那么……”计划会自动运行的支持证据，来自 Bayer et al. (2009)。从这些引证可以清楚地看出，大部分重要的“如果……那么……”计划研究，都来自行为学家彼得·格尔维策（Peter Gollwitzer）及其同事们。

5

除了主要目标（Dijksterhuis, Chartrand & Arts, 2007; Klinger, 2013）以外，长期预读信息源的例子包括社会角色、文化框架、自我认同和性格取向。研究证实，虽然上述每一种信息源都存在于人们之中，但它们却不见得随时都在产生影响。一般而言，必须要对概念进行提醒，如通过说服沟通，才能让信息源从“就绪 - 等待”模式切入“完全运转”模式。对这一过程的最早介绍来自性别领域。有一份调查了大量受试者的分析发现，男女两性的行为大部分时候是一样的，除非存在性别相关线索，如具体的环境、电视节目或广告信息，令当事人切入了优势性别角色（Deaux & Major, 1987）。我们在前面的章节提到了一个这样的例子：男女学生的数学考试得分类似，只有提醒其性别，他们的分数才会出现明显差异（Lindberg et al., 2010）。对于文化（Oyserman & Lee, 2008; Weber & Morris, 2010）、自我认同（Brown & McConnell, 2009; Oyserman, 2009）、目标（Van Yperen & Leander, 2014）和人格特质（Halvorson & Higgins, 2013）对行为的影响，也都有着类似的证据。只有得到特别关注时，它们才会明显地影响行为。用“如果……那么……”计划来完成节食目标的研究，可见 Stroebe et al. (2013)。

6

当然，巧妙的问题具有极强的说服力，这个概念并不新鲜。苏格拉底人称“提问大师”，就是因为这是他扭转意见的招牌方法（Johnson, 2011）。这虽然是个古老的概念，却并不妨碍我们将它用于当今的选择。例如，就好心情的影响而言，难道我们应该下定决心，绝不趁着心情好就大手大脚地买东西吗？就跟不要在肚子饿的时候去买食物一样？研究结果并没有这样建议。研究给出的建议是，我们应该先问问自己，为什么我们感到欢欣鼓舞。如果原因跟购物本身不相干，比如天气很好，或是销售员对我们讲了一个有趣的笑话，或是他恭维我们，那么，答案恐怕足以提醒我们纠正偏差了（DeSteno et al., 2000）。如果我们是体育迷，本地的球队最近打赢了一场重要比赛，出于同样的道理，这样的胜利会让我们对现任政府议员的好感度提升，并为之投票。但如果先问球迷比赛结果，提醒他们好心情的来源跟在任政客的表现无关，好感度提升的水平就变回零了（Healy, Malhotra & Mo, 2010）。俄亥俄州立大学心理学家杜安·韦格纳（Duane Wegener）和理查德·佩蒂（Richard Petty）提出的弹性修正模型（Flexible Correction Model；Chien et al., 2014; Wegener & Petty, 1997）对我们怎样纠正判断、何时纠正，做了最全面、最完善的概念化总结。他们提出，当人们意识到自己可能受了不良偏差的影响，且有动机也有能力采取纠正步骤时，就很可能会进行纠正。总的来说就是，初始的联想过程确实能预先把我们推向特定行为，但如果我们注意到该过程，且有愿望也有能力纠正它们，它们就无法预先决定我们的行为（Baumeister, Masicampo & Vohs, 2011; Cameron, Brown-Iannuzzi & Payne, 2012; Dasgupta, 2004; Davis & Herr, 2014; Fiske, 2004; Pocheptsova & Novemsky, 2009; Strack, Werth & Deutsch, 2006; Thompson et al., 1994; Trampe et al., 2010）。

有关心情对自己物品的评价造成影响的研究，可参见 Isen et al. (1978)；天气对女性给出自己电话号码意愿的影响，见 Guéguen (2013)；晴天对生活满意度评价的影响，见 Schwarz & Strack (1991)。幽默大师卡尔文·特里林（Calvin Trillin）讲过一个故事：他有个朋友从咖啡馆里走出来，心情很棒。他碰到门外有个老妇人拿着纸杯，就朝杯里投了几块零钱。对方是怎么反应的？“天哪，你为什么要毁了我的茶？”这个故事很好地表现了好心情有时也会让人办蠢事。

7

产品植入研究来自 Law & Braun (2000)。植入式广告近年来得到了雨后春笋般的发展，证据来自 Patricia Homer (2009)，她对做得过火的广告机构提起了诉讼，并从这些机构获得了数据。如果植入广告在影视片段里反复出现 3 次，受众对有意植入电影、电视片段里的品牌的态度明显下降。不过，人们对于植入形式微妙的品牌的态度并未出现这种下降，因为它们反复出现的时候，观众其实并未注意到它们是潜在的偏差来源。事实上，如果观众在视频片段中微妙地看到了某一品牌，那么，该品牌出现的次数越多，观众的好感度越强。这一发现让人想起第 2 章所述的在线横幅广告的效力，它们在我们的视线边缘地带短暂地展示一些内容，逃过了我们的雷达。在这种情况下，读者碰到一条广告的次数越多，事后就越是喜欢它，哪怕他们根本想不起自己曾经见过它（Fang, Singh & Ahluwalia, 2007）。电视植入广告的例子见：www.ebaumsworld.com/video/watch /83572701/。当然，就算显眼的产品植入广告也能发挥作用，只要它们能顺利地融入情节，以下有几个成功的例子：http://mentalfloss.com/article/18383/stories-behind-10-famous-product-placements。

8

除了单纯的提醒和隐性说服意图信号，还有两种线索能让我们认识到自己可能会因为一些因素而思维跑偏，从而努力抵消这些影响。第一种线索涉及输入的极端性（Glazer & Banaji, 1999; Herr, Sherman & Fazio, 1983; Nelson & Norton, 2005; Shu & Carlson, 2014）。例如，律师有一种技巧可以扭转陪审员支持巨额和解金的倾向：他可以把货币数字说得越来越高，直到陪审员把这个金额视为极端。此时，陪审员的判断力就会开始发挥作用，有意识地抵挡大数影响（Marti & Wissler, 2000）。除了极端性的线索，和影响因素相反的强烈目标，也能启动我们的纠正行为（Macrae & Johnston, 1998; McCaslin, Petty & Wegener, 2010; Monteith et al., 2002; Thompson et al., 1994）。一项研究给受试者展示黑人照片，以刺激其对黑人的刻板印象反应。如果受试者有着强烈的目标要控制种族偏见，就会纠正自己的态度，抵消这些刻板印象。

9

人类在加工信息时存在纠正机制的观点（见 Hayes, 2011; Klein et al., 2002），已经得到了脑成像研究的支持。研究似乎确认了参与发现误导信息的大脑区域（Asp et al., 2012），以及进行纠正的大脑区域（Cunningham et al., 2004; Klucharev et al., 2011）。许多学者得出结论，这些纠正机制之一，是一种有别于更原始系统的推理系统，在运作上是理性而非情绪性的、分析而非经验性的、审慎而非自发的、深思熟虑而非冲动的、受控而非自动的。丹尼尔·卡尼曼在《思考，快与慢》（*Thinking, Fast and Slow*, 2011）中对这一主题做过权威论述，Sherman, Gawronski & Trope (2014) 也进行过综述编撰，我就不必过多涉及了。

Remy Stern (2009) 在一本引人入胜的作品里指出，电视购物节目制作人深知晚间疲劳的作用，他引用了这一行的先行者阿尔·埃科夫（Al Eicoff）的说法："人们在那个时段的抵抗力很差。如果他们很疲惫，他们的意识就无法反抗，潜意识会对广告全盘接受。”缺少睡眠令炮兵难以抵制可疑命令，相关研究有两个来源，其一是通俗的（Schulte, 1998），其二是学术性的（Banderet et al., 1981）。对拿到虚假口供的审讯平均时长，Drizin & Leo (2004) 给出了数据。评估时间有限对相机偏好带来的影响，相关研究见 Alba & Marmorstein (1987, experiment 2)；在概念上与之类似的近期研究结果，可见 Parker & Lehmann (2015, experiment 3)。我们很早就知道，和书面文字相比，电视节目等广播素材会使得观众更关注广播员的素质，如好感度和吸引力，而非素材本身的质量（Chaiken & Eagly, 1983）。

PRE-

第三部分

SUASION

联盟

影响力第七大武器

A Revolutionary

Way to

Influence

and Persuade

PRE-SUASION

09

影响力武器放大器

如何更有效地应用影响力六大原则

A

Revolutionary

Way to

Influence

and Persuade

我们已经看到，赶在对方做出反应之前说一些、做一些正确的事情，有可能让他人朝着我们希望的方向行动：

- 如果想让他们买一盒昂贵的巧克力，可以安排他们写下一个比巧克力价格大得多的数字。
- 如果希望他们选择一瓶法国葡萄酒，可以在他们拿定主意之前，让他们接触法国音乐。
- 如果希望他们答应试用一种未经检验的产品，可以先问他们是否认为自己爱冒险。
- 如果想说服他们选择一个十分受欢迎的项目，可以先给他们看一部惊悚电影。
- 如果想让他们对我们更热情，可以递给他们一杯热饮。
- 如果希望他们更乐意出手相助，可以给他们看几个人紧靠在一起的照片。

- 如果希望他们更注重成绩，可以提供一幅赛跑选手获胜的照片。
- 如果希望他们展开周密的评估，可以向他们展示罗丹《思想者》雕像的照片。

请注意，在一种环境下说什么、做什么才合适，取决于我们希望对方做什么。安排他们听法国歌，或许能让他们购买法国红酒，但不会让他们变得更注重成绩、更乐于助人。询问他们是否爱冒险，或许能让他们试用一种未经检测的产品，但不会让他们更愿意选择一个极受欢迎的项目，也不会让他们进行周密评估。

这种特定的针对性与成功的沟通者选择的影响力“开关”相一致。它们先发制人地将接受方的注意力引导到了跟沟通者的具体目标积极相关的概念上。

说到底，所有沟通者的目标都是让受众说“行”。有没有什么概念，适用于“获取同意”这一宽泛目标呢？照我看来，有。在前一本书《影响力》当中，我提出，有6种概念体现了社会影响力的主要原则。它们分别是：互惠、承诺和一致、喜好、社会认同、权威、稀缺。这些原则是通用且极为有效的激发“同意”概念的因素，因为它们通常总能让人顺从地点头称是。

以权威原则为例。在大多数情况下，如果一种选择符合该领域中专家的观点，人们就更有可能做出这种选择。这为决策带来了一条捷径：一旦碰到可靠的权威数据，人们就会放弃进一步的考量，跟着权威走。因此，如果信息指向基于权威的证据，说服成功的概率就会飙升。

不过，除了用行为科学证据支持先发影响力，我还想扩展一下自己早前的论点。让我们继续用权威原则来阐释扩展观点：

要想发挥更大的效力，沟通者不光要在自己的信息里强调权威观点，还要在传递信息之前的那个瞬间强调权威性。通过这种先发影响方式，受众会对信息里将要出现的权威证据更敏感，从而更有可能关注到它，赋予其重要意义，从而受其影响。1

如果在传递信息之前和传递过程当中将注意力引导到互惠、承诺和一致、喜好、社会认同、权威、稀缺等概念上，确实能对接受方产生影响使其顺从，那么，我们就有必要逐一考察这些概念的运作。所以，本章的重点并未主要放在先发影响力的运作过程上。相反，我们要退后一步，探讨这 6 个概念为什么具有这样强大的心理力量。

互惠

碰到自觉有所亏欠的人时，人们更有可能答应对方的请求。当然，不见得总是如此，但这种情况足够频繁，行为科学家将这种倾向称为互惠原则。它是指，那些给过我们好处的人，有权从我们这里得到好处作为回报。这对社会的健康运转十分有利，所有人类文化都从小就把这条原则教给我们，并用难听的名字指代那些不报恩的人，比如揩油鬼、占便宜的、寄生虫。

这样一来，小孩子还不到两岁，就能够回应这一原则了。成年之后，互惠原则的先发力量会影响人们生活的方方面面，包括购买习惯。有一项研究考察了一家糖果店的顾客，如果进店时得到一块赠送的巧克力，他们下单购买的比例会提高 42%。据来自零售巨头好市多（Costco）的销售数字，其他类型的产品，如包括啤酒、奶酪、冷冻比萨、口红，也会因为免费样品而出现销量的大幅提升。

比较令人担忧的则是互惠原则对立法议员投票行为的影响。在美国，企业会向税收政策委员会的议员提供可观的竞选捐款，以求自己的课税税率获得大幅降低。立法议员自然会否认存在这种恩惠互换，但企业心知肚明，我们也应该清楚这种事免不了。[2]

希望借助互惠原则施加先发影响力的请求者，必须做一件看似大胆的事情：抓住机会，抢先赠予。互动一开始，他们要先提供礼物、恩惠、好处或者做出让步，无须对方正式保证给予回报。因为“来而不往非礼也”的倾向根植在大多数人心里，所以相比于传统的商业交换，即唯有当某一行为兑现之后，如签订了合同、完成了购买、执行了任务之后，请求者才提供好处，这种策略往往效果更好。

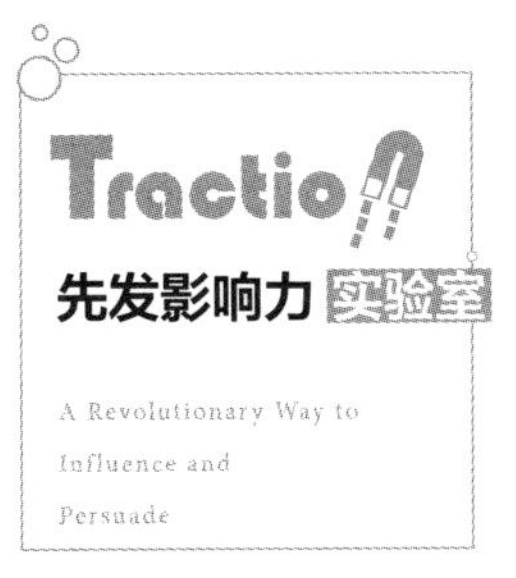

荷兰的部分居民收到了一封来信，询问他们是否愿意参加一项长期调查，如果信中不管他们答不答应都直接附带了预付款，他们应允的概率比居民答应参与后再付款的情况下要高得多。

同样道理，美国某酒店的客人在房间里看见一张卡片，请他们重复使用浴巾。卡片上的附带说明分为两种。一种说，酒店方面已经以客人的名义向环保组织捐了款；另一种则说，要等客人重复使用毛巾后再以其名义向环保组织捐款。事前捐款的卡片，劝说效力比事后捐款的卡片高 47%。[3]

尽管如此，提供资源却不要求得到补偿，仍然是有风险的。回报的程度或许并不如你所愿，因为一些接受者或许不喜欢未经自己请求就得到你给的东西，而另一些人则无法判断所得是否对自己有益。还有人，也就是我们当中的“搭便车者”，甚至不为互惠原则所动。因此，我们不妨来探讨一下，最初的赠礼或好意到底要具备什么样的特点，才能大幅提升对方还以高水平回报的概率呢？

这类赠礼与恩惠主要有 3 种特点：为了优化回报，我们最初赠予的东西在对方看来应该是有意义的、出乎意料的、量身定制的。

有意义且出乎意料

研究表明，这些优化特点中的前两个，影响了餐馆服务员收到的小费多少。新泽西州一家餐厅向部分就餐者赠送了饭后巧克力，每人一份，是女服务员从篮子里拿出来放到桌上的。和没得到巧克力的顾客相比，这位女服务员的小费增加了 3.3%。然后，女服务员又请另一些就餐者从篮子里挑选两块巧克力，此时，她的小费提高了 14.1%。

这么大的差异要如何解释呢？首先，后一种巧克力礼物是以一种有意义的方式呈现的，数量翻了倍。显然，这里的意义并不在于它更贵，因为多一块巧克力，成本只多几毛钱。送一份昂贵的礼物往往有意义，但昂贵本身并非必要。

当然，收到两块巧克力，不光在数量上是收到一块巧克力的两倍，还更让人出乎意料。当女服务员采用第三种技巧时，礼物出人意料的特点产生了更明显的影响。她先从篮子里拿出一块巧克力送给顾客，转身走开后又出人意料地回到桌边，向每位顾客赠送第二块巧克力。这样一来，她拿到的小费平均提高了 21.3%。

在这些不同的结果里，蕴含着一个教训，其意义远远大于告诉餐厅服务员怎样提高收入。

如果请求者首先提供在他人眼里有意义且出乎意料的利益，就可以提升自己从对方那里获得高程度回报的概率。

但除了这两个特点，互惠优化策略里还有第三个元素，在我看来比前两者加起来的影响力还大。

量身定制

如果提供的好处是根据接受方的需求、喜好或当前情况量身定制的，它就能产生很大的影响力。让我们来看看一家快餐店里发生的情况。

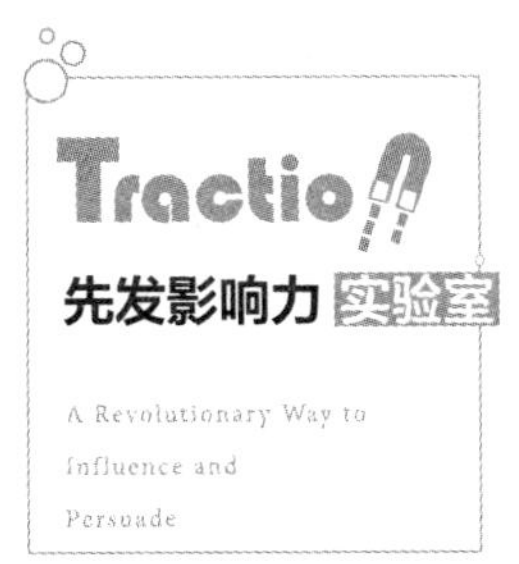

顾客进门时，店方会从两份价格相同的礼物当中选择其一送给他们。如果礼物跟食品不相关，是一个钥匙链，那么这些顾客的花销跟没有得到礼物的顾客比起来提高了12%。可如果礼物跟食品相关，是一杯酸奶，顾客的花销会提高24%。

从纯经济学的角度来看，这个发现令人费解。快餐店在顾客点单前赠送免费食品，照理说会让顾客花费得更少，因为他们不需要再花那么多的钱买吃的了。虽然相反的结果在逻辑上说不太通，但从心理学上却很好解释：顾客去快餐店是因为饿了。提前赠送食物不仅激活了互惠原则，而且激活的是一个更强大的版本：面对一份满足自己需求的礼物，人们会感到更为强烈的回报义务。

如果礼物、恩惠或服务融合了有意义、出乎意料和量身定制这三个特点，就能带来巨大的改变。我们能否期待它在打击死硬派恐怖分子的斗争中也发挥重大作用呢？也许真的可以。因为一来，互惠原则是所有社会普遍存在的一种文化，包括恐怖分子滋生的地区；二来，跟恐怖分子做斗争的真实故事，阐明了 3 种优化特点相结合的恩惠蕴含的巨大力量。

OPENER

掌握与恐怖主义斗争的制胜法宝

以阿布·詹达勒（Abu Jandal）为例。詹达勒是本·拉丹的前卫士长，“9·11”恐怖袭击事件之后，他遭到逮捕，在也门的一家监狱受审。狱方想让他透露有关基地组织领导结构的信息，但尝试无果，他的回答全是在痛斥西方。可审讯人员注意到，他从来不吃饭里的饼干，进而了解到詹达勒患有糖尿病。于是，审讯人员为他做了一件有意义、出乎意料、量身定制的事情：在接下来的审讯中，他们为他带来了就着茶吃的无糖饼干（见图 9-1）。用一位审讯人员的话来说，这是一个关键的转折点：“我们表示了对他的尊重，也对他做出了善意的举动。于是他不再向我们传道，开始跟我们说话了。”在随后的审讯中，詹达勒提供了大量基地组织的资料，以及“9·11”恐怖袭击中 7 名劫机者的名字。

所有跟恐怖主义分子交过手的老兵都知道，有时候，要赢得战斗，也需要赢得盟友。美国在阿富汗的情报人员经常拜访农村地区，争取部落酋长的协助，打击塔利班。这些互动十分棘手，因为酋长们往往不愿意帮忙，理由也很多：讨厌西方人，害怕塔利班报复，又或者两者兼而有之。有一次，中央情报局的一名特工注意到，一名酋长对自己的职责疲于应付，不光要领导整个部落，还要管好自己的直系亲属，其中包括 4 名年轻的妻子。下一次拜访时，中情局特工准备了一份经过了充分优化的礼物：四粒伟哥，一妻一粒。这一有意义、出乎意料且量身定制的“好意”，在特工第三次上门时发挥出了“威力”：喜气洋洋的酋长提供了有关塔利班的行动和供给路线的丰富信息。[4]

图 9-1 饼干的善意

阿布·詹达勒拒绝向审讯人员透露情报。可当后者根据他的糖尿病病情，向他表达了有意义、出乎意料、量身定制的好意之后，他的态度改变了。

资料来源：Brent Stirton/Getty Images.

喜好

在我浸润在各种销售组织主办的培训计划的那个时期，听到过很多人斩钉截铁地说：“销售人员的头号规则就是让客户喜欢你。”事情的确是这样，因为人们乐于顺从自己喜欢的人。这一点不容否认，所以在我看来没什么有趣的地方。我感兴趣的地方在于教练传授的那些让客户喜欢我们的方法，经常提及的几点是态度友善、富有魅力、风趣幽默。所以，他们常常给我们上微笑课，教我们美容技巧，让我们囤积些笑话。但到目前为止，有两种创造正性情感的方式最受关注：要强调相似之处，并善于恭维。为什么要强调这两种做法呢？原因很充分：它们都能提高喜好和顺从。

相似性

我们喜欢那些跟我们一样的人。这是人天生就具备的一种倾向：婴儿会更多地冲着面部表情与自己相符的人微笑。看似琐碎的相似之处，可以激活亲近感，带来巨大的影响。语言风格的相似，也就是对话双方所用的词语类型和口头表达方式的相似，能提升浪漫吸引力、人际关系的稳定度，以及人质谈判和平收场的概率，最后这一点尤其令人惊讶。更重要的是，哪怕对话双方并未意识到彼此风格的重叠，这种影响也会出现（见图 9-2）。

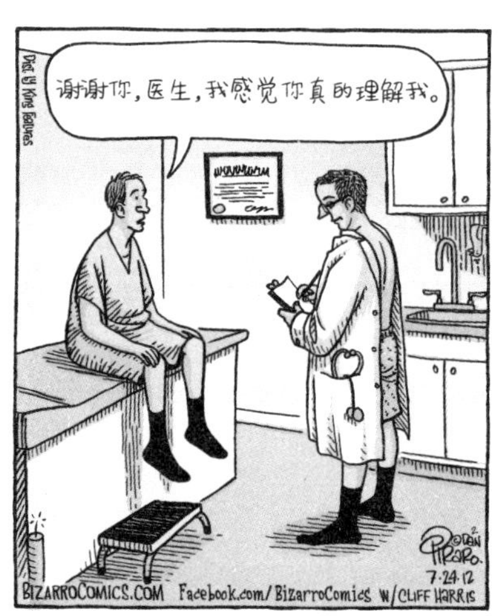

图 9-2 揭秘相似之处

就连看起来不重要的相似之处，也能带来更大的和谐。

资料来源：©2012 Bizarro Comics. Distributed by King Features Syndicate, Inc.

此外，这一基本倾向还会影响人们是否做出出手相助的决定。如果紧急事故的受害者跟自己同一国籍，或者喜欢同一支球队，人们会更愿意提供帮助。这种倾向在教育环境下也发挥着作用。青年辅导项目成功与否，发挥最大作用的因素是学生与导师之间是否有着共同的爱好。不过在商业舞台上，影响表现得似乎更为直接。女服务员经指导模仿顾客的语言风格后，小费增加了一倍。谈判人员经培训模仿对方的语言风格后，得到的最终结果明显更好。销售人员模仿客户的语言风格、手势和动作，能卖出更多台电子设备。[5]

赞扬

马克·吐温坦言："上好的恭维，能让我美滋滋地过上两个月。"这是一个恰当的比喻，因为赞扬从情绪上滋养、维持着我们。它还会令我们喜欢上那些赞扬我们的人，给他们带来好处。不管赞美针对的是我们的外貌、品味、性格、工作习惯还是智力，都是如此。

先说外貌。举例来说，要是发廊里的造型师恭维客户说"你剪什么发型都好看"，他们的小费会提升37%。实际上，我们对奉承十分着迷，哪怕它看似别有用心，也能对我们发挥作用。一家服装店向中国大学生发送打印传单，说："我们联系你，是因为你时尚又有个性。"大学生们对这家店产生了正面的态度，并更乐于在该店购物。另一些研究人员发现，受试者在计算机上完成任务后，得到与任务相关的赞扬反馈，会对这台机器产生更大的好感，哪怕他们已被告知这些反馈是预先设定的，完全不能反映自己的实际工作绩效。而且，接受这种空洞的表扬后，受试者对自己的绩效感到更自豪了。[6]

抢先表达你的喜爱

既然见多识广的专业人士都说，销售人员的头号规则就是让客户喜欢你，而达成这一目的的最佳途径就是寻找相似之处、善于恭维，我想，表达不同意见似乎有些欠妥。但我看过的研究使得我想要重新考虑一下这些说法为什么是成立的。在传统的销售培训课程里，人们总是这样解释的：相似之处和恭维能让人们喜欢你，一旦他们意识到自己喜欢你，就想要跟你做生意。

尽管这种先发影响力的说服过程在一定程度上无疑是起作用的，但我相信，这背后一定还有一套影响力更强的机制。相似性和赞扬让人们感觉你喜欢他们，一旦他们意识到你喜欢他们，就想要和你做生意。这是因为人们相信，喜欢自己的人，会尽量正确地引导自己。所以，以我之见，销售人员的头号规则是向客户表明你真心喜欢他们。有一句聪明的格言跟这一逻辑完美契合："别人不在乎你到底懂多少，除非他们知道你有多在乎。"[7]

社会认同

在约翰·列侬的歌曲《想象》(*Imagine*)里，他设想了一个没有饥荒、贪婪、财产或国家的世界，人类大同，和平统一。这样的世界，有别于当今世界，也有别于人类漫长历史上的任何时代。虽然他承认，这个愿景像是个梦，但他尝试用一个简单的事实说服听众接受它："我不是唯一这么想的人。"

列侬对这句话的信任，证明了社会认同原则带来的力量。这条原则主张，其他人，尤其是与自己同类的其他人都相信、有所感或正在做的事情，自己去相信、去感受、去做就也是恰当的。带来这种恰当感的是两个要素：有效性和可行性，它们能推动人们做出改变。

有效性

知道同类的许多其他人会以某种方式做出反应之后，这种反应在我们眼里，不管是在道德上还是实践上，都变得更有效、更正确了。从道德维度上说，看到某行为出现频率高的证据，就能提升我们对其道德正当性的判断。在一项研究中，受试者得知大多数同龄人支持军队使用酷刑来获取信息之后，80% 的人在公开意见和私人观点里都表示对酷刑更能接受、更支持了。幸运的是，他人的反应不光能提升对不可取行为的接受度，也能提升对可取行为的接受度。人们在听说绝大多数人都会努力克服自己的成见之后，在工作中也会更努力地克服对女性的成见。

除了阐明什么具有道德正当性，社会认同还减少了对行为正确性的不确定。多数人做的事一般都是没错的，因此一种活动受到欢迎，就证明了它的合理性。因此，我们通常会把身边跟自己类似的人视为行动榜样。这一倾向能带来很明显的好处，让我们以简单又廉价的方式施加影响力（见图 9-3）。无须用更昂贵的食材升级菜谱，无须为厨房新增人手，无须在菜单上堆砌词汇介绍精选菜品，餐厅经理就能提升对特定菜品的需求，只要把该菜品标注为“最受欢迎”即可。北京的几家餐馆采用这种诚实的手法后，每道菜的受欢迎度分别提升了 13%~20%。

图 9-3　社会认同标志

不光只有网络商家会告诉我们：别人买了这个，你也赶快买吧。

资料来源：Rina Piccolo Panel Cartoon used with permission of Rina Piccolo and the Cartoonist Group.

不是只有餐馆老板能运用社会认同原则影响食物选择，学校也能通过这种方法提高学生们的水果摄入量。不必花费高昂的沟通成本去阐述吃水果有益健康，只需告诉学生，绝大多数同学都会吃水果保持健康就行了。社会认同信息让荷兰高中生的水果消费量提高了 35%。虽然他们怀着典型的青少年态度，声称自己无意改变。

许多国家的政府耗费了大量资源调控、监管、制裁那些污染空气和水源的企业。可对一些违规公司来说，这些功夫都是白费，它们要么彻底无视法规，要么就是甘愿支付比合规成本略低一些的罚款。但也有国家设计出了有效的项目，通过发动社会认同引擎来促使企业停止污染。它们先是在行业内部对排污企业的环境绩效进行评估，接着公布评分，让该行业的所有企业都能看到自己跟同行比较起来做得如何。整体改善非常明显，改善幅度高达 30%，几乎所有的变化都来自那些相对来说最严重的污染大户，因为它们意识到了自己跟同行比起来成绩是多么糟糕。[8]

可行性

我曾做过一项研究，想看看什么样的说辞能最好地动员人们节约家庭能源。

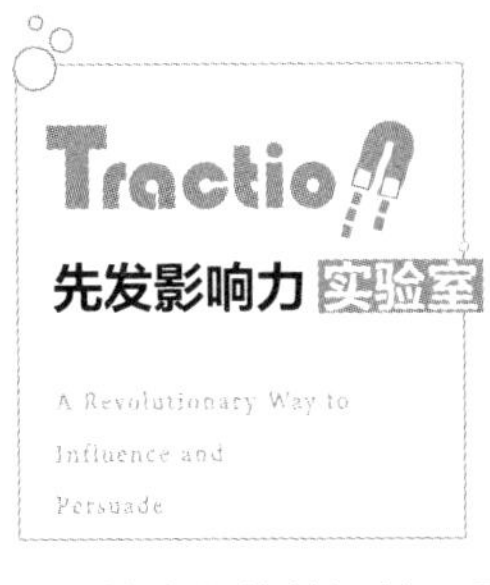

连续一个月，我们每星期向住户发送以下四条消息之一，请他们减少能源消耗。前三条消息中包含着常见的节能理由：造福环境；对社会负责；节省电费。第四条信息打的是社会认同牌，它说：跟你同社区的大多数居民都在努力节约能源。到了月底，我们记下住户们的能源使用量，发现以社会认同为基础的信息实现的节能量，是其他信息的 3.5 倍。差异之大，让参与研究的几乎所有人都吓了一跳，比方说我，还有我的研究员同事，甚至其他的住房业主。事实上，业主们原本以为，社会认同信息应该是效果最差的。

我向政府部门的官员们汇报了这一研究，可因为“人类行为的最强动力来自经济利益”这一根深蒂固的观念，他们总是表示不相信。他们会说：“得了吧，告诉业主说他们的邻居比他们节能3倍，居然比说节能可大幅减少电费更管用？这叫我们怎么相信呢？”面对这一合理的质疑，回答方式不少，但有一种对我来说说服力最强。这就涉及社会认同信息效果好的第二个原因了。除了有效性之外的第二个原因是：可行性。如果我告诉业主，节能降耗可以让他们省下不少钱，这并不意味着他们真的做得到。毕竟，如果把家里所有的电器都关掉，在黑暗中的地板上蜷缩一个月，我能把电费降到零。可我并不愿意这么做。社会认同类信息的一个很大的优点在于，它解决了“能否实现”这一不确定的问题。如果人们得知许多跟自己差不多的人都节约了能源，那么这么做无疑是可行的。它显得现实且具有可执行性了。[9]

权威

在大多数人看来，让信息具有说服力的办法，就是弄对它的内容，确保其中包含强有力的证据、合乎逻辑的推理、良好的案例、明确的相关性。尽管在一定程度上，“优点即信息”这一观点当然是正确的，但有学者认为，说服过程的其他部分也同样重要。这些主张里最有名的一个，体现在传播学理论家马歇尔·麦克卢汉（Marshall McLuhan）的断言里：“媒介即信息。”也就是说，信息的发送渠道就是消息本身的一种间接形式，它影响着接受方对内容的感受。此外，说服科学家们还指出，第三种主张同样有着有力的支持证据：“信使即信息。”

专业知识

信使有诸多类型，积极的、严肃的、幽默的、坚决的、谦虚的、批判的，其中有一类需要特别关注，因为它对受众的影响力非常深远和广泛，那就是权威型沟通者。如果一个够资格的专家就某个主题发表意见，人们往往会被他说服。事实上，有时候信息的说服力变强，完全是因为它有着权威的来源。尤其在信息接受方拿不准该做什么的时候，情况更是如此。

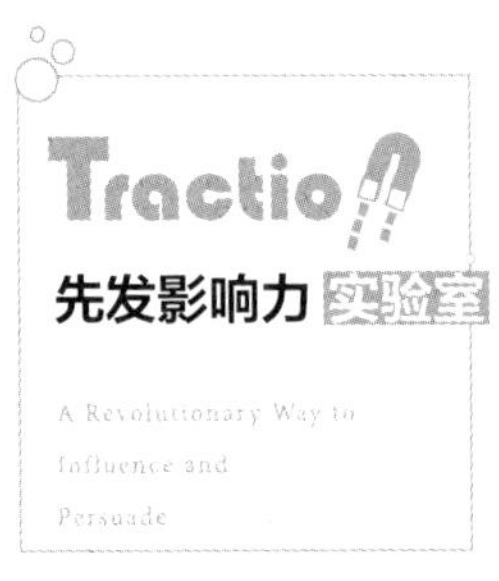

曾有研究为我们提供了证据：研究人员让一群受试者连上脑扫描设备，再做出一连串棘手的经济决定。当受试者自己做选择时，他们大脑里与评估选项相关的区域会变得活跃起来。但如果得到了来自知名大学的经济学专家就这些决策所提出的建议，那么受试者不光会接受建议，而且在接受建议时，并不会权衡这些选项的内在优点，他们大脑的评估区域纹丝不动。值得注意的是，不是所有脑区受影响的方式都一样，与理解意图相关的脑区就被专家意见给激活了。信使成了焦点消息。

所谓的权威，不一定是掌权者，也就是说，不一定有着层级地位，可以通过权力命令众人同意，而是权威人物，通过得到认可的专业知识来让人同意。在权威人物中，有一类被称为可信权威的人极具影响力。可信权威同时掌握了两种极具说服力的素质：专业知识和可信赖感。我们已经讨论了专业知识的效果。现在谈谈第二点。[10]

可信赖感

如果有一种素质是我们最希望在互动者身上看到的，那就是可信赖感。

即便是跟其他同样受到好评的特质，如魅力、智力、乐于合作、同情、情绪稳定等相比，情况也仍然如此。在着重于说服的互动当中，我们希望信任沟通者对信息的介绍是诚实、公正的，也就是说，他在努力准确地描绘事实，而非贪图自利。

多年来，我参加过许多影响力技能的培训项目。几乎每一个项目都强调，让人感觉到值得信赖，是提升自身影响力的有效途径；而要培养起这种感觉，得花一定的时间。尽管前一点尚有待证实，但越来越多的研究表明，后一点是存在明显特例的。只要采用一种聪明的策略，就有可能获得即时的可信赖感。如果沟通者在陈述一开始就早早地提到自己提议或观点的缺陷，而不是只描述优点，在陈述末尾才少许提到缺点，甚至完全不提，受众会立刻认为他很诚实。采用这一介绍顺序的优点在于，产生信赖感之后，沟通者再提出自己观点的主要优势，听众会更容易相信。毕竟，这些信息是由一个值得信赖的人介绍的，这个人的诚实以先发影响力的形式体现在他不光愿意谈到积极面，也愿意谈到消极面。

这种方法的效力有案可查：在法庭上，抢在对手之前承认己方弱点的律师会显得更可信，打赢官司的次数更多；在竞选活动中，先赞赏对手积极方面的候选人能赢得选民的信任感和投票意愿；在广告信息中，在强调产品优势之前先承认缺点的商家往往销售量大幅提升。在受众已经知道缺点存在的时候，这一手法尤其管用。在这种情况下，沟通者提到缺点所造成的额外损害很小，因为它并不是什么新消息，反倒能因此得到受众的信赖。在使用“然而”“但”“却”等转折词时，还能得到另一点额外的收益：把受众的注意力从弱点引导开去，转到自身的强项上。求职者可以说：“在这个领域我的经验不够丰富，但我学得很快。”信息系统销售员可以说：“我们的架设成本并不是最低的，但我们的系统效率极高，你很快就能收回成本。”

OPENER

“王者之声”

英国女王伊丽莎白一世就采用过这两种增强手段，让自己在位期间最著名的两场演说发挥出了最佳效果。第一次是 1588 年在蒂尔伯里，她向抵挡西班牙海上入侵的英军演讲，打消了士兵们因为她是个女人就无法经受战争严峻考验的顾虑：“我知道自己有着弱女子的无力之身，但我也有一颗国王的雄心，我是英格兰的王！”据说，听罢这番肺腑之言，英军将士喝彩声不断，长官只得骑马冲到士兵中间，请他们克制情绪，容女王继续发言。

13 年后，或许是回想起这一修辞手法的成功，她又在议会的最终致辞里运用了它。当时许多议员对她都不够信任。致辞快要结束的时候，她宣称：“虽然这把座椅上曾经坐过，将来也还会坐上许多更强大、更聪明的王，但不会有谁像我这样热爱你们。”据英国历史学家理查德·卡文迪什（Richard Cavendish）记载，离开大厅时，议员们“深为所动，泪流满面”。从那天起，人们就将女王的这段演讲称为“王者之声”（也译作“黄金演说”），直至今天。

请注意，伊丽莎白的关联词“但”，把听众的感知从她的弱点放到了可与之抗衡的优势上。“我们的领袖有着国王的雄心”这一主张，一旦得到官兵的接受，就增强了部队在战前缺乏又迫切需要的信心；同样，她对臣民的热爱，一旦得到接受，连议会里警觉的反对者，也会卸下心理防线。女王这些声明的特点与科学研究的结论相符：

如果优点不光能在利弊权衡中增加积极面，还能暗示弱点无关紧要，那么，先抑后扬的手法就能发挥出最佳的效果。

比方说，伊丽莎白给蒂尔伯里的将士们打气时，没有说“不会有谁这样热爱你们”，因为将士们要的是杀伐决断的指挥官，而非仁慈宽厚的一国之主。她懂得，要最大限度地发挥影响力，不光应该借用弱点增强后续主张的可信度，还应借用后续主张来消解弱点。在将士们心目中，“弱女子的无力之身”对战场指挥来说无关紧要，只要她怀有一颗“国王的雄心，是英格兰的王”。[11]

稀缺

越是很少能拥有的东西，我们越想要更多。举例来说，众所周知，如果某种东西在获取时受到一些限制，人们就会为它疯狂。

越限量，越疯狂

2014 年，面包连锁店 Crumbs 宣布要关闭所有门店，它原本售价 4 美元左右的招牌蛋糕，在网上涨到了近 250 美元。该效应并不仅限于蛋糕。最新款苹果手机上市的当天早晨，电视台新闻频道派记者去采访熬夜排队买手机的顾客。一位排在队伍第 23 号的女士透露了一些内情，十分符合上述主张，只不过仍然叫我大吃一惊。一开始，她排在队伍的第 25 号，到了半夜，她偶然跟排在 23 号的人聊起天来。对方喜欢她价值 2 800 美元的路易威登单肩包，

> 于是她抓住这个机会，提出做一笔交易："用我的包换你的排位吧。"她成功了。在这段颇为自得的故事结束时，目瞪口呆的记者结结巴巴地问："可是……为什么要这么做呀？"当事人给出了一个生动的答案："因为，我听说这家店货源不足，我不想失去这个买到手机的机会。"

尽管稀缺性带动欲望的原因很多，关键因素还在于我们对失去宝贵东西的厌恶。毕竟，损失就是稀缺的终极形式，它令宝贵的东西或机会再也无法获得。在一次金融服务会议上，我听到了一家大型经纪公司的 CEO 介绍导师教给他的一课，阐述了损失的激励作用："如果你在早晨 5 点叫醒一个亿万富翁，告诉他说：'赶紧采取行动吧，你能赚到两万块。'他会暴跳如雷，挂断电话。但如果你说：'要是不赶紧采取行动，你就会损失两万块。'他一定会感谢你。"

物品的稀缺性不光提高了损失的可能性，还提升了我们对该物品价值的判断。汽车制造商限量生产新车型，在买家的心目中，新车型的价值就提升了。其他环境下的限制也能带来类似结果。一家大型百货连锁店在品牌促销时设定了购买限制"每名顾客仅限购买 X 件"，结果跟做了促销但并未设定购买限制的同类产品相比，7 种不同类型的产品的销量都翻了一倍多。后续研究揭示了原因：以消费者的眼光来看，任何获取限制都提升了物品的价值。[12]

承诺和一致

通常情况下，我们会希望和自己的承诺，比如发出的声明、采取的立场、做出的行动保持一致，也希望别人视我们为守信的人。因此，只要沟通者能先发制人地让我们朝着特定方向迈出一步，哪怕是一小步，也能提升我们的顺从意愿，让我们朝着相同的方向迈出更大的、前后一致的一步。是保持一致的渴望引发了这种行为。这种强大的个人校准驱动力能广泛应用在各种影响环境下。

心理学家提醒我们，恋爱关系中的身体背叛是激烈冲突的根源，往往会导致愤怒、痛苦和关系的结束。好在它们同样受制于一种先发影响力活动，有助于预防上述有害后果。这种活动就是祈祷。如果一个人的爱情伴侣答应每天为对方祈求幸福，那么过上一段时间之后，进行祈祷的这个人不忠的可能性就大大降低了。毕竟，不忠行为有悖于每天主动为伴侣的幸福祈祷。

影响力从业者常常发现，人类保持言行一致的倾向是很好利用的。汽车保险公司让投保人在报告汽车行驶公里数之前进行诚实宣誓，能大幅减少虚报。政党通过各种“出门投票”动员活动让支持者在选举中投票，那么到下一次选举时，支持者再次投票的概率也会提升。品牌动员客户向自己的朋友推荐旗下产品，能深化客户忠诚度。主办方在会议或活动前的提醒电话里换个说法，从之前的“那我们就在名单上把您标注为‘出席’了。谢谢”改为“那我们就在名单上把您标注为‘出席’，好吗？（暂停，等对方确认。）谢谢”，能大幅提升与会者的出席率。一家血液服务机构在措辞上做了这种诱导承诺的小小调整，让人们参与献血的概率从 70% 提高到了 82.4%。[13]

有时，完全无须引入新的承诺，从业者也能利用一致性原则的力量。只需要提醒对方，他们之前做过与从业者的目标相吻合的承诺就行。2013 年，一支律师团队与美国最高法院就婚姻平权展开争论，以最高法院大法官安东尼·肯尼迪（Anthony Kennedy）为首要目标，展开了长达数月的全国公关活动。此时公众舆论已经转为支持同性婚姻了。除去赶在庭审之前在全国范围内造势，公关活动最想影响肯尼迪是出于两个原因。

首先，普遍认为，对于本次法庭受理的两起涉事案件，他的投票具有决定意义。其次，对意识形态问题，他经常持中立态度。一方面，他很传统，认为法律的阐释不应该与最初所用语言的字面意义偏离太远。另一方面，他相信法律是活的，法律的含义会随着时间而演变。这种骑墙立场使他成了一种沟通方法的首选适用对象。这种方法不是要改变他上述观点中的任何一个，而是要将其中之一与婚姻平权联系起来。媒体公关活动选择了一套肯尼迪曾在法庭意见书里使用过的概念和措辞："人的尊严""个体自由""个人自由与权利"。这样一来，在案件展开口头辩论之前的几个星期甚至几个月里，肯尼迪不管走到哪里，都可能在公关宣传活动里听到相关主题跟他的这些观点挂上了钩。这样做的目的是让他感觉，自己此前的法律立场跟支持婚姻平权比较接近。

庭审开始之后，这种用意就表现得更明显了。律师团队的成员反复引用跟肯尼迪相关的语言和主题，以此组织自己的法庭辩论。后来，最高法院以 5∶4 的裁决支持了婚姻平权。是这一手法发挥作用了吗？很难说得清。但律师团队的成员们认为是这样，他们提出了一份确凿的证据：肯尼迪大法官在意见书当中，非常偏向尊严、自由和权利等概念，而这些全都是他们在正式庭审之前和庭审过程中努力想要让他跟同性婚姻平权挂钩的概念。两年之后，在另一起婚姻平权案件中，肯尼迪法官撰写的多数意见书再次突出地强调了这三个概念。这或许可以证明被恰当唤起的承诺能够多么持久。[14]

影响力六大武器的应用时机

向企业受众提出社会影响力的 6 条原则之后，我常常听到两个问题。第一个问题着眼于最佳时机：商业关系的不同时期是否对应着不同的原则？

多亏了同事格雷戈里·奈德特（ Gregory Neidert）博士，我现在有答案了：没错。此外，根据奈德特设计的社会影响力核心动机模型，我还得出了对这一问题的解释。诚然，任何想要施加影响力的人都希望促成他人的改变，但按照该模型，在人际关系的不同阶段，分别有着最适用的影响力原则。

第一阶段的主要目标涉及**培养积极的关系**。如果人们喜欢沟通者，也就会更喜欢双方的沟通。互惠和喜好这两大影响力原则似乎尤其适合这一任务。以有意义、出乎意料、量身定制的方式先行给予，强调真正的共同点，真心实意地恭维，都能为双方建立和谐的相互关系，有利于将来的接洽。

第二阶段的当务之急是**减少不确定性**。受众和沟通者之间的积极关系并不能确保说服的成功。除非已经拿定了主意，否则人们总是希望自己所做的决策是明智的。此时，社会认同和权威原则最为适合。把证据指向同行或专家认可的选项，能明显提升这一选择在受众心目中的明智性。但是，哪怕培养起了积极的联系，减少了不确定性，接下来的步骤仍然必不可少。

第三阶段的主要目标是**激励行动**。举个例子，一个我很喜欢的朋友用充分的证据告诉我，专家建议说，每天锻炼是件好事，而且我周围的所有人几乎都相信这一点，但这恐怕还是不足以让我坚持每天锻炼。这位朋友又在自己的规劝里适当地加入了一致性和稀缺原则，提醒我说，我过去曾公开说过保持健康的重要性，而且如果我不锻炼的话，就无从享受锻炼带来的独到乐趣。这样的信息，才最有可能让我大清早起床去锻炼身体。

对于影响力原则，人们常常问我的第二个问题是：我是否又找出了什么新原则呢？就在不久前，我还一直回答说没有。但现在我相信还有第七条普遍原则。之前之所以漏掉了它，不是因为它是某种刚刚出现的新文化现象或技术变化，而是因为它总是藏在数据的表面之下。接下来，我会解释这是一条什么原则，我又是怎么发现它的。

PRE-SUASION 延伸阅读

1

当然，如果想在传递信息之前，使用先发影响力“开关”将注意力引导到权威概念上，该信息本身也应该展现强有力的权威证据。大量研究显示，只有当证据令人信服时，把注意力引导到证据上的做法才是明智的。如果注意力集中到了软弱无力的证据上，这样的做法就不会成功，甚至有可能适得其反（Armstrong, 2010, p.193-194; Burnkrant & Unnava, 1989; Houghton & Kardes, 1998; Hsee & LeClerc, 1998; Laran & Wilcox, 2011; Petty & Cacioppo, 1984; Petty & Brinol, 2012; Posavac et al., 2002）。有研究评估了人们对影响力六大原则中的承诺和一致原则的反应倾向，同样发现了这一模式。研究首先显示，如果人们认为自己有充分的证据说明一致性是个明智的倾向，那么，整体而言，他们会比那些感觉自己没有太多此类证据的人更为前后一致。这倒不足为奇。有趣的地方在于，研究接下来又显示，如果使用先发影响力“开关”来提醒一致性概念，那些强烈偏好一致性的人，在反应上会变得更加一致，而那些并不偏好一致性的人，则变得更加不一致了（Bator & Cialdini, 2006）。

2

幼儿互惠行为的研究来自 Dunfield & Kuhlmeier (2010)；糖果店研究来自 Lammers (1991)。好市多免费样品数据可在《大西洋月刊》（*Atlantic*）上的一篇文章中找到，参见：www.theatlantic.com/business/archive/2014/10/the-psychology-behind-costcos-free-samples/380969。毫无疑问，免费样品的重大影响，可部分归结到为消费者提供先试试看、再判断喜欢不喜欢的机会。但有研究揭示了人际因素的重要作用，它指出，最有可能试用产品的购物者，是那些对该情境的社交方面，而非信息或享受方面最为敏感的人（Heilman, Lakishyk & Radas, 2011）。此外，就算消费者在逛超市期间并没有机会试用店内物品，而仅仅是获得了一笔意外折扣，消费者的整体超市消费也会大幅上升（Heilman, Nakamoto & Rao, 2002）。营销中怎样利用这一义务感，请见 www.referralcandy.com/blog/10-examples-reciprocity-marketing。

对竞选捐款和税率的研究来自 Brown, Drake & Wellman (2015)。这类发现使得法律观察家态度悲观：接受了政治献金的当选法官，在审理涉及其支持者的案件时可能会有所偏袒，哪怕法官本人并不认为自己存心偏袒（Susman, 2011;

the American Consitution Society, www.acslaw.org/ACS percent20Justice percent20at percent20Risk percent20 percent28FINALpercent29 percent206_10_13.pdf)。虽然立法者、法官等决策者大多宣称自己眼明心亮，不可能因为一份小礼物就有所偏袒，但圣经上的一句劝诫否定了他们的自信："不可受贿赂，因为贿赂能叫明眼人变瞎了，又能颠倒义人的话。"(《出埃及记》23:8)

3

是否参与调查的研究，由 Scherenzeel & Toepoel (2012) 发表，并与其他许多调查的结果相符（见 Mercer et al., 2015）。美国酒店实验来自 Goldstein, Griskevicius & Cialdini (2011) 的一篇文章，也与其他研究相吻合（如 Belmi & Pfeffer, 2015; Pillutia, Malhotra & Murnighan, 2003）。这些研究证实了先行给予的效果这么出色的原因：它使接受方产生了一种回赠的义务感。不过，值得注意的是，在与互惠相关的各种因素当中，义务感有一个同样活跃但更美好的姐妹：感激。感激激发出的回报没有义务感带来的回报多，因为它使接受方产生的是谢意，而恩惠使接受方产生了债务感。虽然这两种感情都能可靠地激发出主动回报，但感激主要是跟强化关系相关，而不仅仅是促进关系或维护关系。

在这方面，萨拉·阿尔戈（Sara Algoe）和同事们的研究（Algoe, 2012; Algoe, Gable & Maisel, 2010）给出了令人信服的证据。亚当·格兰特（Adam Grant）在《沃顿商学院最受欢迎的成功课》(*Give and Take: A Revolutionary Approach to Success*) 中最令人信服地展示并追踪了在商业活动和日常生活里首先给予的益处，我强烈推荐读者们阅读此书。

4

新泽西州餐厅小费研究来自 Strohmetz et al. (2002)，快餐店消费额研究来自 Friedman & Rahman (2011)。阿富汗部落酋长的例子，来自普利策奖获奖记者乔比·沃里克（JobyWarrick, 2008）的报道。阿布·詹达勒怎样因无糖饼干而转变的故事，来自 Bobby Ghosh (2009) 撰写的一篇详细介绍为什么心理"软化"方法，如通过施恩诱发互惠的效果比刑讯拷问更好的文章。在这方面，有研究提供了科学证据(Goodman-Delahunty, Martschuk & Dhami, 2014)。另一些此类证据的链接，见：www.psychologicalscience.org/index.php/news/were-only-human/the-science-of-interrogation-rapport-not-torture.html。

互惠的力量有可能持续终生，甚至救人性命。1938 年，少年乔治·韦登菲尔德（Arthur George Weidenfeld）搭乘着一列满载犹太孩子的列车来到英国，躲过了纳粹在欧洲对犹太人的迫害。这一趟列车之旅，以及韦登菲尔德抵英后得到的照料，都是由基督教人道主义团体联合组织的，他们通过这种途径救出了数千犹太儿童。韦登菲尔德后来成为英国一家大型出版社的负责人，还受封为贵族。2015 年，94 岁的韦登菲尔德勋爵找到了一种回报的方式。他组织和资助了“避风港行动”（Operation Safe Havens），把叙利亚和伊拉克的基督徒家庭从受 ISIS 武装力量威胁的地区转移出来。有人批评说，这一行动并未救助同样受到威胁的其他宗教团体，如德鲁兹人、阿拉维人、雅兹迪人和什叶派穆斯林，韦登菲尔德从揭示互惠原则优先力量的角度做了解释：“我无法拯救整个世界，但站在犹太人和基督徒的角度，我有一笔人情债要还。”有关韦登菲尔德勋爵和避风港行动更详细的资料可见 Coghlan (2015)。

5

Andrew Meltzoff (2007) 收集了婴儿微笑的数据。关于相似语言风格带来的影响的研究结果，来自多个源头：浪漫吸引力和关系稳定性的证据来自 Ireland et al. (2011)；人质谈判、女服务员小费、谈判结果和电子产品销售情况的证据，分别见于 Taylor & Thomas (2008); Van Baaren et al. (2003); Maddux, Mullen & Galinsky (2008); Jacob et al. (2011)。相似性提高紧急情况下出手相助的概率，见 Kogut and Ritov (2007) 及 Levine et al. (2005)；相似性提高辅导项目效力，可见 DuBois et al. (2011)。

6

虽然马克·吐温意识到了恭维带来的滋养，但比他早 150 年，乔纳森·斯威夫特（Jonathan Swift）就提出过警告，说这些“热量”有可能是虚幻的：“学校里有句古老的格言 / 恭维奉承是愚人的食物。”至于赞扬对说服的影响，性感电影明星梅·韦斯特（Mae West）似乎有着最为敏锐的洞察，她宽慰自己的追求者说：“奉承能把你带到任何地方。”约翰·塞特（John Seiter）领导了发廊研究（Seiter & Dutson, 2007），并在一家餐馆做了重复实验，结果也发现女服务员恭维就餐者，能获得更多的小费（Seiter, 2007）。赞扬对喜好有着巨大的影响，对帮忙意愿则有着另一种不同的巨大影响，证据可见 Gordon (1996) 及 Grant, Fabrigar & Lim (2010)。虚拟表扬的作用，来自 Chan & Sengupta (2010) 及 Fogg & Nass (1997)。

7

为什么我们会认为赞扬我们的人也喜欢我们，这并不难理解。为什么我们会认为表现得跟我们类似的人喜欢我们，这就不太明显了。但事实如此。实际上，正是因为相信与我们类似的他人会喜欢我们，我们才会喜欢他们（Condon

& Crano, 1988; Singh et al., 2007)。我们期望那些喜欢我们的人，比如朋友，会向我们提出正确的建议，支持证据来自 Bukowski, Hoza & Bolvin (1994) 及 Davis & Todd (1985)。

8

揭示社会认同信息对道德评估影响的实验，来自 Aramovich, Lytle & Skitka (2012); Duguid & Thomas-Hunt (2015); Eriksson, Strimling & Coultas (2015)。社会认同在确认有效性方面的作用，有着来自全球各地的充分证据：餐馆菜单研究来自中国（Cai, Chen & Fang, 2009）；水果消费研究来自荷兰（Stok et al., 2014）；印度尼西亚（García, Sterner & Afsah, 2007）和印度（Powers et al., 2011）则进行了污染减排研究。顺便说一句，社会认同在感知有效性上的影响，令网上拍卖的卖家在一个重要问题上得到了明确的答案：该把初始价格设定得更高还是更低。分析表明，较低的初始价格会带来更高的买入价。原因之一在于：较低的初始价格会吸引到更多投标人的注意，而他们会错误地以为，这个物品之所以能吸引到这么多人注意，是因为其内在价值，而不是其诱人的初始价格（Ku, Galinsky & Murningham, 2006）。从本质上讲，他们采用的是社会认同的逻辑："哇，既然有这么多人为了这件东西投标，它一定是件好东西。"

9

节能研究（Nolan et al., 2008）是在美国加利福尼亚州圣马科斯的中产阶级社区进行的，我们的研究助理冒着后院恶狗和草坪浇水系统的危险，读出了住户门外的电表读数，记录了实际能耗。虽然这一研究考察的是社会认同在环保行为领域怎样运作，但其他涉及可行性的领域同样适用这一过程（如 Lockwood & Kunda, 1997; Mandel, Petrova & Cialdini, 2006; Schmiege, Klein & Bryan, 2010）。例如，人们是否会参与健康活动的最大决定因素是其可操作性（Armitage & Connor, 2001），社会比较有助于判断该行为对某个人来说的可操作性（对相关证据的审查见 Martin, Haskard-Zolnierek & DiMatteo, 2010, p.27）。

10

马歇尔·麦克卢汉的"媒介即信息"一说，来自他 1967 年的作品《理解媒介》（*The Medium Is the Massage*，直译为"媒介即按摩"）。按他的儿子埃里克·麦克卢汉（Eric McLuhan）博士的说法，"massage"一词是打印错误（信息为"message"），但当作者注意到它时，意识到它跟自己的论点相吻合，即媒介操纵了接受方的体验，于是说："就这样，别改！太棒了，真是一语中的！"

听取经济专家的建议后扫描大脑活动的研究，来自 Engelman et al. (2009)。权威标签可以成为有用的影响力工具，这或许并不出人意料，但出人意料的是，在适用的场合，这种工具的使用却并不充分。举例来说，如果由医生向孩子推荐一个让孩子远离香烟的项目，效果明显更好，可医生并不经常做这种事（Moyer, 2013）。还有一个例子，我的同事史蒂夫·马丁（Steve J. Martin）曾在咨询中向一家不动产公司提议，在接到客户的电话时，接线员要诚实地说："我会把您的电话转接给相关的专业中介。"结果打来电话的人买房的概率提升了 16%。这件事的教育意义在于，其实接线员过去也经常把询问者打来的电话转接给相关的专业中介，只不过她之前并没有把这样的中介称为"专业中介"。

11

专业知识和可信赖感带来了感知上的可信性，并极大地提升了影响力，证据见 Smith, De Houwer & Nosek (2013)。人们在各种关系中都会全面地偏好可信赖感，证据见 Cottrell, Neuberg & Li (2007); Goodwin (2015); Wood (2015)。在法律情境中，"首先自曝弱点"战术的效力已经得到反复的证明（Dolnik, Case & Williams, 2003; Stanchi, 2008; Williams, Bourgeois & Croyle, 1993）；公司借用同一战术展示有关自己的负面信息，也是有效的（Fennis & Stroebe, 2014）。政治家透露看似不利于自己的信息，能提高自己的可信赖感，令人更愿意为之投票，见 Combs & Keller (2010)。恒美广告公司（DDB）首创先承认弱点再通过优点给予回应的广告，获得了巨大成功，如为早期大众甲壳虫汽车制作的广告"丑的只是外表"和"丑，但能把你送到想去的地方"；还有为安飞士租车（Avis Rent a Car）制作的广告活动"我们是老二，但我们会更努力"。此后，类似措辞的产品促销活动也都十分有效，如加拿大巴克利（Buckley）的止咳药广告"良药苦口"，以及美国的达美乐比萨广告。事实上，2009 年，达美乐在"敢说真话"广告活动里承认自己过去质量糟糕之后，销量猛增，公司股价也随之飙升。在一条负面信息后紧跟着一条正面信息时，正面信息若能有针对性地抵消负面信息，而不仅是用一些无关的正面因素平衡负面信息，那么它的效力会最强。强烈支持这一观点的证据见 Mann & Ferguson (2015) 及 Petrova & Cialdini (2011)。

12

以下短片表现了一个试图从他人避免损失的愿望中受益的人：www.usatoday.com/story/tech/gaming/2014/02/10/flappy-bird-auction/5358289。除了损失厌恶（Boyce et al., 2013; Kahneman & Tversky, 1979）以外，物品稀缺之所以会让我们更加想要它，还有其他一些原因。例如，人们会自动认为稀有物品具有更高的经济价值（Dai, Wertenbroch & Brendel, 2008）；此外，人不喜欢自己拥有某一物品的自由因为它过分稀缺而受到限制，因此会选择重新恢复这一自由（Burgoon et al., 2002）。对汽车行业某些限产车型的数据分析，来自 Balachander, Liu & Stock (2009)；百货店促销数据分析来自 Inman, Peter & Raghubir (1997)。至于抢购新款苹果手机的新闻事件，在以下网址可以找到类似的事件：www.live5news.com/story/23483193/iphone-5-release-draws-crowd-on-king-street。

13

祈祷可以减少不忠性行为的研究来自 Fincham, Lambert & Beach (2010)，他们也指出，最有效的祈祷形式是祈求伴侣的幸福；每天做没有特定指向性的祷告并不能起到类似作用，只是每天积极地想念伴侣也没有类似的作用。因此，不是说进行广义上的精神活动或是想着伴侣的好就能有用的。相反，是因为当事人对伴侣的幸福做出了具体主动的承诺，才令其难以去破坏伴侣的幸福。诚实宣誓、投票动员活动、产品推荐、意图确认等一致性效应数据，分别由以下研究人员收集：Shu et al. (2012); Gerber, Green & Shachar (2003); Kuester & Benkenstein (2014); Lipsitz et al. (1989)。

14

普利策奖获奖记者乔·贝克尔（Jo Becker）在《春天的力量》（*Forcing the Spring: Inside the Fight for Marriage Equality*, 2014）一书中，围绕 2013 年美国最高法院做出的两项有利于婚姻平权的判决，精心记录了相关的人物、活动和事件。我在本书中提供的大部分证据都来自这本书，对于想知道此事幕后的迷人故事的读者，我强烈推荐此书。不过，不管新闻报道多么精彩，肯尼迪法官裁定背后的种种因由仍是没有科学根据的。幸运的是，科学测试确认了一个略微宽泛的观点：提醒一个人他此前的承诺，足以激发他在未来做出一致的反应。例如，在线调查让参与者回顾自己此前帮助他人的行为，从而将其为地震灾民捐款的概率提高了 3.5 倍（Grant & Dutton, 2012）。

值得注意的是，有时，一旦回忆起或执行了一桩道德行为，如帮助他人，人们就会感到下一次有机会的话自己有权考虑自己的利益了；这就好像在为公共利益做了贡献之后，人们会觉得下一回“该轮到我获得回报了”。这种现象叫作“道德许可”（moral licensing；Monin & Miller, 2001），它跟通常的承诺和一致效应是相悖的。迄今为止，最站得住脚的证据暗示，如果道德行为支持了人们的自我认同，即“我是个有道德的人”，那么执行道德行为就能带来持续的道德行为。这类情况包括：涉事行为表明此人一贯都会执行道德行为（Conway & Peetz, 2012），涉事行为关乎人的道德自律（Miller & Effron, 2010），或涉事行为要求人付出有意义的代价来履行（Gneezy et al., 2012）。反过来说，如果“良好”行为并不牵涉到道德承诺，无关道德认同的核心，或承担起来无须付出代价，那就更有可能出现道德许可现象。

PRE-
SUASION

10

身心合一

影响力第七大武器之一

A

Revolutionary

Way to

Influence

and Persuade

多年来，我都会在大学课堂上介绍一项研究，表明向陌生人寄送节日贺卡，会带来数量惊人的贺卡回赠，对方完全是出于义务感而这么做的。在课堂上，我将这样的结果归结为互惠原则，人们会回赠先行示好的人，哪怕自己完全摸不着头脑。我喜欢介绍这项研究，因为它阐释了我想要论述的影响力原则的关键，而且，学生们对这样的研究喜闻乐见，有助于提高我的教师评分。

一张贺卡带来的缘分

有一次，讲座完毕之后，一位在养儿育女之后重返校园的学生拦住我，向我表示谢意，说我解开了困扰她家十多年的一个谜。她说，10 年前，她家收到了来自加利福尼亚州圣巴巴拉的哈里森一家的圣诞贺卡。但无论是她，还是她丈夫，都不记得在圣巴巴拉认识什么哈里森一家。她相信肯定有什么地方出了错，哈里森一家一定是写错了地址。可既然她家已经收到了对方的节日贺卡，那么，出于互惠原则，她也回送了一张卡。“我们跟这家人互送贺卡整整 10 年，”

她承认，“可至今仍然不知道他们到底是谁。但现在，至少我知道我当初为什么要回寄贺卡了。”（见图 10-1）

几个月后，她来到我的办公室，告诉我这个故事的最新进展。她的小儿子斯基普要去加州大学圣巴巴拉分校上大学了，但他的宿舍还在维修中，暂时不能入住。虽然大学为他在汽车旅馆里找了临时住所，但他母亲并不喜欢这个主意。她想着：我们在圣巴巴拉认识什么人吗？哎呀，不是有哈里森一家人嘛！于是，她打去电话，告知情况，最终如释重负：对方很乐意让斯基普在家暂住。离开我的办公室时，她说，她对互惠原则对人类行为的影响感到更惊讶了，尤其是她和哈里森一家人的这种反应。

图 10-1　哈里森？查特顿？

名字或许不一样，但触发双方建立人际关系的环境是一样的。

资料来源：Pickles used with permission of Brian Crane, the Washington Post Group, and the Cartoonist Group. All rights reserved.

不过我自己倒反而有点拿不准了。当然，我明白，这位学生最初是出于互惠义务回赠贺卡的。但哈里森一家人答应让斯基普暂住，跟这种义务不相吻合。哈里森一家当时并不欠我学生什么重大债务。节日贺卡以及伴随而来的年底通信是平等交换的;因此,从义务的角度看,两家人是扯平的。回想起来,虽然是互惠原则开启了两家人的互动过程,但10年来的共同关系,驱使哈里森一家向从未见过面的18岁青年打开了家门。意识到这一点,让我理解了社会关系是一种导致顺从的独立力量,它跟其他6条影响力原则是不一样的。人际关系不仅强化了帮忙的意愿,也是这种意愿的成因。

这是一条重要的经验教训。

我们改变他人的能力,往往以彼此间的私人关系为基础,这种关系造就了应用先发影响力获得顺从的背景。当今时代盛行孤立的力量,如远距离的社会关系和技术带来的隔离,这些事物取代了人际关系里的联系感,这对社会影响力而言是弊大于利的。[1]

身心合一

什么类型的关系能在同伴之间带来最大化的优惠待遇呢?答案在于一种微妙而关键的区分。能最有效地让人们喜欢上另一个人的关系,不是让人们说"嘿,那个人跟我们很像",而是让人们说"嘿,那个人是我们中的一员"。举个例子,和同胞兄弟姐妹比起来,我跟大学同事在品位和偏好上有更多的共同点,但毫无疑问,我只会把同胞兄弟姐妹视为"自家人",而同事只不过是"跟我很像的人",我肯定也更乐于帮助自己的兄弟姐妹。联盟,并不是存在简单的相似之处。当然了,通过喜好原则,相像也能发挥作用,只是程度较轻。而联盟指的是大家有着共同的身份认同。身份认同是人们用来界定自己和所属群体的分类,比如民族、种族、国籍、家庭以及政治和宗教背景。这些类别的一个关键特点是，其成员往往会感到跟其他人合而为一。他们中一个人的行为，会影响其他成员的自尊心。简单地说，"我们"，就是扩大的"我"。

在基于"我们"的群体里，自我和他人身份重叠的证据多种多样，令人印象深刻。人们往往无法正确区分自己与群体内的其他成员，会不适当地将自己的特点投射到他人身上，经常无法回忆起先前对群体内成员，甚至对自己的个性评价，在分辨群体成员与自己的不同特点时明显要花更长的时间。这些全都体现了自我与他人的混淆。神经科学家为这种混淆提供了一个解释：自我和亲密他人的概念是由相同的大脑回路进行心理表征的，激活其一，就可导致另一概念的神经元也被交叉激活，从而导致身份认同的模糊。[2]

神经科学证据提出很久以前，社会科学家们就在测量自我 - 他人重叠感（见图 10-2）以及由此产生的身份认同问题。在这个过程中，他们发现两类因素促成了"我们"感：以特定的方式在一起、以特定的方式共同行动。两者都值得我们研究，本章先讨论前一种。

下面哪幅图最符合你和伴侣的关系模式？请选出。

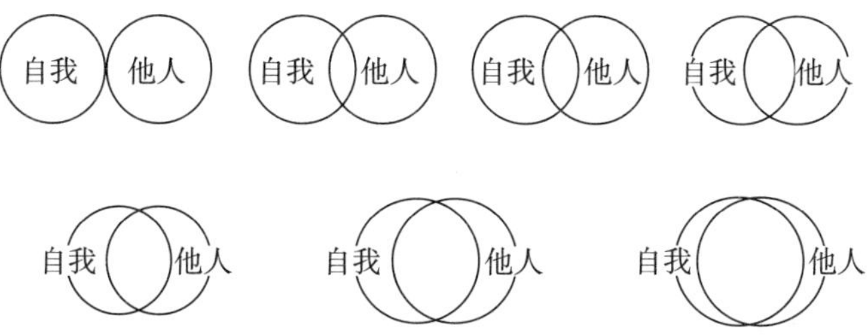

图 10-2 重叠的圆圈，重叠的自我

自 1992 年公布以来，科学家们一直使用《自我涵盖他人量表》（*Inclusion of Other in the Self Scale*）来观察哪些因素可推动与他人"合而为一"的感觉。

资料来源：Courtesy of Arthur Aron and the American Psychological Association.

唤起亲人意识

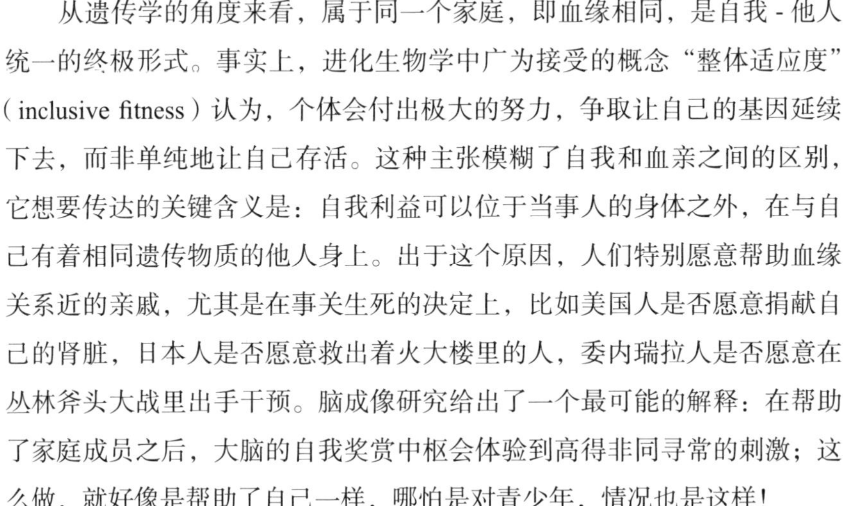

从遗传学的角度来看，属于同一个家庭，即血缘相同，是自我 - 他人统一的终极形式。事实上，进化生物学中广为接受的概念“整体适应度”（inclusive fitness）认为，个体会付出极大的努力，争取让自己的基因延续下去，而非单纯地让自己存活。这种主张模糊了自我和血亲之间的区别，它想要传达的关键含义是：自我利益可以位于当事人的身体之外，在与自己有着相同遗传物质的他人身上。出于这个原因，人们特别愿意帮助血缘关系近的亲戚，尤其是在事关生死的决定上，比如美国人是否愿意捐献自己的肾脏，日本人是否愿意救出着火大楼里的人，委内瑞拉人是否愿意在丛林斧头大战里出手干预。脑成像研究给出了一个最可能的解释：在帮助了家庭成员之后，大脑的自我奖赏中枢会体验到高得非同寻常的刺激；这么做，就好像是帮助了自己一样，哪怕是对青少年，情况也是这样！

从进化的角度看，任何能让亲人得到优势的事都值得一做，哪怕是很小的优势。我在职业生涯里曾使用过一次非常有效的影响力技术，证实了这一点。

巧打“亲人牌”

我想对比大学生及其父母对待一系列问题的态度有什么不同，于是安排这两个群体填写同一份冗长的问卷。找一群大学生来完成这桩任务并不难，我在自己执教的心理学大课上把问卷当成课堂练习发了下去。但想办法让学生的父母也完成问卷就困难多了，因为我没有研究经费，而且成年人参与这类调查的比例很低，通常低于20%。一位同事建议我打打“亲人牌”试试看：如果学生的家长愿意完成问卷，在下一次随堂考试中，学生就能多得一分。

这个方法的效果好得惊人。全班一共有 163 名学生把问卷寄给了家长，159 人（97%）在一个星期内寄回了填好的问卷，就为了让孩子在某一学期某一门课的其中一场考试上多得一分。身为影响力研究者，我还从来没碰到过这样的事。可从之后的经验来看，这事儿还可以做得更好：我该让学生把问卷发给祖父母。我估计，这样一来，163 份问卷在一个星期里能返回 162 份。而且，缺的那一份还很可能是因为爷爷填完问卷一路小跑去邮局的路上心脏病发作了。

但对跟我们没有特殊基因联系的人，能不能借用亲人的影响力呢？使用能先发制人地在意识里唤起亲人概念的语言和意象，或许是一种办法。例如，使用有关家庭的图像和标签，如兄弟、姐妹、祖先、祖国、血脉，在成员里创造出集体感，能提升人为了集体利益牺牲个人利益的意愿。一支国际研究团队发现，人极其擅长感受象征的力量，因此这些想象出来的“虚构家庭”能提高人的自我牺牲精神。一般而言，自我牺牲精神是与血缘关系极近的氏族相关的。西班牙曾有两项研究，用“同胞如家人”的概念唤起人们对本国人民的“联盟”感，立刻大幅提升了受访者为西班牙战斗至死的意愿。[3]

对我们现有集体之外的人，也可以采用这种方式吗？一个在基因上与对方无关的沟通者，能借助亲人概念获得顺从吗？我在金融服务公司年会上发言的时候，有时候会这么问：“在诸位看来，我们时代最成功的金融投资家是谁？”人们齐声给出答案：沃伦·巴菲特。自 1965 年以来，巴菲特和合作伙伴查理·芒格联手，让伯克希尔哈撒韦公司为股东们创造了惊人的价值。

几年前，我收到一份礼物，是伯克希尔哈撒韦公司的股票。这份礼物的意义不仅仅在于金钱，它为我提供了一个观察巴菲特和芒格的战略投资及沟通方法的黄金视角。对战略投资，我一无所知；但对战略沟通，我略知一二。在这个过程中，我所看到的技巧让我深为震撼。

具有讽刺意味的是，伯克希尔哈撒韦公司的财务造诣超凡脱俗，反倒带来了沟通上的问题：怎样让人们相信，公司将来还会继续保持这样的成功？如果没有这种信心，股东就会卖掉自己的股份，而潜在客户则会去购买其他公司的股票。

毫无疑问，伯克希尔哈撒韦公司有着优秀的基础商业模式，还有着若干独特的规模优势，能为其将来的估值提供令人信服的理由。但令人信服的理由，跟令人信服地提出理由，并不是一回事，而后者是巴菲特每年发布公司报告时必须要做的事情。举例来说，为了尽快为自己营造可信赖感，他通常会在报告的前两页介绍自己犯的某个错误，或是公司在过去一年里出现的问题，并探讨它可能对公司的未来造成什么样的影响。巴菲特从不像其他公司年报里经常做的那样，埋藏、掩盖困难，或者大事化小，而是表明：第一，他充分认识到了公司的问题；第二，他完全愿意揭露问题。随之而来的优势是，等他接下来介绍伯克希尔哈撒韦公司的强大实力时，读者已被预先说服，对公司有了更深刻的信任。毕竟，这些信息的源头有着显而易见的可信度。

这种做法并非巴菲特说服军火库里的唯一武器。2015 年 2 月，他似乎需要一种超乎寻常影响力的东西，因为当时他要发出一封特别的致股东的信，纪念公司成立 50 周年，概括历年来的业绩，证明公司将来还会继续保持活力。50 周年隐含了一点言外之意，外界对此表示关心颇有一段时间了，网上的评论更是一边倒地苛刻：创办公司已经 50 年，巴菲特和芒格显然不再年轻，两人都不应继续领导公司，公司的前景和股价都有可能就此下滑。读完评论，我深感困扰。我手里的股票在巴菲特和芒格管理期间翻了两番，可如果两人都由于年事已高离任，股票还能继续站在高位吗？是不是应该赶在他俩离开之前把股票卖了，拿走赚到的利润呢？

在信中，巴菲特正面谈到了这个问题，具体是在“伯克希尔的下一个 50 年”一节。他阐述了伯克希尔哈撒韦公司的成熟商业模式所带来的深远的积极后果，它几乎牢不可破的金融资产护城河，以及公司已经为下任 CEO 找到了“合适的人选”，待时机成熟就会走马上任。但从说服科学家的角度来看，我最受打动的是巴菲特在开始这最重要的一节之前所采用的先发影响力方法。他以自己典型的方式，正面迎击了潜在的弱点，重建人们对他的信赖感：“现在，让我们看看前进的道路。请记住，如果让我在 50 年前揣度未来会是怎样的情形，我一定错得离谱。”接着，他做了一件我从未见过，也从未听说他曾在公共场合做过的事情。他说：“请记住我上面的提醒，现在我再来告诉你，如果今天我的家人问及公司的未来，我会怎么回答。”

随之而来的是精心构建的论点，为伯克希尔哈撒韦公司将来的经济健康做支撑：成熟的商业模式，金融资产护城河，对未来 CEO 的严格筛选。除去对这些优势部分进行可信的论述，巴菲特先发制人地做了一件我认为更具可信性的事情：他说，要像对待家人一样，把这些事情告诉我。基于我对他的认识，我相信这一说法。于是，我再也没有认真想过要把伯克希尔哈撒韦公司的股票卖掉。在汤姆·克鲁斯出演的电影《甜心先生》（*Jerry Maguire*）里，有一个令人难忘的瞬间：主人公冲进房间，向已经跟他分居的妻子多萝西打招呼，然后开启了长长的独白，列举了多萝西应该继续和自己在一起的种种理由。在这个过程中，多萝西抬起头来，用一句今天已经广为人知的台词打断了他：“在你说‘你好’的那一刻，我的心就属于你了。”而巴菲特先生在这封信里视我为家人的那一刻，我的心就属于他了。

尽管这封致股东的信放在了年报的第 24 页，但或许是为了证明巴菲特对先发影响力价值的认可，他在报告的第 1 页，就建议股东们跳过其他所有内容，直接去读这封奠定框架的信。芒格同样在这次的年报里写了一封 50 周年的致股东的信。尽管他没有为自己的言论设定家人背景，但在预测公司将继续保持异常优秀的业绩之前，他也使用了提高信任感的手法，先描述了过去管理层所犯的某些失误。我会在第 12 章更详尽地探讨说服伦理这一主题，但在这一刻，我要这么说：我绝不认为芒格和巴菲特采用这种方法，是在耍滑头。相反，我认为这说明，哪怕是真正值得信赖的沟通者，也会明智地意识到通过先发制人、披露可信事实的做法获取信任，是大有必要的。

有趣的是，巴菲特这封纪念公司成立 50 周年的信迎来了如潮的好评，有一些评论甚至以“巴菲特写出了他有生以来最精彩的致股东的信”“不投资伯克希尔哈撒韦公司你就是个傻瓜”等为标题，但没有一个人提到巴菲特在论证中娴熟运用的家人框架。人们对这一点竟然这么缺乏认识，我倒也不是太吃惊。在态度强硬、看重事实的金融投资世界，默认的做法是把关注点放在有关优点的信息上。诚然，论据中的优点是一种信息。但与此同时，在另一些层面上，有效沟通本身也可以变成至关重要的信息。马歇尔·麦克卢汉告诉我们，媒介即信息；社会认同原则告诉我们，数量大是信息；权威原则告诉我们，信使即信息；现在，联盟概念又告诉我们，自我与他人的融合，也是信息。所以我们有必要考虑，除了直接的血缘关系，在环境中还有哪些特点，有助于让人感受到身份的融合。

值得注意的是，这些特点有很多都源于对血缘关系的强调。显然，没有谁能钻到别人身体里，判断两者有多少共同基因。这就是为什么，人必须本着审慎的态度，依靠对方身上某些可见的与基因重合相关的特点来进行判断，最明显的自然是外表和个性上的相似。在家族里，人们最乐于帮助跟自己相像的亲人。在家族之外，人们用面部相似性来判断跟陌生人之间的遗传相关性，事实上这种判断方法相当准确。不过，人们也有可能遭到欺骗，错放好感。有人用数字技术修改了照片上的脸，使之与观察者更相像，结果极大地提高了观察者对照片中人的信任度。如果这张修改后的脸属于一位政治候选人，选民也会更乐意投票给他。[4]

唤起乡土意识

对于判断突出的遗传共性，还有另一条通常情况下靠得住的线索。它不是身体上的相似性，而是物理上的接近性。这就是为什么察觉到跟别人来自同一个地方，对人类行为的影响大得惊人的原因。要说明这种影响，在我看来最好的办法莫过于把目光投向近现代历史上一段最黑暗的岁月，也就是第二次世界大战大屠杀期间，解开在那时浮出水面的一些重大的人类行为之谜。让我们先从一个人所处地点的最小形式开始，再转到更大的形式。

家

人类和动物都会把成长期间生活在自己家的同类视为亲人。虽然这一认亲的线索偶尔也会造成误导，但通常都很准确，因为待在家里的人一般就是“自家人”。此外，在家居住时间越长，对人的家庭感影响就越大，对人们为彼此牺牲的意愿影响也越大。

但有一个相关因素，能带来相同的结果，又用不着花太长时间。人们在观察到父母照料家里其他人的需求时，同样会产生家庭般的感觉，也更乐于向那个人提供帮助。这种过程带来了一个有趣的结果：看到父母打开家门接待形形色色的人，很可能使孩子在成年之后也更愿意帮助陌生人。

对这些孩子而言，归属感或许超出了家庭甚至家族，而适用于整个人类。

这一见解对解开大屠杀时期的重大谜题有什么用处呢？按历史的记录，当时最著名、最成功的救援者是：勇气十足的瑞典人拉乌尔·瓦伦贝格（Raoul Wallenberg），他英勇地救出了数千犹太人，自己最终因此丧生；奥斯卡·辛德勒（Oskar Schindler），他的“名单”救下了1 100名犹太人。然而，大屠杀期间最有力、最集中的一次救援行动，却几乎淹没在了历史长河里。

1940年夏季的一天，破晓时分，200名波兰犹太人聚集到驻立陶宛的日本领事馆门外，恳求帮助，希望能赶在纳粹大军压境之前，从东欧逃出去。为什么他们会选择向日本官员寻求帮助，本身就是一个谜。当时，纳粹德国和日本帝国政府有着紧密的关系、共同的利益；事实上，仅仅几个月之后，在1940年9月，日本、德国和意大利就签署了三方契约，正式宣布结盟。那么，为什么这些犹太人、第三帝国仇恨的目标，会向阿道夫·希特勒的外国伙伴求助呢？他们期望从日本人那里得到什么样的帮助呢？

在20世纪30年代末跟纳粹德国建立密切的战略联盟之前，日本允许流亡犹太人借道本国领土，以求从国际犹太人社群那里得到一些财政资源和政治上的善意。由于日本国内的部分圈子对这一计划的支持仍很强劲，政府并未完全取消向欧洲犹太人发放旅游签证的政策。由此带来了一个不可思议的结果：战前几年，包括美国在内的世界大多数国家都抛弃了希特勒“最终解决方案”的绝望“猎物”，反而是希特勒的盟友日本为他们提供了庇护：上海日租界以及日本神户市的犹太定居点。

所以，1940年7月，200名犹太人聚集在驻立陶宛的日本领事馆门外，他们知道大门背后的人手里，恐怕握着他们逃出生天的最后机会。这个人的名字叫杉原千亩（Chiune Sugihara），表面看来，他不像是个能安排犹太人获救的可靠人选。杉原千亩正处在自己外交官生涯的中期，靠着16年来在一连串岗位上的恪尽职守，成了日本驻立陶宛总领事。良好的资历推动了他在外交官圈子里的晋升：他生于武士之家，是政府官员的儿子。他精通俄语，给自己设定了十分高远的事业目标，希望有朝一日能成为日本驻莫斯科大使。跟更出名的奥斯卡·辛德勒一样，杉原热爱狩猎、音乐和聚会。所以，要说这位过得舒舒服服、喜好享乐、干了一辈子外交工作的外交官，会拿自己的事业、声誉和未来冒险，救助一大早把他从美梦里吵醒的陌生人，从表面上真看不出什么迹象。然而，他恰恰这么做了，而且他完全知道这可能会给自己和家人带来什么样的后果。

他跟等候在大门之外的人群聊了一阵，了解了他们的困境，便打电话到东京，希望上级允许他为这些犹太人发放旅游签证。虽然日本对犹太人发放签证和允许其定居的宽松政策尚未发生变化，外交部的上司却担心，继续推行这些政策会损害日本与纳粹德国的外交关系。因此，杉原的请求遭到了拒绝。随后他更为迫切地提出了第二次和第三次请求，也同样遭拒。他此时40岁，在这以前，从未有过丝毫的不忠，也从不曾违抗命令。可这一天，这位在生活中声色犬马、在事业上雄心勃勃的外交官，做出了没人想得到的举动。他直接违背了上司重申了三次的命令，开始动手发放旅游签证。

这一选择摧毁了他的职业生涯。不到一个月，杉原就从立陶宛总领事被贬为闲职，不得再独立执业。最终，他以“犯上”罪名被外交部开除。战后他一文不名，靠卖灯泡为生。但在被迫关闭立陶宛领事馆前的几个星期，杉原坚守个人选择，从清早到深夜，一直在面试申请人，为他们准备文件。甚至，在领事馆关闭之后，他住进宾馆，仍继续签发证件。哪怕这件事带来的压力让他形容消瘦、精疲力尽，哪怕同样的压力使他的妻子无法再为襁褓中的孩子哺乳，他仍片刻不停地签发证件。哪怕最后，他已经登上了离开立陶宛的列车，在站台上，在列车上，他仍在签发证件，并把写好的签证抛向车厢外求助的犹太人。他一共救下了几千条无辜的生命。等列车开动，要把他带走，杉原朝着那些他来不及帮助的人深深鞠了一躬表示歉意，请他们原谅自己已经无能为力（见图 10-3）。

图 10-3 杉原和他的家庭：内与外

在立陶宛领事馆办公室（上图）为犹太人发放了几千张旅游签证之后，杉原千亩被贬为闲职，来到纳粹控制的欧洲。在捷克斯洛伐克，他让家人站在一座公园外面照了张相（下图，从左到右依次为他的儿子、妻子和妻妹）。公园门口挂了块德语标志牌："犹太人不得入内。"这块牌子是偶然拍下的，还是暗含了有意识的辛辣讽刺呢？暗示性的证据来自妻妹的右手。你看到它在哪儿了吗？

资料来源：United States Holocaust Memorial Museum. Courtesy of Hiroki Sugihara [both photos].

杉原决定帮助数千犹太人逃往日本的原因，恐怕无法用单独的某个因素来解释。一般来说，这种非凡的慈悲之心是来自各种合力的交互作用。但就杉原而言，家庭因素表现得很明显。他的父亲是税务官，曾一度被派驻韩国，就把家搬到了当地，开了一家旅馆。他的父母愿意接纳形形色色的旅客，在家庭旅馆里照料其基本食宿需求，甚至为客人提供浴缸，并帮他们洗衣服，哪怕有些人穷困潦倒、付不起钱也没关系。杉原曾回忆说，这些点点滴滴的小事带给他极大的影响。从这个角度，我们可以看出杉原日后搭救数千欧洲犹太人的一个原因：因为经常在家接触不同的人，他的家庭感扩大了。45年之后，他在接受采访时说：犹太人的国籍和宗教并不重要；他们都跟他一样，是人类大家庭里的一员，他们需要他的帮助，这才是最重要的。如果父母们希望孩子培养起广泛的慈悲心，不妨参考他的经历：让孩子在家里接触到来自不同背景的人，并像家人一样对待他们。[5]

乡土

从拥有共同基因的个体组成小而稳定的群落开始，人类演化至今，由此获得了一种倾向，除家人之外，还偏爱跟我们有着紧密接近性的人。这种倾向甚至带来了所谓的地方主义。有时候，我们可以从邻里和社区关系上看出它的巨大影响力。让我们再次回头看看大屠杀时期几个扣人心弦的故事。这些故事很好地证实了这一点。

集中营里认老乡

第一个故事来自社会学家罗纳德·科恩（Ronald Cohen）。

在纳粹的劳动营里，要是有一名囚犯违规，守卫常常会让所有人排队报数，每 10 人杀 1 人。在科恩的故事里，一个资深守卫跟往常一样做着这件事，可突然之间，他举动反常：倒霉的第 10 号囚犯走出了队伍，可守卫却扬了扬眉毛，朝第 11 号囚犯开了枪。他之所以这么做，可能的原因有好几个。说不定，那个侥幸留得一命的囚犯过去的劳动表现一贯不错；也说不定，守卫注意到那人体力、智力或者健康状况良好，将来会是个好劳力。但另一名守卫问他为什么这么做的时候，他的答案却很明显跟这些实际的考量毫无关系。他所说的理由非常简单，但却足够充分：他认出 10 号囚犯跟自己是同乡。

科恩从另外那名守卫那里听到了这个故事，并在一篇学术文章里对之进行了介绍，对它所体现出的深刻矛盾做了评论："守卫在大规模杀人时尽忠职守，却对受害者群体里的一名特定成员保持着怜悯与同情。"虽然科恩并未探讨相关的问题，但辨识出导致守卫从大规模行刑的冷血杀手，变得对具体的某个人有了怜悯和同情的因素非常重要。这个因素就是地点的相关性。

现在让我们来看看，完全相同的因素，在完全相同的历史时期，曾产生过怎样完全不同的结果。许多在大屠杀期间对犹太人施以援手的好心人的故事，都揭示出一个少有人分析但值得关注的现象：大多数情况下，掩护受纳粹迫害的犹太人并为之提供藏身之所和食物的人，并不是自发自觉地找到受害者给予帮助的。更值得注意的是，受害者本身通常也并没有直接向他们寻求帮助。相反，直接提出请求的人，大多是提供救助的好心人的亲戚或邻居，由他们代表受追捕的个人或家庭请求获得帮助。因此，从真正的意义上看，这些施救的好心人不是顺从了需要帮助的陌生人，而是答应了自己亲戚或邻居的请求。

OPENER

来自亲朋好友社会网络的力量

当然，这并不是说，救助者出手相助不是因为同情受害者。在纳粹占领期间，法国新教牧师安德烈·特罗克梅（Andre Trocme）先是收留了自家门外一名沦落多时的难民，继而劝说家乡小镇利尼翁河畔勒尚邦的其他居民收容、藏匿、协助数千犹太人逃跑。特罗克梅这一非凡故事的启发意义，不在于他怎样帮助第一个难民，而在于他怎样安排照料之后的其他许多难民：他先是请求那些很难拒绝自己的人，即他的亲戚、邻居帮忙，接着再敦促后者向亲戚、邻居提出同样的请求。策略化地利用现有人际纽带，不光让他成了一个富有同情心的英雄，还让他的营救行动大获成功。[6]

地区

就连来自同一个大致的地理区域，也能导致一种归属感。在全球范围内，体育锦标赛都会激起运动队所在周边地区居民的个人荣誉感：球队赢了，就像是居民自己赢了一样。仅在美国，研究证据就以多种多样的途径证实了这一观点：如果调查研究是家乡的州立大学发起的，公民答应参与的概率更大；读到阿富汗战地阵亡的新闻报道，发现倒下的军人跟自己是同州人，读者会更反感战争；甚至，回到两百年前的美国南北战争时期，如果士兵们发现他们来自相同的地区，就不太容易疏远，对作战单元里的战友们会更加忠诚。

从球迷到士兵，我们都可以看出地区身份对类似归属感的反应的极大影响。但还有一个更具说服力的例子，同样来自大屠杀期间，而且表面上看有些扑朔迷离。

虽然杉原千亩的签证救下了数千犹太人，但当他们抵达日本控制地区时，就成了更大规模的犹太难民的一部分，这些难民群体集中在日本的神户以及上海的日租界。1941 年日本偷袭珍珠港，促使美国参战之后，难民进出日本的所有途径就都中断了，犹太社区的安全也岌岌可危。说到底，日本当时正跟希特勒全面结盟，要维持双方关系的稳固，就必须支持希特勒的反犹主义。更重要的是，1942 年 1 月，希特勒在柏林的万湖会议上正式发起了全面消灭犹太人的计划。随着轴心国“最终解决方案”的就绪，纳粹官员开始向东京施加压力，要求“解决”在日犹太人。这次会议之后，东京方面陆续收到了德国有关死亡集中营、医学实验和海上集体溺杀的提议。然而，尽管有可能损害日德关系，但从 1942 年初到战争结束，日本政府始终顶住了这些压力。为什么会这样呢？

答案很可能跟几个月前发生的一系列事件存在联系。纳粹派出约瑟夫·梅辛格（Josef Meisinger）上校前往东京，梅辛格是盖世太保，曾在波兰下令处死了 16 000 人，史称“华沙屠夫”。1941 年 4 月抵达日本后，梅辛格便着手施压，要求日本政府对犹太人采取残暴政策，并表示很乐于帮忙设计和执行这项政策。日本军政府的高级成员起初不知道怎样回应，想听听各方意见，就传召犹太难民派两名领袖去开会，这次会议对旅居日本的犹太难民的未来将产生重大影响。两名获选代表都是受人尊敬的宗教领袖，但他们受人敬重的方面不同。一个人是拉比摩西·沙提克（Moses Shatzkes），他饱读经文，战前曾是全欧洲最著名的塔木德学者。另一位是拉比希蒙·卡利什（Shimon Kalisch），他年纪更长，对人性有着非凡的洞察力，算得上是个社会心理学家（见图 10-4）。

两人进入会议室后，和翻译一起站在日本最高统帅部一群大权在握的权贵面前。这些能决定犹太人生死的人，径直问出了两个最致命的问题：

为什么我们的盟友纳粹这么仇视你们？我们为什么要站在你们这一边，反对他们？沙提克认为这些问题涉及复杂的历史、宗教和经济事宜，没能立刻做出回答。但卡利什却根据自己对人性的洞察，说出了我研究影响力 30 年来印象最深的一句说辞。“因为，”他平静地说，“我们都是亚洲人，跟你们一样。”

图 10-4　留日期间的拉比们

第二次世界大战期间，日本没有屈服于纳粹的压力，残酷对待犹太人。原因之一可能是卡利什使用的说法调动了日本官员的归属感，接纳犹太族裔，而排斥了纳粹。图为关键会议当天所摄，另外两人为陪同。

资料来源：Courtesy of Marvin Tokayer.

话虽说得短，但可谓神来之笔。通过暗示纳粹自称的“优越的”雅利安人种跟亚洲民族有着天然的不同，它把日本官员心中占主导地位的群体认同，从战时的临时同盟转到了与地区、遗传相关的亲近性上。卡利什靠着深刻的洞察力，把犹太人和日本人并列在一起，而把纳粹孤立开来。老拉比的回答对日本官员产生了强烈的影响。一阵沉默后，他们彼此商议，宣布休会。当他们返回时，最高军事长官站起身，向拉比们宣布了一个令人宽慰的好消息："回去找你们的族人吧。告诉他们，我们会保证他们的安全与和平。在日本领土之内，你们无须担心。"日后发生的一切也果真如此。[7]

毫无疑问，技巧娴熟的沟通者能够驾驭亲人意识和乡土意识带来的联盟的力量。沃伦·巴菲特和拉比卡利什对此作了证明。与此同时，对立志提升影响力的人来说，还有另外一种联盟效应可以运用。它不是来自血缘或地理位置上的在一起，而是来自同步或合作展开行动。接下来我们就要介绍它。

PRE-SUASION 延伸阅读

1

组内偏好会带来多方面的积极效应，包括：顺从（Guadagno & Cialdini, 2007; Stallen, Smidts & Sanfey, 2013）；信任（Foddy, Platow & Yamagishi, 2009; Yuki et al., 2005）；帮助与喜好，Cialdini et al., 1997; De Dreu, Dussel & Ten Velden, 2015; Greenwald & Pettigrew, 2014）；合作（Balliet, Wu & De Dreu, 2014; Buchan et al., 2011）；情感支持（Westmaas & Silver (2006)；宽恕（Karremans & Aarts, 2007; Noor et al., 2008）；创意判断（Adarves-Yorno, Haslam & Postmes, 2008）；道德判断（Gino & Galinsky, 2012; Leach, Ellemers & Barreto, 2007）；人性判断（Brant & Reyna, 2011; Haslam, 2006）。这种偏好不光对人类行为影响深远，而且在其他灵长动物身上也有表现。它在人类婴儿身上是自发的（Buttleman & Bohm, 2014; Mahajan et al., 2011）。互惠原则在互赠节日贺卡的过程中怎样运作，具体可见 Kunz (2000) 及 Kunz & Wolcott (1976)。

2

群体成员之间的身份认同混淆，可以从以下倾向看出：将自己的特点投射到其他群体成员身上（Cadinu & Rothbart, 1996; DiDonato, Ulrich & Krueger, 2011）；记不清楚自己此前评价的特点是属于自己还是同群体成员的（Mashek, Aron &

Boncimino, 2003）；需要较长时间才能确认自己和群体内成员之间的不同特点（Aron et al., 1991; Otten & Epstude, 2006; Smith, Coats & Walling, 1999）。来自神经科学的证据表明，自我和亲密他人之间的表征模糊，是由于它们在前额叶皮层有着脑区和回路的重合（Ames et al., 2008; Kang, Hirsh & Chasteen, 2010; Mitchell, Banaji & Macrae, 2005; Pfaff, 2007, 2015; Volz, Kessler & von Cramon, 2009）。其他类型的认知混淆也是因为大脑在做不同的事时使用了相同的结构和机制（Anderson, 2014）。举例来说，如果一个人反复想象自己做了某事，就会逐渐相信自己真的做了某事，这一现象可以被部分解释为：执行一个行为和想象执行该行为，涉及若干相同脑区的参与（Jabbi, Bastiaansen & Keysers, 2008; Oosterhof, Tipper & Downing, 2012）。再举一个例子，在大脑中，感受社会排斥带来的伤痛跟感受身体伤痛一样，使用的是同样的脑区。因此，泰诺可同时减少两者带来的不适感（DeWall et al., 2010）。

3

“整体适应度”的概念最初由汉密尔顿（W. D. Hamilton）在 1964 年提出，从此成为进化论的主要思想。生死关头亲属关系的强大力量，证据可见 Borgida, Conneer & Mamteufal (1992); Burnstein, Crandall & Kitayama (1994); Chagnon & Bugos (1979)。进一步的研究表明，如果告诉阿拉伯人和以色列人他们之间有多少遗传相似性，则他们彼此之间的敌意和恶意会减少（Kimel et al., 2016）。青少年在帮助家人之后体验到大脑系统的奖赏，见 Telzer et al. (2010)。对“虚构家庭”研究的综述，可见 Swann & Buhrmester (2015) 及 Fredman et al. (2015)。另一项研究为这一群体促进效应提供了解释：在意识里突出强调群体身份，会让人强烈关注与这一身份吻合的信息（Coleman & Williams, 2015），这反过来让他们认为这些信息更加重要，更具备因果意义（如第 2 章和第 3 章中所述）。Elliot & Thrash (2004) 进行的一项研究表明，我班上几乎所有的家长都支持了孩子，这并非偶然。这些研究人员在心理课上说，如果家长回答一套 47 道题目的问卷，学生可多得一分；96% 的问卷都完成并交回了。Preston (2013) 对“养育后代是范围更广的帮助行为的基础”这一观点进行了详细的分析。

虽然生物学家、经济学家、人类学家、社会学家和心理学家都通过研究了解到了这一点，但要意识到孩子对家长的巨大影响力，人们用不着非要先去当科学家。举例来说，小说家经常表现这种情感上的强大拉力。当代最伟大的小说家之一海明威讲过一个赌注的故事。海明威素以文字简练却动人心弦著称。他跟一位编辑在酒吧喝酒，海明威打赌说，自己能用 6 个字写出一个人人能懂并产生深刻共鸣的完整故事。如果读完这个故事之后，编辑认同他的观点，就给整个酒吧的人买杯酒；如果不认同，那就由海明威来埋单。定好打赌的条件以后，海明威在餐巾纸背面写了几个字，把它给编辑看了，编辑什么话也没说，站起身就去了柜台，给所有人买了一轮酒。海明威写的是:“童鞋出售。全新。”

4

巴菲特的 50 周年致股东的信可见: www.berkshirehathaway.com/letters/2014ltr.pdf，它是伯克希尔哈撒韦公司 2014 年年报的一部分，该年报于 2015 年 2 月公布。不管是在家里还是家外，人们都用相似性来判断基因重合，并偏爱与自己重合度更高的人（DeBruine, 2002, 2004; Heijkoop, Dubas & van Aken, 2009; Kaminski et al., 2010; Leek & Smith, 1989, 1991）。操纵相似性能影响投票的证据，来自 Bailenson et al. (2008)。除了身体特征和性格上的可比性，人们还以态度相似性为基础来评估遗传相关性，并进而构建小圈子，决定要帮助谁（Gray et al., 2014; Park & Schaller, 2005）。但在这方面，不是所有的态度都有同样作用: 在判断圈内人身份时，对性行为以及自由或保守意识形态等事物的基本宗教和政治态度，似乎有着最强大的力量。之所以如此，大概是出于以下原因: 这一类态度是最有可能通过遗传来传递的，因此最能反映基因上的归属感（Bouchard et al., 2003; Chambers, Schlenker & Collisson, 2014; Hatemi & McDermott, 2012; Kandler, Bleidorn & Riemann, 2012; Lewis & Bates, 2010）。这种高度可遗传的态度也是极难改变的（Bourgeois, 2002; Tesser, 1993），这可能是因为人们不愿意改变在自己眼中足以界定自身的立场。

5

对于人类及动物用来识别亲属关系的线索的相关综述见 Park, Schaller & Van Vugt (2008)。与他人同住及观察到家长对他人的照料行为跟孩子日后的利他主义态度有着相关性，有力证据可见 Lieberman, Tooby & Cosmides (2007)。至于杉原千亩的例子，从一个个案出发推广得出更宽泛的结论，始终是很冒险的。不过就本例而言，我们知道，在那个时代伸出救援之手的人里，不光只有他一个人的童年家庭生活中融合了多种多样的人。Oliner & Oliner (1988) 从一个收容过犹太难民的欧洲人士的大规模样本当中发现了类似的经历。一如预期，较之同时期未救助犹太人的人员样本，救助者样本里的人在成长期间，对多样化的人群有着更强烈的认同感。这种扩大了的归属感，不光与决定在大屠杀期间救助他人的行为有关，甚至，在半个世纪后接受采访时，这些救助者仍在帮助更多样化的人群（Midlarsky & Nemeroff, 1995; Oliner & Oliner, 1988）。

最近，研究人员设计了一套人格量表，评估个人与全人类自发认同的程度。这一重要量表衡量了一个人使用代词“我们”的频率、把他人视为家人的观念、自我与他人概念的整体重合程度，可以预测出此人救助外国人的意愿（反映为向国际人道救援活动捐款；McFarland, Webb & Brown, 2012; McFarland, in press）。此外，对他国移民困境的同情反应，似乎来自当事人与他人之间的自我-他人感知重合度（Sinclair et al., 2016）。杉原在第二次世界大战前的帮助行为的相关背景及个人因素信息，来自对当时日本和欧洲环境的历史记录（Kranzler, 1976; Levine, 1997; Tokayer & Swartz, 1979）以及杉原接受的采访（Craig, 1985; Watanabe, 1994）。

6

科恩对集中营故事的描述（Cohen, 1972），来自他和一个前纳粹守卫的对话，在转述这个故事的时候，此人是科恩的室友。据估计，利尼翁河畔勒尚邦的群众在安德烈·特罗克梅及其妻子玛格达（Magda）的带领下，救下了 3 500 条人命。1940 年 12 月，他在自己家门口发现了一个冻僵的犹太妇女，这是他帮助的第一个难民。至于他为什么决定帮助这位妇女，我们很难给出确定的答案。但在战争快结束时，特罗克梅被关起来，法国维希市政府官员要求他及其他居民报上犹太人的名字，他的回答仿佛直接出自杉原千亩之口，其核心和世界观如出一辙："我们不知道什么是犹太人。我们只知道什么是人。"（Trocmé, 2007, 1971）至于说亲属和邻居谁更容易答应特罗克梅的请求这个问题，其他证据来源暗示答案是前者。也就是说，肯定是亲戚的人提出的要求更难以拒绝。举个例子，在 20 世纪 90 年代中期的卢旺达大屠杀期间，胡图族人会向自己的图西族邻居发起攻击，鼓动发起攻击的人以部落为号："胡图力量"既是战斗口号，也是屠杀的理由。

7

人很容易受到本地呼声的影响，这叫作"本地优势效应"（the local dominance effect；Zell & Alike, 2010）。在政治选举环境中，这意味着公民更容易顺从自己社群成员提出的出门投票的请求（Middleton & Green, 2008; Rogers, Fox & Gerber, 2012; Sinclair, McConnell & Michelson, 2013）。值得注意的是，办事处的本地志愿者上门呼吁投票，对选民投票率有着相当大的影响，远高于大众媒体的呼吁（Enos & Fowler, in press）。因此，在奥巴马成功的总统竞选活动中，组织工作人员在设计劝说辞时特意强调了志愿者的本地身份（Enos & Hersh, 2015）。关于奥巴马的军师们在整个选举活动中怎样应用来自行为科学的其他见解，请见 Issenberg (2012) 的综述。

参与调查的意愿、对阿富汗战争的反感、对作战单元的疏远倾向，证据分别来自 Edwards, Dillman & Smyth (2014); Kriner & Shen (2012); Costa & Kahn (2008)。按照 Levine (1997) 的报告，杉原的签证救助了上万犹太人，他们绝大多数在日本领土找到了避难所。很多历史学家都曾描述过日本决定庇护犹太人的相关事件（如 Kranzler, 1976; Ross, 1994），但最详尽的记述来自东京前首席拉比托卡耶尔（Tokayer & Swarz, 1979）。我自己的记述改编自我跟他人合著的一本教科书（Kenrick, Neuberg & Cialdini, 2015）。

细心的读者或许已经注意到，在介绍大屠杀政策时，我将涉事方称为纳粹，而非德国人。因为在我看来，把德国的纳粹政权跟德国的文化或人民等同起来是不准确、不公平的。政府政权，往往是崛起于强烈而短暂的外界环境，不能公正地概括人民的特点。因此，在讨论德国的纳粹统治时期时，我并不把两者混为一谈。

PRE-SUASION

11 行动合一

影响力第七大武器之二

A Revolutionary Way to Influence and Persuade

我的同事威廉明娜·沃辛斯卡（Wilhelmina Wosinska）教授回想起自己 20 世纪 50 年代到 60 年代在波兰的成长经历，总是百感交集。从消极面来说，除去基本物资的持续短缺，还有对个人自由方方面面的限制。然而，官方引导她和同学们积极地看待这些限制，把它们视为建立公正平等的社会秩序的必要条件。这些积极的情感，会通过庆祝活动定期表现出来，反过来，庆祝活动也助推了积极情感的高涨。在活动中，大家一起唱歌、游行、挥舞旗帜。她说，她深刻地感受到了活动带来的影响：身体的活跃，情绪的昂扬，心理上的肯定。在这些经过严格编排、有力协调的团体活动中，她前所未有地体会到了“我为人人，人人为我”的概念。我听沃辛斯卡教授说起这些活动，一概是在论述群体心理学的学术演讲当中。虽然那都是学术会议，但她形容自己参加活动的时候，总是会音量提高，血涌到脸上，眼睛闪闪发光。这些同步化的体验有着不可磨灭的本能色彩，从人类生存条件的角度来看，它们原始且重要。

行动合一的结果

事实上，考古学和人类学的记录在这点上十分明确：所有人类社会都发展出了协同一致的方式，齐声或同步唱歌、游行、举行仪式、吟诵、祈祷和舞蹈。更重要的是，从史前时代开始他们就在这么做了，比如新石器时代和红铜时代的岩画、洞穴壁画等常常表现集体舞蹈（见图 11-1）。行为科学的记录同样清晰地解释了其中的原因。**人们统一行动时，就真的统一了**。集体联盟的合力感非常符合社会的利益，由此带来了通常只跟小家庭单位挂钩的高度忠诚和自我牺牲精神。因此，人类社会早在古代就已经发现了让反应协同一致的粘合“技术”。它带来的效果类似亲人关系：归属感、融合感、自我与他人界限的模糊。

图 11-1　新石器时代的集体舞?

按考古学家优素福 · 加芬克尔（Yosef Garfinkel）所说，史前艺术所描绘的社会活动几乎总是舞蹈。图为印度比莫贝卡特石窟的壁画。

资料来源：©Arindam Banerjee/Dreamstime.com.

与他人的融合感听起来罕见，但事实并非如此。它可以很轻松地通过多种方式产生。曾有一组研究让参与者玩游戏，要想赢钱，他们必须跟自己的伙伴做出同样的选择；与此相对，对照研究是让参与者跟伙伴做出不同的选择方可赢钱。两相比较，必须跟伙伴做出相同选择的参与者逐渐认为伙伴跟自己更匹配了。跟他人做出相同的行为具有某种魔力，能让人对彼此产生更强烈的喜爱感。

还有研究表明，两人之间的同步反应，不一定非得是能产生这种感知的有意运动，感官反应也有同样的作用。给参与者观看刷子轻触陌生人脸颊的视频，同时让他们自己的脸颊也得到刷子按相同或略微不同的方向和顺序方式轻触。效果很明显：感官体验相匹配的参与者认为自己和视频里的陌生人在外貌、性格上更类似。更值得注意的是，感官体验匹配的参与者报告了更强烈的自我 - 他人身份模糊感："就像是我的脸变成了视频里的脸。""有时候，我产生了一种印象，如果我动一动眼睛，视频里那个人的眼睛也会随之而动。""就好像给我带来触觉的那把刷子，也轻抚着视频里的脸。"

如果以肌肉、声音或感官形式一起行动，足以替代亲人意识，那么，我们应当能看到这两种联盟形式导致类似的结果。事实的确如此。对想要发挥更大影响力的人来说，这些后果中有两种尤其重要：提升对彼此的喜好程度，得到对方的更大支持。它们都可以通过先发制人的方式实现。[1]

提升喜好之情

当人们行动合一时，不光会认为彼此更相似，此后的互相评价也更积极。彼此之间的更相似，变成了彼此之间的更喜欢。在实验室里敲击手指、在对话时微笑、师生互动中的身体调整……所有这些行为，一旦同步，就能提高人们对彼此的评价。加拿大的一群研究人员想知道，协调行动能不能用来做一件有着更重要社会意义的事情：协调行动将相似转化为喜好的能力，能不能用来减少种族歧视呢？研究人员注意到，虽然我们通常会跟群体内成员相互协调产生"共鸣"，但跟群体外成员却难得如此。他们推测，随之而来的联盟感差异，或许至少能部分地解释人类偏爱自身所属群体的自动化倾向。如果是这样，想办法让人跟群体外成员协调行动，就有可能减少偏见。

为了验证这一想法，他们进行了一项实验：白人受试者观看 7 段视频片段，内容是黑人从玻璃杯里喝了一口水，接着把玻璃杯放在桌子上。一些受试者只观看剪辑片段和片中动作，其余受试者则要模仿视频片段，以完全一致的动作从摆在眼前的玻璃杯里喝一口水。

稍后，受试者接受检验，测量其隐性的种族偏好，只看了黑人演员视频的受试者对白人表现出典型偏好，而曾跟那些黑人演员同步行动的受试者没有表现出这种偏好。

在对实验结果做太多阐释之前，我们应该首先认识到，评价上的积极变化是在研究的协同环节完成短短几分钟之后测量出来的。研究人员并未提供证据，表明这种变化在跳出研究的时间范畴和地点环境后还能持续。不过，就算考虑到这些因素，仍存在值得乐观的情况，因为我们已经找到了一种纠正群体内外偏好的方法，足以在某些具体情境，如工作面试、销售电话、初次会面中发挥作用了。[2]

增加支持行为

有充分的证据表明，跟他人，哪怕是陌生人一起行动，能产生联盟感，提升喜好之情。但来自协调反应的联盟和喜好，是否强大到了足以改变行为呢？毕竟，能否改变行为才是社会影响力是否有意义的黄金标准。要回答这个问题，不妨看看下面两项研究。其一考察的是一个个体向事先产生了联盟感的另一个个体提供帮助，其二考察的是一群事先产生了联盟感的团队成员之间的合作。两项研究所要求的行为，都要求受试者做出一定的自我牺牲。

在第一项研究中，参与者戴着耳机，听一连串录制好的曲调，同时按自己听到的节奏敲击桌子。有些参与者跟搭档听到的是相同的曲调，因此会认为自己在跟对方一致地敲击；还有些参与者跟搭档听的是不同的曲调，所以并未同步行动。事后，所有的参与者均得知，他们可以自行离开，但他们的搭档则需要留下来回答一连串冗长的数学和逻辑题。参与者可以自己选择是否留下来替搭档做一些任务。

研究所得的结果毫无争议地证明，协同行动具有提升自我牺牲式的支持行为的先发影响力。敲击桌子时跟搭档不同步的参与者，只有 18% 选择留下来帮忙；而跟搭档同步敲击桌子的参与者，有 49% 放弃了自由时间，向搭档伸出了援手。

另一群不同的研究人员进行了第二项有趣的研究，采用历史悠久的军事战术来培养团队凝聚力。研究人员将参与者编成小组，并要求部分小组齐步走；又要求另几支小组一起走相同的时间，但无须齐步，正常走即可。稍后，所有组员都参加了一个经济游戏，他们既可以最大化地提升自己获得个人收益的机会，也可以放弃这一机会，以确保自己的队友获得更大收益。先前曾齐步走的组员跟队友合作的概率，比之前正常走的队友高 50%。

后续研究解释了其中的原因：最初的协同反应带来了一种联盟感，从而让人更乐意牺牲个人利益，换回集体的利益。[3]

行动合一的有效方法

由此可见，集体可以预先安排协同反应，在多种情况下促进成员的联盟感、喜好和随后的支持行为。但到目前为止，我们考察的手法，如敲击桌子、喝水、轻抚脸庞等，好像都不能立刻执行，至少不能大规模地执行。从这个角度看，齐步走稍好，但也好得很有限。社会组织要想带来这样的协同，让成员为了团队目标而努力，有没有什么可以普遍运用的机制呢？有，那就是音乐。另外，就算是个人沟通者，也能借助音乐这一影响力中介，推动他人朝着目标前进。

音乐共鸣

从人类有史以来，在全球多种多样的人类社会当中，为什么都有音乐的身影出现呢？对此有一个很合适的解释。音乐集合了多种可辨识的规律性：节奏、韵律、强度、节拍和时间，因此拥有极为稀有的协同力量。听众可以很容易地在肌肉运动、感官、声音和情绪维度上彼此达成一致。这种一致状态带来了我们熟悉的联盟标志：自我与他人的融合，社会凝聚力，支持行为。

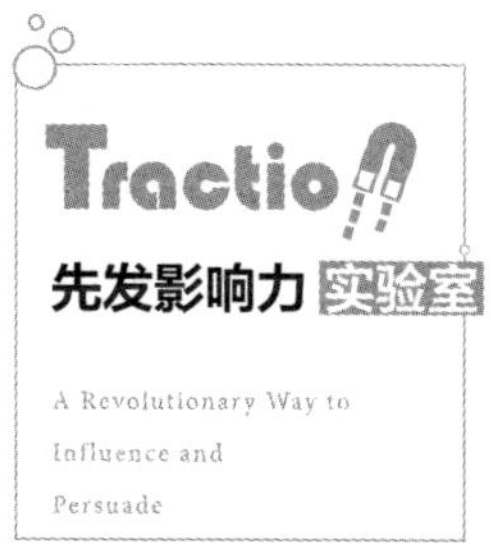

就支持行为这最后一个方面，让我们来看看在德国进行的一项对 4 岁儿童的研究。孩子们参加一个游戏，有一些会跟搭档一起边唱歌边绕着圆圈走，他们的动作要跟上录好的音乐；另一些孩子要做的几乎相同，但没有音乐伴奏。后来，等孩子们有机会展现自己的助人精神时，一起和着音乐唱歌绕圈的孩子帮助搭档的概率，比未受音乐先发影响的孩子高 3 倍。

这项研究的作者对他们所观察到的乐于助人精神提出了两个具有启发意义的观点。首先，他们指出，帮助行为要求自我牺牲，帮忙的人要放弃个人的玩耍时间协助搭档。共同的音乐和动作体验，大幅提升了孩子们稍后的自我牺牲精神，这对想要改变4岁小孩自私选择的家长很有启示，让他们不必再一遍遍地大吼："莉亚，该把玩具给哈利玩了。莉亚？莉亚！莉亚，你赶紧给我把那个玩具拿回来！"而在我看来，研究者提出的第二个观点，和第一个同样重要：孩子们的个人牺牲，并不来自对是否应当提供协助的理性权衡。帮忙的意愿完全不是扎根在理性当中的。它是自发的，直觉性的，以跟搭档一起投入音乐所自然产生的情感联系为基础。这对我们控制社会影响力过程有着深远的意义。[4]

行为科学家很早就曾指出，存在两种评估和认识世界的方式。最近获得了广泛关注的这一类主张，是丹尼尔·卡尼曼对思维系统1和思维系统2所做的区分。前者是快速的、联想的、直觉的，往往还是情绪化的；后者则速度较慢，是蓄意的、分析的和理性的。这两种思考方式是相互独立的，支持的证据是：激活其中一方，另一方就会被抑制。充满感情地体验一件事时，你很难认真地思考它；反过来，使用逻辑分析一件事的时候，你也很难全身心地体验这件事。这对影响力有什么启示呢？说服方诉求的着眼点，最好跟接受方的思维方式相对应。也就是说，如果你主要是从与情感相关的特点来考虑买车，希望车子外观好看、提速令人振奋，那么销售人员就最好使用与情感相关的论点来说服你。研究表明，在这种情况下，哪怕只是说"我感觉这款车很适合你"，也能取得很大的成功。但是，如果你主要站在理性的基础上来考虑买车，关注燃油经济性和保值性，"我感觉这款车很适合你"的说法则很可能搞砸买卖。[5]

音乐的影响作用，针对的是思维系统1。人们跟着节奏，也跟着彼此一起唱歌、摇摆、扭动、挥手，这反应发自他们的感官和内脏。当音乐在意识里占主导地位的时候，人很少会分析性地思考。在音乐的影响之下，人很难进入审慎而理性的思维路径，因此也就无法采用这种思维方式。有两句名言点明了音乐的这一特点。一句来自伏尔泰，他曾不屑地说："说出来愚蠢的话，唱出来就不一样了。"另一句则是广告行业的战术宝典："如果你无法用事实向受众证明你的观点，那就唱给他们听。"因此，如果沟通者的观点理性力量不强，不妨放弃这条战线，改为侧向迂回。以音乐和歌曲为武器，可以把战斗带到一个理性无能为力的地方，最终胜出的将是和谐、同步和联盟感。

这一认识帮我解开了长久埋在心底的一个谜。我年轻时没什么音乐天赋，这个问题可把我愁死了：为什么年轻姑娘这么容易对乐手倾心钟情呢？真没有逻辑可言，对不对？的确如此。跟大部分乐手成功建立亲密关系的概率都低得惊人，可这无关紧要：概率是以理性为基础的。大多数乐手眼下和将来的经济前景都堪忧，这也无关紧要：这些都是经济上的原因。音乐跟这类实际的问题不相关。音乐讲究的是和谐。和谐的旋律，唤起了情感和亲密的关系。

此外，音乐和爱情因为有着情感和和谐性上的共同点，在生活里也是彼此强烈相关的。否则你怎么解释当代歌曲里有那么高的比例是以浪漫爱情为主题的呢？按最近的一轮系统性统计，这个比例是 80%，可谓占了绝大多数。真是奇妙啊！在我们说话、思考或者写作的时候，绝大多数时间并不以浪漫爱情为主题，但在唱歌的时候却是如此。

所以，现在我明白为什么年轻姑娘抵挡不住乐手的诱惑了，她们正处在对爱情和音乐最感兴趣的年纪，这两种体验之间的强力联系让乐手势不可挡。想要些科学证据？且让我把法国一项研究的结果唱给你听吧。研究人员让一名男性去找年轻姑娘索取电话号码，此时，他要么背着吉他盒，要么背着运动包，要么什么也没背：

法国的科学家们呀，
开始还怀疑，
陌生人背着吉他盒去索要
姑娘的电话号码，
能不能提高成功概率呢？
其实不用太烦恼呀，
成功率翻了一倍，还要多，哟哟哟（见图 11-2）。

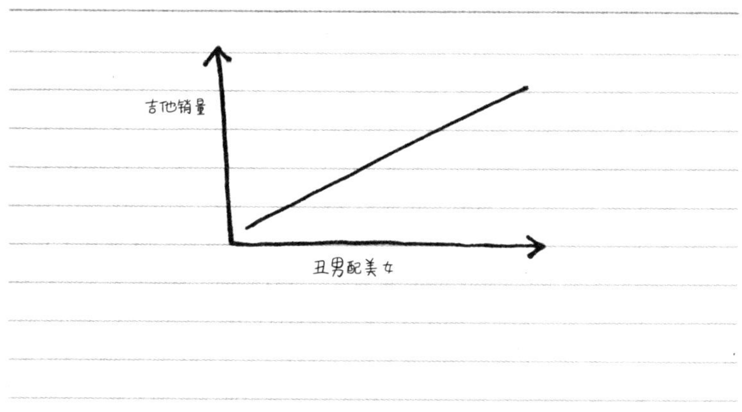

图 11-2 吉他把笨蛋变英雄

资料来源：Via @ jessicahagy and thisisindexed.com.

对所有有意将说服成功率最大化的人来说，本节的关键信息不仅仅在于音乐与思维系统 1 的反应之间的相关性，或是一旦注意力被引导到这种反应方式上，人就会轻率行事。

说服沟通选用的思维模式，应该跟受众的思维模式相搭配，这才是最重要的教训。

如果接受方的目标是不讲究理性的、享乐主义的，与之匹配的信息就应该包括非理性的元素，如音乐的伴奏等；而如果接受方的目标是理性的、务实的，那么信息则应包含理性元素，如事实等。营销专家斯科特·阿姆斯特朗在其精彩作品《广告说服力》一书中指出，2008 年有人对 30 秒电视广告做了分析，87% 都配有音乐。但为信息增加音乐这一常规做法很可能存在缺陷。阿姆斯特朗还考察了相关研究，最后得出结论：只有在情绪性背景下宣传熟悉的、基于感受的产品时，也就是人们不太使用理性思考的时候，才应该使用音乐。对有着强大支持论据且会造成严重后果的产品，如安全设备、软件套装等，背景音乐反而削弱了广告效力，因为此时，潜在的买家很可能会再三斟酌。[6]

持续交换

2015 年初，《纽约时报》上的一篇文章点燃了读者的兴趣，引来评论无数。它野火燎原般传播开去，成了《纽约时报》有史以来阅读量最大的文章之一。对一家像《纽约时报》这样的新闻媒体来说，这种事情似乎不算什么，毕竟，它是一份在美国国内和国际新闻界地位很高的报纸。但这篇文章并不是来自政治、商业、技术、科学、健康甚或时尚栏目。文章的标题是《想爱上一个人，请这么做》，作者是曼迪·莱恩·卡特伦（Mandy Len Catron），她声称发现了一种产生强烈的情感亲密性和爱情社会关系的有效途径，只需 45 分钟。她说，这种方法很管用，因为她亲身验证过。

这项技术来自心理学家阿瑟·阿伦（Arthur Aron）和伊莱恩·阿伦（Elaine Aron）夫妇，两人发起了一个考察亲密关系的研究项目。这个项目研究了协调行动的一种具体形式，即伴侣双方参与持续的交换。其他的心理学家早已证明，长期的交换，会让人向交换伙伴表现出额外的善意，谁是最后一个都无所谓。这种倾向跟我先前讲述的哈里森一家人的故事相吻合：哈里森一家答应为从没见过面的 18 岁男孩提供住处，不是因为他们欠了男孩家人情，而是因为两家人互寄了 10 年的节日贺卡。交换的过程带来的不是尚未履行的义务，而是一种良性的人际关系，它推动了哈里森一家人的顺从。

阿伦夫妇和同事们揭示了互惠交换是怎样将参与交换的双方结合在一起的，进而解释了这种顺从的意愿。他们采用了一种特别的交换，其作用强大得足以令人们彼此相爱。这种交换就是个人自我表露。

整个过程并不复杂：参与者两人结为一组，向彼此提出问题，听到问题的人先回答，之后提问者自己也做出回答。问题共有 36 道，要参与者逐步透露自己的个人信息，反过来说，两名参与者也将一步步地了解到更多有关对方的信息。最开始，问题是这样的："在你看来，完美的一天是什么样的？"而后来的问题则可能是这样的："你在友谊中最看重的是什么？"接近尾声时的问题是："家人里谁去世会让你最不安？"

关系的深化超出了所有人的预期。整个过程在 45 分钟之内带来了无可比拟的情感亲密和人际联盟，尤其这还是在情感真空的实验室环境里，互相搭档的都是陌生人。而且，实验的结果更让人意想不到。按伊莱恩·阿伦在一次采访中所说，自此以后，数百次应用这一方法的研究都证实了它的效果，一些参与者事后甚至结婚了。阿伦博士还介绍了这种方法神奇效力的两个关键。首先，问题在个人信息表露的强度上逐渐提升。所以，参与者在回答的时候，越来越信任地向对方敞开心扉，这种信任感，在关系亲密的伴侣里极具代表性。其次，参与者是一起这么做的，也就是说，他们协调地、有来有往地提问和回答，互动始终保持同步。这一点恰好和本章的主题相符。[7]

共同创作

早在美国大众接受保护自然的价值观以前很久，一位名叫奥尔多·利奥波德（Aldo Leopold）的男子就在宣传这项事业。20 世纪 30 年代到 40 年代，他在威斯康星大学拿到了美国第一个野生动物管理教授职位，并针对这一主题设计出一种独特的伦理方法。这种方法挑战了环境保护的主导模式，即自然生态要根据人类的使用目的加以管理。

他在畅销书《沙乡年鉴》（*A Sand County Almanac*）里对自己提出的方法做过详细介绍，其主张是，要尽量让所有动植物都在自然状态下存活。他真心实意地坚持这一立场，直到有一天惊讶地发现，自己手里拿着斧子，做着完全与之相悖的行为：他砍倒了自己家里的一棵红桦树，只为了另一棵白松树得到更多的阳光和生长空间。

他想，为什么自己会做损害桦树而有利于松树的事情呢？按照他自己宣称的伦理，两者都有同样的权利在土地上自然生长呀。他怀着困惑，在头脑里搜索自己偏爱行为背后的“逻辑”，想到了两棵树之间有可能导致这种偏爱的各种差异。最终，他认为只有一点是主要因素。这一点跟逻辑毫无关系，是完全建立在感情上的：“好吧，松树是我亲手用铲子种下的，而桦树匍匐在篱笆下面，是自己扎的根。也就是说，我的偏爱在某种程度上来自家长作风……”[8]

利奥波德不是唯一一个怀有这种感情的人。

人都对自己亲手创造的东西有着特殊的亲近感。这是人类的共性。

举个例子，有一种现象，研究人员称之为“宜家效应”（Ikea effect），那是指，对自己亲手造出来的东西，人会觉得“这业余水准的作品跟专业人士的作品有着同样的价值”。考虑到我们当前的关注点是共同行动的影响，这里有必要来探究另外两种可能性。如果一个人跟另一个人手把手地共同创作了某种东西，他会不会不光对作品产生特殊的亲近感，也对跟自己合作的人产生同样的感情呢？这种特殊的亲近感，是不是来自与他人的联盟感呢？

为寻求答案，让我们先来分析一个问题：为什么本节以共同创作为题，我却先介绍了奥尔多·利奥波德亲手种松树产生的影响呢？在这个过程中，利奥波德不是唯一的演员，这一点我敢肯定，他本人想必也同意。他跟大自然是共同的创作者：他种下了松树，大自然让松树成长。那么，有没有可能，跟大自然共同行动带来了这样的结果：他感觉与自然更为融合，从而对自己的合作伙伴更倾心、更尊重了？如果是这样的话，我们就得到了一点启发：共同创作也是一条联盟之路。

遗憾的是，我们没法就此询问利奥波德本人，因为 1948 年他就去世了。但我对这个答案有信心。

信心部分来自我参与的一项研究：调查管理者在开发产品中的个人投入度。我预期，管理者越是感到自己和员工一起拿出了最终成品，对产品质量的评价就会越高。

结果的确是这样：首先，如果管理者受了引导，相信自己在开发设计最终产品，如一款新手表的广告的过程中扮演了重要角色，那么，较之相信自己没怎么参与开发的管理者，他们对广告的偏爱要强 50%，哪怕两者最终看到的广告是一样的。其次，我们发现，认为自己参与得更多的管理者，同时也认为自己对广告的质量负有更大的责任，因为他们感到自己对手下员工有了更大的管理控制力（见图 11-3）。这一点也如我所料。

图 11-3 通过“归功于老板”避免阻碍

“做假账”是众所周知的商业诀窍，“假创作”也是。

资料来源：Dilbert © 2014. Scott Adams. Used by permission of Universal Uclick. All rights reserved.

但第三点发现是我未曾料到的。管理者越是认为项目的成功源于自己，也就越是认为项目的成功和手下员工的能力密不可分。我记得，拿到数据的时候，我不禁吃了一惊。或许不像利奥波德发现自己手里拿着斧子的那一刻那么吃惊，但总归也是狠狠地吃了一惊。监督者认为自己较多地参与了产品的开发，何以会让他们觉得自己和其他同事对最终成品的成功都有着更大的功劳呢？功劳的大饼不是只有一个吗？如果一方当事人认为自己的功劳更多，那么按照简单的逻辑来说，工作伙伴的功劳就应该减少才对呀。我当时始终没想明白，但现在明白了。如果共同创作带来了暂时性的身份融合，那么，适用于一个人的，也适用于另一个人，不管逻辑怎么规定。

共同创作不仅减少了项目合作中怎样让上级分给高效员工更多功劳的问题，还能缓解其他许多传统上难以消除的麻烦事。六七岁的孩子在分享奖励上往往很自私，很少跟玩伴平均分配。但如果他们是跟玩伴合作努力赢得奖励的，那么绝大多数时候连 3 岁的孩子也会均分奖励。在学校里，学生会根据种族、人种和社会经济地位结成小圈子，只在圈子内部寻找朋友和帮手。不过，当学生们和来自其他小圈子里的同学进行“合作学习”练习，即每一名学生都必须向其他学生传授一部分知识，好让所有人都得到好分数时，如果他们互相帮过忙，上述模式会明显缩水。公司总是在努力让消费者对自己的品牌产生情感联系，从而对品牌更加忠诚。如果公司在设计新款或升级款产品及服务时，能邀请消费者进行共同创作，让他们向公司提出自己对产品特点的要求，这场仗就算打赢了。

征求建议

需要注意的是，在进行这类营销合作时，企业必须将消费者的意见框定为对公司的建议，而非观点表达，或对公司的期待。上述措辞差异看似微不足道，其实却是达成公司“身份统一”目标的关键。

提供建议，让人进入了联盟心态，刺激消费者认同公司的身份，与之产生连接。反过来，表达观点或期待，则让人进入了自省心态，把关注点放在自己身上。这些形式略有不同的消费者反馈，以及它们带来的截然不同的联盟或隔离心态，能给品牌的消费者参与度造成重大的影响。

有研究向一群来自美国各地的网络受访者展示了来自新快餐店“Splash!”的商业计划，快餐店希望通过强调菜品有益于顾客的身体健康来突出自己的竞争特色。受访者阅读了计划之后，按要求提供反馈。研究人员要一部分人针对餐厅提出“建议”，另一些人则提出“观点”或表达对餐厅的“期待”。最后，受访者还要估计自己有多大的概率到这家餐厅去吃饭。提供建议的受访者想去就餐的愿望，明显高于提供其他两类反馈的受访者。而且，正如我们所期望的，提供建议是一种实现身份统一的机制，支持餐厅的愿望更强，是因为受访者感觉跟品牌有了更深的关联。

调查里还有一项发现，在我看来是最确凿的“联盟”论据：参与者认为，这三类反馈对餐厅的帮助是一样大的。所以，那些提建议的人感觉跟品牌的关联更紧密了，不是因为他们认为自己向餐厅提供了更多的帮助。事实上，提建议使得参与者在发表对品牌的看法之前，进入了联盟心态，而不是独立心态。我必须承认，这一发现让我感到很愉快，因为它表明，心理过程的先发制人特点，对这些提建议的参与者产生了作用。

对我来说，这组结果还证明了在跟朋友、同事、客户面对面互动时，向对方征求建议这一做法的明智性。而且如果诚心诚意地用这种做法来寻找有用信息的话，它同时也是合乎伦理的。就算是跟上级互动，它应该也是有效的。当然，对它的潜在不利因素感到担心也合乎情理：让老板给自己提建议，他或许会认为你不称职、太依赖他人、欠缺安全感。虽然我认为这种担心合乎逻辑，但我同时也认为它是错的。因为，一如前文“上级评估与自己合作员工的贡献”的研究表明，理智、理性或者逻辑，并不能很好地捕捉到共同创作产生的影响，但联盟感可以，这是一种符合该情境的社会促进感，对你极为有利。小说家索尔·贝娄（Saul Bellow）曾经说过：“我们寻求他人的建议，往往也是在寻求同伙。”我只想为此补充一点科学证据：得到了建议，我们通常也就得到了同伙。要为项目找帮手，有什么做法比让对方负责更合适的呢？[9]

* * *

现在，不妨回过头来，看看在我们眼里，身心合一和行动合一所带来的最可取的结果。举例来说，我们了解到，先发制人地安排人们参与这两种联盟式的体验，能够让我们巩固各方支持，在战争当中让战士们并肩作战，不落荒而逃。我们还发现，可以运用这两种体验，让玩伴、同学和同事们更喜欢彼此，乐意帮忙与合作；让几乎所有的家长都填写完一份长长的调查表，而无须给予经济补偿；甚至，让爱情在实验室里萌发。但还有一个问题未能解答：从这些领域得来的经验教训，能不能用于更广大的舞台呢，比如国与国之间的世仇，暴力的宗教冲突，种族对立的暗涌？我们所了解到的有关身心合一和行动合一的知识，能不能提高我们作为同一物种，走到一起来的概率呢？

这是一个很难回答的问题，主要是因为这些事情涉及的因素太多了。不过，即使是在这些令人担忧的领域，我相信，先发制人地创造出联盟感，也能带来一个实现可取变化的背景环境。此外，如果双方都产生了同样的联盟感，那么双方都很有可能做出可取的改变，不至于有哪一方暗中觉得自己受到利用，这样便能深化联盟意识，提高持续良性互动的可能性。虽然乍听起来这个想法很有潜力，但考虑到复杂的程序和文化因素，以为理论一定能在实践里顺利实施，不免太过天真了。必须对“联盟”程序的具体细节加以优化，并在执行时考虑到相关的复杂因素。各领域的专家们想必都同意这一点，后续的情况写一整本书来跟进也不嫌啰唆。不用说，我绝对欢迎专家们的观点。请尽管提出建议。[10]

PRE-SUASION 延伸阅读

1

不同类型的行为科学数据都支持协同反应在联盟感中发挥的作用，对此的综述见 Wheatley et al. (2012)。此外，旁观者在看到其他人协同行动时，会利用这一信息来推断这些个体是否属于同一社会单元（Lakens, 2010）。Kesebir (2012) 和 Paez et al. (2015) 对旨在鼓励集体联盟的社会机制做了尤为可信的论证。Able & Stasser (2008) 研究了匹配选择对感知到的相似性的影响；Paladino et al. (2010) 研究了感官体验同步对感知到的相似性以及自我 - 他人身份认同混淆的作用。渴望施加影响力的人，或许可以从协同效应中获得极大益处。世界著名历史学家威廉·麦克尼尔（William H. McNeill; 1995, p.152）说过这样一句精辟的话："一边一起发出声音，一边有节奏地运动，是人类所能想出来的创造并维持有意义社群的最可靠、最迅速、最有效的方式。"

2

通过敲击手指、微笑、身体调整实现协调运动的均质化效应的研究，分别见 Howe & Risen (2009); Cappella (1997); Bernieri (1988)。喝水实验来自 Inzlict, Gutsell & Legault (2012)，该研究还包括第三道程序，受试者被要求模仿白人演员的喝水行为，这一程序令受试者对白人产生的典型偏好达到了几乎夸张的程度。

有趣的是，有一种协同活动还有一点额外的好处：把注意力引导到一条信息上的时候，要是人们发现周围同时还有别人一起这么做，会以更高的强度去做这件事，为其分配更多的认知资源。不过，只有在当事人对另一个人有着归属感时，情况才是这样。跟一个关系亲密的人一起关注某件事的行为，似乎是这件事值得特别关注的信号（Shteynberg, 2015）。

3

我说判断社会影响力的黄金标准是"改变行为"，并不是要否认在影响力过程里改变他人感受、信念、看法或态度的重要性。但在我看来，努力令这些因素发生改变，似乎总是为了实现行为上的改变。敲击研究来自 Valdesolo & DeSteno (2011)，齐步走研究来自 Wiltermuth & Heath (2009)。齐步走是一种很有趣的做法，时至今日，军事训练中依然会采用它，哪怕从战场战术的角度来说它的价值早已丧失。Wiltermuth (2012a, 2012b) 通过两项研究给出了一个令人信服的理由：齐步走之后，受试者变得更乐意顺从队友的要求，伤害群体之外的成员；无论提出要求的人是长官还是仅仅是同伴，情况都是如此。

4

对于音乐是一种群体联盟的社会统一机制，能够促进自我与他人的融合这一概念，相关的支持证据越来越多，接受度也越来越高了（Ball, 2010; Bannan, 2012; Dunbar, 2012; Huron, 2001; Loersch & Arbuckle, 2013; Molnar-Szakacs & Overy, 2006; Tarr, Launay & Dunbar, 2014）。4 岁孩子帮助行为的研究来自 Kirschner & Tomasello (2010)；Cirelli et al. (2013) 则在更小的孩子，即 14 个月大的婴儿身上得到了概念上类似的结果。

5

卡尼曼在《思考，快与慢》(2011) 中对思维系统 1 和思维系统 2 做了最完整的阐述，书中还包括了证明两个系统之间存在区别的证据。Epstein et al. (1992, 1999) 也做过不那么完整的介绍。说服诉求的着眼点要跟接受方的思维方式相对应，即侧重于情绪或理性，对这一观点的科学支持可见 Clarkson, Tormala & Rucker (2011); Drolet & Aaker, (2002); Mayer & Tormala (2010); Sinaceur, Heath & Cole (2005)。

6

Bonneville-Roussy et al. (2013) 对相关研究进行了综述，并贡献了自己的新数据，揭示出年轻女性认为对她们自己来说，音乐比衣服、电影、杂志、电脑游戏、电视、体育等更重要，但不如爱情重要。充分的科学证据表明，音乐和节奏的加工是与理性加工过程相独立的（如 de la Rosa et al., 2012; Gold et al., 2013）。但看看音乐家们本身如何看待这个主题，恐怕更有启发意义。举例来说，英国创作歌手埃尔维斯·科斯特洛（Elvis Costello）曾说过一句话，论述在写作的结构下描述音乐是何等之难："描写音乐，就如同用舞蹈描述建筑。"说到爱情中认知与情感的不匹配，比尔·威瑟斯（Bill Withers）在 1971 年有过一首歌名叫《逝去的阳光》（*Ain't No Sunshine*），讲的是一位年轻姑娘再次离开了家，男人痛苦不堪："我知道，我知道，我知道……（重复 26 次）/ 嘿，我不能再想这件事 / 当她走了，就没有了一点阳光。"威瑟斯在一首流行歌曲的歌词里，用了我认为最纯粹的诗歌形式，提出自己的观点：在浪漫爱情带来的阵痛里，人们在认知上意识到一件事并重复了 26 次，也不能缓解他们所感受到的强烈情绪。科斯特洛的引言，来自伊丽莎白·马古利斯（Elizabeth Hellmuth Margulis, 2010）的一篇有趣文章，作者还补充了一段新的证据，如果在听众倾听贝多芬弦乐四重奏节选前先给他们看结构性信息，会减少他们享受到的音乐的乐趣。

有人研究了 40 年来流行歌曲的内容，发现 80% 都以爱情或性为主题（Madanika & Bartholomew, 2014）。法国吉他盒实验（Guéguen, Meineri & Fischer-Lokou, 2014）记录了成功索要到电话号码的概率：背吉他盒，31%；背运动包，9%；什么也不背，14%。阿姆斯特朗对于音乐对广告成功影响的论述，见其 2010 年著作的第 271~272 页。

7

对伊莱恩·阿伦的采访可见 www.huffingtonpost.com/elaine-aron-phd/36-questions-for-intimacy_b_6472282.html。为卡特伦文章提供科学根据的研究文章可见 Aron et al. (1997)。双方互相问 36 道问题的程序在功能重要性上的证据可见 Sprecher et al. (2013)。这一程序的修改版，已经被用来减少种族偏见，即使对初始态度存在高度偏见的人也适用（Page-Gould, Mendoza-Denton & Tropp, 2008）。

8

利奥波德的《沙乡年鉴》首次出版于 1949 年，自此以后成为许多环保团体的必读书目，书中转述的有关桦树与松树的思辨也来自此书（见 1989 年平装版第 68~70 页）。他坚信，管理荒野最好是通过以生态为中心的方式，而非以人类为中心的方式。他反对政府控制自然环境中食肉动物的政策，狼群为他的立场提供了非常有力的支持证据。

9

对宜家效应的研究来自 Norton, Mochon & Ariely (2012)。对同事及两人共同创作的产品的评价研究，是我跟杰弗里·普费弗（Jeffrey Pfeffer）合作完成的（Pfeffer & Cialdini, 1998）。 普费弗是一位令人印象十分深刻的学者，他能同时对问题的多个层面进行分析。我相信，我对普费弗教授的高度评价，并不是在活生生地展示我们的实验结果，即人们对项目合作者的评价会更高，因为他在跟我合作之前与之后的学术成就，都证明我对他的欣赏有着完全独立的依据。

合作对 3 岁孩子分享奖励的影响见 Warneken et al. (2011)。Paluck & Green (2009) 及 Roseth, Johnson & Johnson (2008) 对合作学习技术的积极结果做了归纳。这一技术被称为“拼图教室”（Jigsaw Classroom），由埃利奥特·阿伦森（Elliot Aronson）①及其同事发明，可参考 www.jigsaw.org。对于不同类型的消费者反馈对随后这些消费者参与度的影响的调查研究，可见 Liu & Gal (2011)。他们发现，对消费者的建议提供高额奖金，会消除他们对该品牌的偏爱。研究人员没有调查为什么会这样，但他们推测，意外的高额奖金让参与者的关注点偏离了提建议的公共方面，转到了私人方面，在本例中就是参与者在一次商业交换中所得的经济结果。不同品牌采用共同创作实践提升消费者参与度的部分例子，可见以下链接：www.visioncritical.com/5-examples-how-brands-are-using-co-creation; www.visioncritical.com/cocreation-101; www.greenbookblog.org/2013/10/01/co-creation-3-0。

① 当代最杰出的社会心理学家，美国心理协会 120 年历史上唯一一位获得所有三项大奖的心理学家：杰出研究奖、杰出教学奖和杰出著作奖。他的自传《绝非偶然》由湛庐文化策划、浙江人民出版社出版。——编者注

10

最后一段话虽然已经说得比较明确，但我还是要再强调一下，对重大棘手问题要避免采用过分简单的解决办法，这不是开玩笑。著名生物学家史蒂夫·琼斯（Steve Jones）观察到，资深的年长科学家群体里存在一个与此相关的现象：到了这个年龄，资深年长科学家都开始“关心大问题”，仿佛他们的专业知识使得他们可以在远超专业领域的重大主题上指手画脚似的。在我看来，琼斯提出的警告跟我在本章末尾提到的问题很相关：第一，我也来到了他提醒注意的这个年龄段；第二，我也越来越多地要在外交、宗教与种族冲突、种族敌视等领域做出结论，而我在这些领域并无专业知识。坦率地说，我也来到了这个阶段。

PRE-
SUASION

12 关于先发影响力的重要提醒 2

道德伦理

A

Revolutionary

Way to

Influence

and Persuade

这本书的核心主张是，我们在提出请求之前选择做或说的事情，对说服的成功有着莫大的影响。但在此之前，我们还要做出一个选择。这就是，从伦理道德的角度看，要不要采取这种方式获得成功。

这是方程式的一个重要组成部分。每当我探讨有效说服这一主题时，伦理问题都会浮出水面。不过，有一个特定类型的问题，跟本书及先发影响力主题尤为相关，而且提出这一问题的也大多是一群特定类型的受众。这个问题就是：我揭示“社会影响力的奥秘”，教会了不讲道德的从业者欺骗消费者购买更多蹩脚货，是不是弊大于利呢？向我提出这个问题的，大多是来自媒体行业的代表。

我这辈子只参加过一次巡回签售活动。我模糊地记得，当时，记者们向我连珠炮般提出了类似的问题。那次巡回是要马拉松般地连续 10 天到访 10 座城市，每到一地，都要接受来自电台、电视台或平面媒体的多位记者的多轮采访，他们对我的了解不多，大多数人也没读过我的书。采访形式迥异，有些是在大清早，有些要贯穿一整天；有些只进行几分钟，有些则长达一小时；有些是一对一的采访，有些则由两名主持人共同发起；有些包括观众提问环节，不少涉及个人及职场事务，让人不舒服，也无法作答，比如：“影响力博士，怎样才能让混蛋妹夫不再找我借工具呢？对了，我感觉他在背着我妹妹偷人，我该怎么办？”

但各地的采访有一个基本上一样的地方：等到差不多的时候，采访者总会提出弊大于利的观点，说我的书向狡猾的商人介绍了运用心理学欺骗消费者的方法，对社会造成了损害，还问我对此有什么看法。

通常，告诉没有读过这本书的采访者两件事，就可以缓解他们的担忧了。首先，这本书是为消费者而写的，目的是提供信息，方便他们识别、拒绝不公平或不合心意的影响企图。其次，这本书中的许多信息正是来自影响力从业者。在培训项目中，他们会告诉我哪些做法总能让消费者答应他们的请求。虽然他们可能并不知道这些做法产生作用的心理学因素，但绝大多数说服专家很清楚哪些做法对自己管用。

所以我认为，我在书中并没有提出任何可供从业者采纳的新技术，相反，它向消费者提供了从业者惯常采用的手法，实现了方程式的平衡。

从经济角度反对组织不当行为

不过，对于本书，这两点并不适用。本书所得出的结论主要不是怎样消解影响力，而是怎样驾驭它，所以“消费者防御”的借口不适用。更重要的是，这里介绍的先发影响力做法，在影响力从业者中尚未得到广泛使用。这一回，我不能说我只是在曝光从业者们本就广泛采用的手法了；只有极少数人真正理解了先发影响力过程，系统性地对其加以应用。

因此，我们确实有理由担心，公开相关信息会令某些不讲道德的组织更有效地诱骗消费者。更令人担忧的一点是，先发影响力的许多过程是在人的无意识中发挥作用的，因此难以识别。

这样一来，每当我向商业组织讲授先发影响力实践，都不得不调整方向，回归传统的反对欺诈性商业手法的主题。我的论证过程大致是这样：虽然这类手法有可能在短期内提升利润，可一旦暴露，就会带来无法接受的高昂代价，主要体现在公司声誉会严重受损，日后的信任度和收益也会江河日下。

有一段时间，我认为这种说法很不错，原因有二。第一，它从经济活力的维度做了论证，而企业领导者必须考虑到企业的发展和生存。我感觉，在商业环境下，这个理由比摇着手反对道德堕落更能激励人。

因此，我相信绝不会有法律禁止在挤满人的会议室里呼喊“注意道德”，因为这个词不具备足够的动员力，不足以令群众竞相采取行动。相反，在挤满人的剧院里喊“着火啦”就是违法行为。这倒不是说商人群体不讲究道德。如果其他所有条件相同，大多数人会毫不犹豫地选择高标准。

只可惜，并不存在其他所有条件都相同的情况，除非是在假设中。我们也经常看到，在商业决策中，更具激励性质的因素，如销售额、财务状况报告、竞争压力、职业发展等，压过了道德标准。

此外，如果企业领导者认为自己有道义上的责任去提高、保障员工的经济福祉，那么偶尔依靠不怎么道德的手段推动企业的盈利能力，也未尝不是可敬之举。虽然是一个扭曲的视角，但从这个视角来看，为了提高企业的财务稳定性而言过其实，可以视为合乎道义。因此，我宽慰自己说，只要能指出欺诈行为会威胁企业的财务底线，就足够打动商人们了。

我认为声誉受损足以说服企业决策者的第二个原因是：相关的证据确凿。声誉受损带来的经济损失极为庞大，虚假广告、投标欺诈和虚假财务报告等声誉冲击，都会招致巨大的经济伤害。

举例来说，2005 年，有人研究了 585 家因虚假财务报告而遭到美国证券交易管理委员会（SEC）处罚的企业，发现平均而言，这些企业的市值在不端行为曝光后缩水了 41%，近 2/3 的损失都来自声誉受损。事实上，80% 的美国人表示，某一公司的商业实践是否符合伦理道德，直接影响到自己是否愿意购买其产品与服务。这一效应最近一次得到验证是在 2015 年，大众公司在汽车排放检验上动手脚一事曝光后不久，其销量就跌到了行业平均水平的 1/16，遭遇了公司历史上规模最大的年度亏损，在车主中的声誉从“70% 的车主有好感”，变成了“80% 的车主没好感”。再加上，声誉受损是无法挽回的。研究表明，一家声名狼藉的企业要想挽回丢失的信任，必须要不断地证明自己找回了诚信，并在各个场合说服警惕的公众相信公司的价值观已经有了变化。这种恢复过程可能需要花上数年时间，到那个时候，从前的客户很可能已经转向竞争对手了。

想到强有力的经济观点将说服企业领导者放弃不正当做法，我便心满意足地开始向他们介绍先发影响力策略的运作原理，我觉得自己已经清楚地解释了“声誉灾难”的后果了。接着，我读到了两份来自全球调查的结果，逼得我改变了想法。调查发现，对于声誉受损给企业带来灾难性后果的证据，企业的高层领导非常清楚，但遗憾的是，很多人仍然宁愿做出不当行为。高级管理人员明明理解相关风险，却有近一半的人报告说，为了拉到业务或保留业务，他们会采取不道德的做法。此外，销售和营销人员，即最有可能为取得胜利而采取违反道德行为的群体，却是最少遭到公司质疑的。最后，这些企业的员工认为，高层很少采取行动来避免违背道德却能提升利润的做法，也很少在事后处罚那些做了违背道德之事的人。因此，会做出不道德行为的商业组织，数量仍然高得让人揪心（见图 12-1）。

“我们要出席一场基于‘商业道德宽松’的会议。”

图 12-1 “宽松款”

在大多数职场中，衣服天天都要穿得规规矩矩；但调查表明，许多公司在商业道德上采用的却是“宽松款”。

资料来源：Leo Cullum/The New Yorker Collection/The Cartoon Bank.

很明显，很多高层领导者知道不当行为可能会导致毁灭性后果，但不为所动。看起来，这些领导者大概在心理上进行了“分隔”，修了一道墙，隔开了“不当行为存在声誉风险”的知识和“主动参与或默许不当做法”的行为。但我并不这么想。一个人如果总是忽视明明白白的现实危险，是不可能在一个组织中坐到这么高的位置的。我赞成一个更简单的解释：他们只是觉得自己不会被逮住。如果他们认为一切会曝光在客户和监管机构面前，就一定不会从事不当行为。这种解释跟来自刑事威慑的研究结果相吻合。研究表明，犯下重大罪行的人，并不相信自己会被逮到；否则，他们最初就不太可能做出这些会遭到惩罚的行为。[1]

很容易看出这里存在的困境。一方面，很多企业领导者可能会考虑到巨大的经济损失，不从事不道德行为。另一方面，从经济的角度进行反对，并不能真正减少不当行为，因为它涉及行为是否会被发现的心理预期，而大部分肇事者在采取行动时，都认为自己不会被发现。我们怎样才能从这种两难的境地中解脱出来呢？有一种可行的做法是，承认企业领导者在商业决策时优先考虑经济因素这一可以理解的倾向，接着指出，即使在公众并未发现不道德行为的情况下，这些行为也会导致严重的经济后果。我跟同事杰西卡·李（Jessica Li）和阿德里安娜·桑佩尔（Adriana Samper）最近做了一次研究，用证据证明了这类代价来自组织内部人士所做的反应。我们还试图详细说明这些有害的代价会怎样发展，怎样潜行在大多数业务系统的雷达之下，得不到确诊。

组织欺诈的三重肿瘤

> 莫贪不义之财；贪来即是损失。
>
> ——赫西俄德（Hesiod），古希腊诗人

一家组织如果经常认同、鼓励或允许员工在对外交易时使用欺诈性手法来对待客户、股东、供应商、分销商、监管机构，会体验到类似肿瘤一样的恶性内部后果。它们不仅像恶性肿瘤一样会生长、蔓延、逐步吞噬组织的健康和活力，而且难以通过典型的财会方法跟踪和确认，使组织无法查明盈利能力糟糕的真正原因。组织很可能会付出代价高昂的努力，却无法确认运转不良的真正元凶。

众所周知，商业组织健康受损的三大特点是员工绩效不佳、员工流失率高，以及普遍的员工欺诈和渎职行为。每一点的代价都十分惊人。我们认为，如果一个组织有着不道德的组织文化，即员工经常参与不当行为，或经常被发现从事不当行为，将受到这三种后果的折磨。在我们看来，这些后果不是局部或偶发的道德违规所致，而是允许或提倡不诚信商业行为的组织文化带来的。糟糕的工作绩效恐怕对盈利能力有着最大的破坏作用。让我们从它着手。

糟糕的员工绩效

人人都知道，职场可能充满压力。但我们兴许不太清楚，压力会带来什么样的代价。最近的一项分析发现，不管是在个人还是经济方面，这一代价都很昂贵。光是在美国，不同类型的职业压力加起来，每年就会导致近 12 万人死亡，造成 2 000 亿美元的额外医疗费用，让企业扛起更沉重的财务重担。然而，这项分析中忽视了另一种代价昂贵、跟组织不当行为直接相关的职场压力，我们可以把它叫作道德压力。它来自员工和组织道德价值观之间的冲突。就员工绩效而言，这种压力甚至比其他高度破坏性的压力更有害。

比如，有人研究了金融服务机构的客户服务代表，将道德压力和其他各种形式的压力做了比较，包括接待棘手客户、缺乏来自上级或同事的支持、任务要求互相冲突、岗位描述没有前途等。只有道德压力能同时预见到员工疲劳和工作倦怠这两种有损绩效的结果。员工疲劳是指员工士气低落、体力不足，工作倦怠是指员工对工作丧失了兴趣和热情。这两种结果并不是研究人员信手挑选出来的。单独而言，它们各自都是严重的管理难题；结合起来，则构成了管理上的噩梦，剥夺了员工干好工作的活力、意愿和能力。在创造不道德工作环境的过程中，组织会不会也在不知不觉地给自己制造噩梦呢？不道德的工作环境会不会降低了那些看着同事做亏心事，却不愿同流合污的员工的绩效呢？

为了找到答案，我们安排了一种实验环境，不光检测不诚实的职场活动对任务绩效的影响，也检测其对我们所确认的其他组织肿瘤的影响。我们邀请商学院的学生坐在计算机前，跟来自其他不同大学的学生团队联网。研究人员告诉学生们，他们将在一些解题任务上跟来自全美各地的其他团队竞争。如果他们的团队在第一项任务上做得好，那么在下一项小组任务里，就会获得比其他团队更大的竞争优势。最后，研究人员还告诉他们，由于一些技术问题，他们无法把信息发给队友，只能看到其他队友彼此之间的在线互动。

队员们执行了第一项解题任务后，从队长那里听说，团队的正确率只有 67%，但队长打算向研究人员报告说团队的正确率是 80%，以求提高团队在他人眼中的绩效。队长透露说，研究人员并不会发现作弊。其他队员无一表示异议。

当然，这一系列事件都是我们为参与实验的学生专门设计的。他们从队长和队友那里得到的信息，都是我们事先编好程序故意显示在他们的计算机屏幕上的。第二队参与者获得的信息大致一样，只有一点重要区别：他们看到队长向研究人员诚实地报告说自己团队的正确率为 67%，其他队员同样无一表示异议。这样一来，半数的参与者被卷入了同意做出欺骗行为以谋求竞争优势的工作团队，而另一半参与者并没有这个问题。通过这种方式，我们想要了解这两种经历会对参与者的工作表现有怎样的影响。

我们首先检查了学生们后续的工作绩效。研究人员告诉所有的参与者，下一项任务是单人任务，每人阅读一份商业状况说明，接着回答与之相关的推理题。我们从经典的商业智力测验中摘选出商业状况说明和相关题目，以确保答题成绩确实能反映出参与者对企业商业状况的判断能力。随后的数据显示出巨大差异。如果参与者来自先前骗了人的工作团队，测试成绩会比其他参与者低 20%。另一项调查结果则暗示了为什么第一组受试者的成绩如此糟糕：在有问题的环境里工作了一阵之后，成员们就不再做事了，他们比其他参与者早得多就停了下来，这表明他们没有更多能量和动力继续下去了。

虽然这些结果至少从一个方面支持了我们的设想，但可以想象，人们能说出一大堆反对意见来。这个实验结果不能说明问题，因为有关职场问题的证据竟然：（1）来自实验室，（2）来自大学生，（3）来自人为设计的不道德环境。这样的证据是不够充分的。事实上，最令人沮丧的是，这些批评的确说中了关键。我们意识到，为了证实这一数据模式适用于真实就业环境，必须找到一群员工，看看职场伦理道德对他们产生了怎样的影响。于是，我们针对在当前工作岗位或最近一份工作岗位上平均干了 3 年的成年人，开展了一次全国性调查。

这项调查包含了很多有关当事人个人和所在职场的问题。但就我们眼下的重点来说，有三类问题特别值得关注：答卷人对管理者设定的组织道德氛围的评价，他们感受到的压力程度，以及他们的工作绩效。数据分析的结果与我们在大学实验室里的发现相吻合，甚至在程度上还超过了后者。答卷人的报告显示：第一，工作氛围越是不道德，员工的工作绩效越差；第二，工作氛围越是不道德，员工在工作中感受到的压力越大；第三，正是这种压力导致了员工糟糕的绩效。有了这些证据，当我们从经济角度出发劝说企业领导者反对不道德行为时，应该就能投出一记好球了。[2]

员工流失

对企业领导者来说，员工流失成本有一个很好的特点：它们可以被相当精确地评估出来。可好消息到此为止。根据损失员工所属的类型，它对企业盈亏的影响范围，介于“大”到“大得吓死你”之间。与员工流失直接相关的费用包括遣散费、招募费、雇用费和新聘人员培训费，对低级职位而言，占年薪的 50%，对高管级别的岗位来说，占薪酬的 200%。如果考虑到间接损失，如经验传承的损失、销售和生产力损失、对其他团队成员士气的打击，这一成本还会攀升得更高。为了保守地估算一下自愿离职成本，我们可以假设，平均而言，直接和间接费用加起来等于离职者一年的总薪水。美国的自愿离职率目前在每年 15% 以上。但对一家有着 1 000

名员工的普通中等规模企业，哪怕只有 10% 的员工离职，且这些人一年的总薪酬和总福利平均为 4 万美元，他们带走的也是每年 400 万美元的流失成本。

这种经济损失跟工作中的不道德行为有什么样的关系呢？我们认为，如果员工的个人价值观跟企业经常出现的不正当行为之间存在冲突，他们就会承受道德压力。留下来意味着成为一个口是心非的人，因此，诚实的人就会想要离开这样的工作环境。为检验这一可能性，我们找来商学院的学生，进行了跟前一项实验类似的另一项实验。半数的学生属于甲团队，队长通过欺骗手段推进工作；另外半数的学生属于行为诚实的乙团队。随后，研究人员告诉学生们，在开始下一个小组任务之前，他们可以选择是留在自己的团队，还是去另一支团队。结果发现，在合乎道德的乙团队里，51% 的人决定离开；而在不讲道德的甲团队，80% 的人决定离开。

为证明这些结果的适用范围不仅限于实验室环境，我们又转向了全美员工调查得来的数据，从中看出了明显的员工流失相关模式。在被评价为不道德的组织里，员工不仅更容易感受到压力，有更大可能想要离开，而且，正是员工感受到的压力推动着他们离开，并因此令雇主承受了高昂的流失成本。我们认为，这是第二记好球。[3]

员工欺诈和渎职行为

请注意，按我们的想法，不是所有的员工都会逃离违背道德的企业。相反，外流是道德观念压力促使的，因此，只有道德标准高的员工才会这样，而能安心使用不道德伎俩获得经济收益的员工则会乐于留下。这就是组织欺诈的第三重肿瘤的来源。为了提醒负责塑造组织道德氛围的领导者，我们不妨这么说：替你骗人的人，最终也会骗你。如果你鼓励前者，就必将得到后者，而后者会让你付出沉重的代价。

员工会离开不符合自己道德观念的组织，因此一家容忍不当行为的公司，会赶跑许多诚实的员工，留下一大堆有意做坏事的人，这些人一旦有机会就会危害企业。从以上观点来看，这样的企业将会害人终害己。员工欺诈和渎职行为在世界范围内造成的损失可达数万亿美元，这些损失是很难挽回的，来自贪污、库存或设备失窃、虚报费用、伪造采购报告、和供应商或商业伙伴做幕后交易等。

这一论点似乎挺不错的：逻辑自洽，指明了重大的财务影响，比喻一针见血。但证据在哪里呢？为了找到证据，我们要再次回到实验环境，看一看最后一步程序。回想一下，在我们的第二项研究中，受试者加入了诚信或不诚信的工作团队，等到他们有机会选择是留在原团队还是转投另一团队时，不诚信团队的成员有更高的概率选择退出。此时，研究人员又告诉所有受试者，由于出现了不可预见的后勤故障，暂时无法实施团队更换环节；所以，他们只能跟最初的队友们一起进行下一项任务。接下来的任务要求受试者跟队友竞争，决定谁能又快又好地解开一连串的填字题。一分钟内完成任务者，有更大概率赢取 100 美元奖金。参与者提交答案前，我们安排他们“不小心”看到了题目的答案，而且，他们看到答案的方式是事后无法追查的。根据事先的测试，一般大学生平均每分钟能够解开 3.17 道题目。因此，只要用 3.17 的基准，比较参与者自己报告的解决题目数，就可以看出哪类参与者有可能作弊了。

结果一目了然。属于诚实工作团队并选择留在原团队的参与者，作弊比例低到几乎不存在，这对那些讲究诚信、懂得创建企业道德文化的领导者来说，简直是个大快人心的消息。选择离开诚实或不诚实工作团队的参与者都会作弊，但统计意义不太明显。最大的噩耗来自那些之前有机会可选，却主动留在不诚实环境里的参与者。他们作弊的概率比其他人的平均值高 77%（见图 12-2）。请记住，作弊不仅仅提高了他们自己的收益，还损害了队友的收益。把这样的行为说成是“有毒有害”或许过分苛刻，但它们的毒性看起来的确够大了，值得我们仔细考察一下来自职场环境的调查结果，评估相关证据。

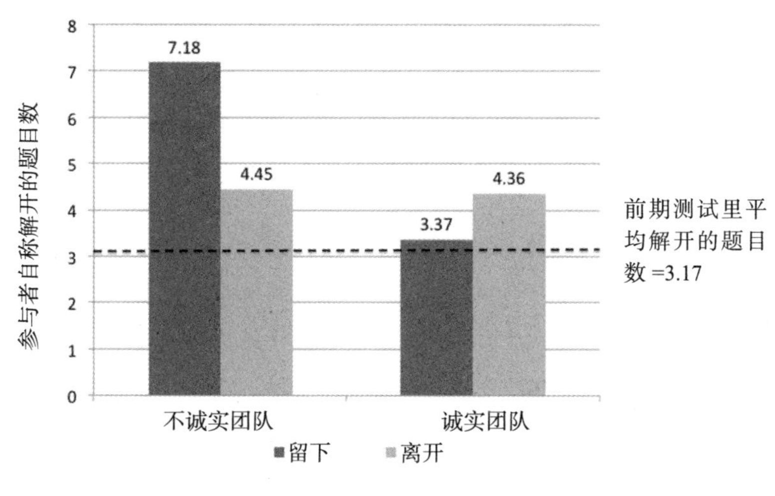

图 12-2 魔鬼的交易

能安心作弊、想要待在不诚实工作团队里的人，尤其愿意对自己团队的成员作弊。

资料来源：Courtesy of Robert Cialdini.

我们考察了员工对领导者所确立的职场道德标准的评价，他们离开该工作环境的意愿，他们对工作中渎职行为的接受度等项目之间的关联。渎职行为即对雇主经济有损害的行为，如虚报费用、破坏设备以逃避上班、将公司资源挪为私用等。我们发现的关键点是，愿意留在不道德组织中的员工，参与这些会造成高昂经济损失的渎职行为的概率非常高。和在实验室环境中一样，乐于生活在不道德职场环境中的人，也乐于欺骗同僚。

在本书开头，我承认自己推迟了好几年才写完这本书，因为一所大学的院长利用先发影响力手法，让我答应执教该校的 MBA 课程，而我原本是打算到他们那里休假专门写书的。这个决定让我的写作计划泡汤了，不过也带来了一些积极的结果，比如我有了一个精彩的故事可供介绍先发影响力的惊人力量，并得以将部分最新研究收入本书。还有一个积极的结果：参加 MBA 课程的学生都是工作几年之后重回学校的，我得以听他们讲述自己受聘于工作环境道德或不道德的组织期间的遭遇。大多数人都选择讲述自己在不道德文化下的所见所感，或许是因为对这些记忆的印象更深刻。有一名学生讲了一件很有教育意义的事情，他原本效力的公司最开始很健康，后来却遭受了数十亿美元的损失。

> 首席执行官经常滥用影响力原则：供应明明丰富的东西，硬要说成是稀缺；利用权威身份，逼其他人昧心行事；捏造不存在的社会认同榜样。人们最开始还相信他，但随着真相的曝光，公司的信誉恶化了。很少有公司跟他做生意了，就算是还愿意跟他做生意的企业，也会提出极为苛刻的条件。
>
> 不诚实的文化危及了整个组织。营销部门被迫夸大事实，公关部门写多半内容都是伪造的新闻稿，销售人员胁迫客户。工作不满意度和员工流失率高得让人难以置信。CEO 认为员工只要拿高薪就够了，但那些受高薪吸引来到公司的人，只要能找到别的工作立刻就走。员工从高层得到暗示，瞅准空子就从公司偷东西，多以出差和报销为途径。有些人跟供应商做私下交易。我几个月前回去拜访时，有一半的工作人员都离开了，士气比从前任何时候都更低。

这算不算第三记好球了？

我强烈地希望是。当然，这一希望能否实现，取决于企业领导者在多大程度上接受这些建立在财务基础上的反对欺诈的论点，以及他们是否愿意采取相应行动。这不是《奇妙仙子》(*Tinker Bell*)的情节，除非领导者奠定恰当的组织基调，否则不管我们其他人多么讲道德，它也不会长出翅膀飞起来。必须要有来自组织最高层的认同。幸运的是，如果他们愿意，可以方便地建立并维持合乎道德的职场文化。怎样做才能让高层领导更急切地走上善良之路呢？相当多的领导者其实都没必要转变方向，他们本来就选中了善良之路，值得敬佩。但还有一半的领导者出于经济考量而采取不诚实行为，我们有必要向他们指出，哪怕外界没有察觉组织的不当行为，它们也会造成巨大的损失，如员工的绩效不佳、流失率高、渎职行为严重。

有三条整体性建议，希望所有商业组织都能采纳，它们也值得组织付出努力。

首先，应在员工的奖金结构里纳入客户对其的诚信评价。其次，年度绩效评估也应测量公司的整体道德声誉。最后，在制订高级管理层，尤其是 CEO 的薪酬方案时，应该将员工对公司道德取向的评分纳入考量。

这些做法不光能激励道德行为，还能让公司上下持续地高度关注道德标准。把注意力集中在这些事情上，就能提升它们在公司事务中的重要性和原因地位。[4]

PRE-SUASION 延伸阅读

1

声誉损失造成的经济损失规模相当可观，相关数据可见 Bomey (2015); Karpoff, Lee & Martin (2008); Karpoff, Lott & Wehrly (2005); Lewis (2003); Trudel & Cotte (2009)。Rothbart & Park (1986); Herbig et al. (1994); Nguyen & Leblanc (2001)

所做的研究表明，在观察到不诚实行为后恢复信任是很难的。霍尼韦尔公司前董事长埃德森·斯潘塞（Edson Spencer）向商界提出了如下警告，概括了这些科学研究所得的大部分证据："在正确和权宜之计之间走钢丝的商人应该牢记，建立良好的企业声誉要花数十年，但只需一次不当之举，就可在一夜之间把好声誉破坏殆尽。"安永咨询公司（Ernst & Young, 2013, 2014）做了全球调查，表明许多企业的高层管理者知道道德不当行为会带来沉重的声誉代价，但如果这么做能提高企业财务收入，他们仍然愿意执行或纵容这种行为。企业不当行为的数量仍然大得叫人不舒服，相关证据可见 Ethics & Compliance Initiative (ECI) National Business Ethics Survey (2012); Ernst & Young Global Fraud Surveys (2013, 2014); Labaton Sucharow's financial services industry surveys (2013, 2015)。稍微看一眼报纸的商业版，也能看出情况确实如此。

我们经济体制中的某些特点会推动许多交易者采取不诚实举动，《钓愚》（*Phishing for Phools: The Economics of Manipulation and Deception*, 2015）对此作了最完整的阐释，作者是诺贝尔奖得主乔治·阿克洛夫（George Akerlof）和罗伯特·席勒（Robert Schiller）。不当行为被察觉的概率，是对其的主要威慑途径，相关学术研究可见 Becker (1968); Higgins et al. (2005); Kagan (1989); Lab (2013); Nagin & Pogarsky (2001); Paternoster (2010)。

2

与职场压力相关的医疗费用分析，见 Goh, Pfeffer & Zenios (2016)。他们还认为，职场压力对健康的有害作用可跟二手烟媲美，因此，一如许多组织会采取措施减少员工接触二手烟，组织也应当采取措施减少员工接触会造成过度职场压力的管理方法。这一观点的摘要，可见 http://fortune.com/2015/04/13/is-your-employer-killing-you。Bischoff et al. (1999) 研究了道德压力给金融机构客户服务人员带来的倦怠和疲劳情况。有必要指出，最让人感觉存在道德压力的活动，是要求员工欺骗客户来完成工作职责。我们对组织欺诈的三重肿瘤的研究，见 Cialdini, Li & Samper (in preparation)。

3

对员工流失造成的成本损失的类型和规模估计，可见 Borysenko (2015), Boushey & Glynn (2012); Harter et al. (2010)。Ambrose et al. (2008); Burks & Krupka (2012); De Tienne et al. (2012); Herman et al. (2007); Ulrich et al. (2007) 所做的分析表明，组织的道德价值观和员工之间的不契合，会提高员工的工作不满意度及离职意愿。

4

员工渎职行为的沉重代价，相关记叙可见 Association of Certified Fraud Examiners (ACFE) *Report to the Nations on Occupational Fraud and Abuse* (2014); Deyle (2015); the PricewaterhouseCoopers (PWC) *Global Economic Crime Survey* (2014)。不道德的领导方式和出现这类欺诈行为之间的明显关系，可见 Gino, Norton & Ariely (2010) 及 Peterson (2002)。组织的道德或不道德氛围是由高级管理层权威人物设定的，这一理念得到了一项研究的大范围支持，该研究调查了 160 家技术、保险、零售、金融、食品服务、制造、医疗和政府机构（Mayer et al., 2009），发现道德领导力在组织层面上是从上至下流动的。

学校和家庭等事关孩子成长环境的机构里的权威人物能够促进年轻人的诚实行为（Pulfrey & Butera, 2013），所以我希望他们可以听取以下研究的建议：道德价值观预测了更高的生活满意度（James, 2011），而诚实行为预测了更好的身心健康（Kelly & Wang, 2012）。两位研究人员安妮塔·凯利（Anita Kelly）和王丽娟（Lijuan Wang，音译）在总结自己的相关发现时，对在家庭中建立强力的诚实文化做出了如下建议：

> 我们为期 10 周的实验表明，参与者不光有意识地大幅减少了谎言，而且，谎言减少还跟其健康明显改善存在相关性。或许有一天，家长会告诉孩子，为了自己的身体好，不妨：
>
> - 多吃蔬菜和水果
> - 锻炼身体
> - 少说谎

PRE-
SUASION

尾声

影响力长尾

持久的影响力

A
Revolutionary
Way to
Influence
and Persuade

贯穿本书，我们看到，如果受众的注意力被暂时性地引导到有利于后续信息的心理概念上，就可以成功地施展出先发影响力。然而，如果先发影响力真的建立在暂时受到引导的注意力上，那么，就有了一个所有应用先发影响力的人必须面对的重要问题：要是沟通中的竞争对手，甚或日常事件把人的注意力引导到了其他概念上，我们该采取怎样的做法来避免好感蒸发呢？

这值得我们关注，因为促成改变的人在意的往往不仅仅是激发受众的短期行为。尽管如前面的章节所述，若是管理得当，短期行为变化其实极具成效，然而要达到最佳效果，沟通者自然希望实现持久的影响。此时有两种有效策略可供选择，它们分别来自不同的社会影响力方法：一种是老派的，一种是新派的。

主动自愿的承诺

传统上，对于怎样让人的初步肯定反应持续下去这一问题，行为科学家提供了一个直截了当的答案：安排这个人对该反应做出承诺，通常是让当事人主动为之。让我们来看看怎样应用这一建议，来缓解一个代价沉重的社会问题。

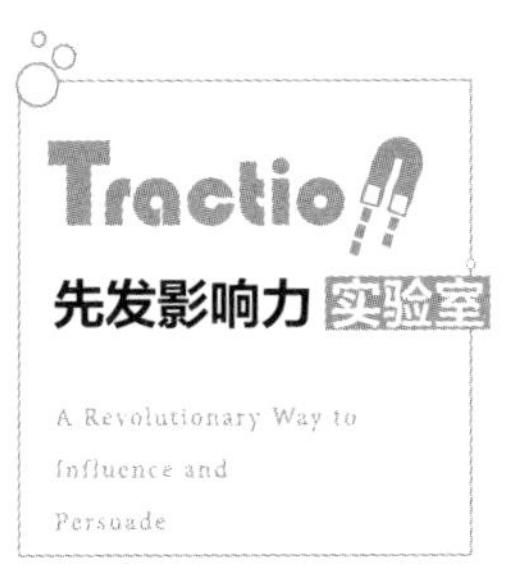

患者预约好了医生却没及时现身就诊，不光带来了很大的不便，还会浪费医疗保健系统的大笔开支。为减少患者不按时就诊的现象，标准的做法是在预约前一天给患者打电话加以提醒。根据我同事史蒂夫·马丁（Steve J. Martin）在英国诊所所做的研究，电话提醒减少了 3.5% 的缺诊情况。但拨打提醒电话需要投入时间和金钱，而且还不见得总能达到目标。还有一种做法妙用了承诺的力量。我们都知道患者看完病之后预约下一次就诊时间的情形：接待员在就诊卡上写好下一次就诊的时间和日期，递给患者。但如果让患者自己填写卡片，这一主动步骤就能让他们投入更多的承诺，按时就诊。对英国诊所的一项研究尝试了这种无须花钱的做法，结果患者不露面的情况下降了 18%。

让患者按时就诊并不是一件小事，如果每年都能将患者缺诊率减少 18%，光是在英国就能节约 1.8 亿美元。除此之外，促进行为的承诺还能影响政治选举，带来更大的社会效应。

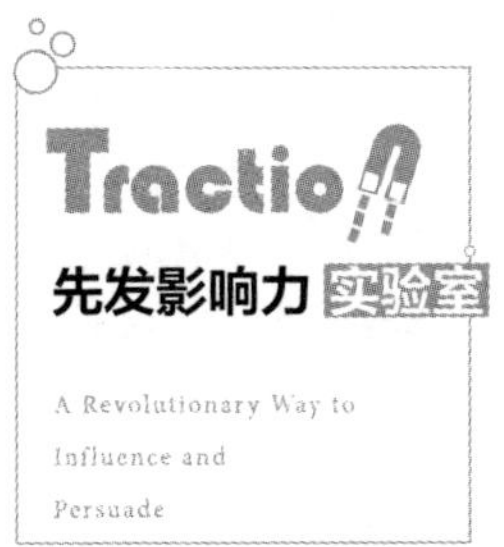

2008 年，美国即将进行总统选举，两位候选人分别是巴拉克·奥巴马和约翰·麦凯恩。大选前不久，有人在各州调查了当地居民的政治态度和信念。有一半的受访者开始回答问题时，在调查问卷的左上角看到了美国国旗；另一半则没看到国旗。这种微妙的设计能让受访者更偏向麦凯恩的共和党及其偏保守的政治观点。此外，

> 研究人员在选举之后再次调查受访者，发现那些在选举前填写了有国旗问卷的人，投票给麦凯恩的概率明显高于其他受访者。最后，或许也最为突出的是，选举整整 8 个月之后，在问卷调查时接触到国旗的受访者的立场、信念和判断仍然更偏向共和党。

这么持久而重大的效果，真的是短短一次操作造成的吗？对上述结果的解释事关多种心理过程。首先是先发影响力的适当性。受访者看到了美国国旗，在意识上切入了共和党思维；事实上，根据调查人员所做的先导研究，在 2008 年，美国人是把国旗和共和党立场联系在一起的。

如前所见，商店播放法国背景音乐能让人短暂地偏好法国货，如法国红酒；家具店网站蓬松的云彩背景图案能让人短暂地偏好柔软的东西，如舒适的沙发。出于同一种机制，看到美国国旗，则会让人短暂地更偏向共和党候选人及其相关立场。

这是国旗的直接影响，可这一影响令人吃惊的持久性又该如何解释呢？参与调查的研究人员认为他们知道原因所在：看到美国国旗，暂时性地偏向共和党立场之后，受访者又按照要求，在调查中表明了自己的偏向，也就是从行为上对共和党立场做出了承诺。到了选举的时候，上述承诺带来了承诺意味更浓的行为：给共和党投了票。这让他们在 8 个月之后再次测量时，表现出了更坚定的共和党立场。

这一系列的行为跟另一项研究的结果很像，该研究考察的是另一种先发影响力体验对另一种不同类型偏好的影响：愉快的心情对艺术品偏好的影响。人们阅读了一个令人愉快的故事之后，暂时提升的情绪让他们喜欢上了一幅画作。5 天之后，只有那些在情绪高涨时对画作做出主动评价的人，对该画作还保持了同样的感受。没有做出评价的人并未从行为上将自己“锁定”在正面评价里，因此在愉快心情消失后对画作并未表现出特别的偏爱。[1]

这对有效施展先发影响力有着明白无误的暗示：

先发制人的影响力"开关"能让人产生剧烈而直接的转变，但要想让这种转变持久固定下来，必须让人通过相关行为做出承诺。

不过，不是所有的承诺都能达到同样的效果。只有与足以影响人们身份认同的行为相结合，承诺才能在未来发挥出作用。承诺之所以有效，在于人主动、自愿且付出努力地做出了承诺，这些元素传递出了深层次的个人喜好。举例来说，如果有人向我施展先发影响力伎俩，给我看人们并肩站在一起的照片，我会变得暂时倾向于包容性的社会政策，如提高所有工人的最低工资，而如果我发现自己依照这一偏好采取了行动，立即为此捐了款，那么我对它的承诺就更强了。此外，如果我做出这一行为完全出自自己的选择，且代价不菲，捐款数额颇为可观，我就有更大的可能认为这是我作为个人的偏好。这种行为影响了自我认知，使得我日后对这一主题的反应有了可参照的锚点。哪怕这一系列的行为是由先发影响力唆使的注意力暂时转变启动的，情况也是一样。[2]

设置自动反应线索

回到我努力钻研影响力从业者的说服方法期间，我曾收到一封邀请信，邀我"尝试一个惊人的机会，实现远超梦想的财富、繁荣、经济独立"。我肯定它跟传销有些关系。正常而言，我对此没什么兴趣，但因为我当时对推广人怎么兜售传销计划很好奇，于是打电话订了一个座位。我觉得这件事最有趣的地方就是它举办的地点。一个星期六的上午，我和其他 50 来号人来到了菲尼克斯的一家餐厅。有些人来是因为想发财，也有人是因为穷得几近绝望。但我们没在这里待多久。一辆刷成了鲜艳黄蓝色的老旧巴士，在高速公路上开了两个小时，把我们送到了图森，说这里才是举办教育活动的地点。这是句谎话。我们到了图森之后，没有任何新花样。午餐时，一位演讲人简要地重复了一下我们在巴士上已经听到过的内容。

项目主办方为什么要花一大笔钱组织这样一场扑朔迷离的旅行呢？当时我就知道了：相关信息并不是要在图森揭晓的。设计的奥妙藏在那辆巴士上。我相信事情肯定是这样，因为在前往图森的半路上，我望出车窗，发现另一辆刷成鲜艳黄蓝色的老旧巴士，正运着一车乘客从图森前往菲尼克斯。这一瞬间我醍醐灌顶：从一开始，主办方就打算在巴士上，在往返于两座城市之间时，向我透露致富计划的细节。我相信，这么做出于两个心理方面的原因。

首先，人在颠簸、嘈杂、拥挤、情绪扰乱的环境下很难仔细思考，而仔细思考是传销系统的头号敌人。其次，如果人们无法仔细思考、充分斟酌，有很大可能会对该环境下存在的决策线索做出自动反应。在我们的大巴上，项目主办方控制着那些线索。他们在车内布置了种种“机关”，视线所及之处，无不在提升我们对其信息的接受性。巴士内侧和车顶贴着与成就相关的海报，座椅靠背贴着跟财富挂钩的口号，每一名主讲人发言之前都会播放励志音乐。演讲的基本信息无非是各种“只要你使用这套系统，就可以做到这个，可以做到那个，可以做到这个那个”。演讲人的说法还伴随着一系列支持性线索：一位演讲人穿着华丽昂贵的定制西装，另一位挥舞着“光是这个月就赚了 11 000 美元”的佣金支票，还有一位读了一封感谢信，来自某位参加这个项目之前“就跟你们一样”的伙计。等我们回到菲尼克斯时，巴士上已经有 2/3 的人签了合同。

现代生活变得越来越像那辆奔驰在高速公路上的巴士：速度快，颠簸大，刺激多，变化无常。这样一来，在许多情况下，我们也越来越难以思考清楚什么才是最好的做法，因此，哪怕是最谨慎的人，也很可能对环境中存在的行动线索自动做出反应。

考虑到当今世界步伐加快、让人无法专心的特点，难道我们注定要成为这辆巴士上的笨蛋吗？犯不着。我们不必对这些自动反应线索大发雷霆，只需要控制它们对我们做手脚的方式就可以了。我们必须成为自己常规生活空间的设计师，增加一些能让我们自动朝着最有利于自己的方向行动的特点。这种方法和自愿做出承诺一样，也是通过操纵初始偏好来引导今后行为的一条途径。只要确保自己能够经常遇到激活有利偏好的线索，我们就能安心执行下意识的行动了。

前面的章节介绍了一些怎样达成这一目的的例子。如果你的报告或演讲是针对特定受众的，就要让自己周围全是与这一群体有关的线索，比如群体成员的面孔。如果你想在工作中业绩突出，不妨让自己经常看到与成功、奋斗、成就有关系的图像，如赛跑里胜出的选手。如果你需要通过分析性思维完成一项任务，比如弄清预算，不妨让自己接触到有关沉思、斟酌、检验的图像，比如罗丹的《思想者》。诸如此类。你甚至可以改变计算机的桌面，让它显示适合你当前工作心态的图像，以此优化自己执行各类任务时的绩效。

"如果……那么……"计划也是一种驾驭联想力量促进长期利益的方法，它是指用环境里经常会出现的线索，把想要达成的目标和行为联系起来："如果商务午餐之后，服务员问我还要不要甜点，那么我就点柠檬茶。""如果早上 8 点我刷完了牙，那么我就该吃药了。"这些做法已经得到了本书先前介绍的一些研究的肯定。不过，还有一种值得尝试的做法也得到了研究的支持，它考察的是提醒的作用。[3]

关键的特权瞬间

每当向医疗管理群体介绍影响力过程时，我都会问：“在你们的系统里什么人最难影响？”无一例外，人们总是带着强调的意味回答说：“医生！”一方面，这种情况似乎理所应当。为了在医疗保健体系里得到崇高的地位，医生要经历多年的训练和实践，要接受医学专业教育、实习、当住院医师，由此掌握了大量信息和经验作为其决策的基础。可以理解，一旦他们做出选择，就很难动摇他们的立场。另一方面，如果医生不采纳建议，做出有利于患者的调整，这种抗拒心理也很成问题。由此引出了一个更大的问题：大多数医生当初是怎么选择从医道路的呢？主要是出于利他还是利己的原因呢？是为了造福病人、减轻他们的痛苦，还是为了获得权威性，以及伴随而来的尊重、地位、收入呢？

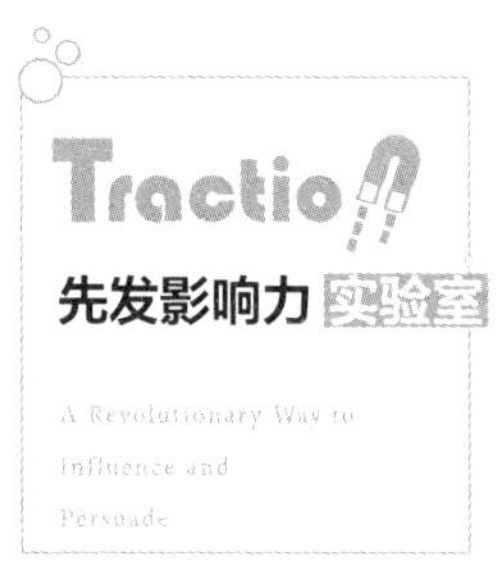

美国一家医院进行了一项研究，就这一问题给我们带来了许多宝贵的见解。研究人员亚当·格兰特和戴维·霍夫曼（David Hofmann）发现，不管怎么强烈建议医生在检查每一名患者之前都要洗手，大多数医生洗手的次数也不到规定的一半；而且，各种针对这一问题的干预措施都没有效果。因为忽视洗手，医生和患者都要承担更大的感染风险（见图 E-1）。格兰特和霍夫曼认为，如果能让医生在进诊室之前注意到两种强大动机中的一种，他们就会做得更好。这两种动机分别是对个人的考量和对患者的关心。为了将医生的注意力引导到个人考量上，研究人员在部分诊室的清洁用品前放置了标语牌，写着“手部卫生能保护你免于感染疾病”。为了将医生的注意力引导到对患者的关心上，研究人员在另一些诊室的清洁用品上放置了不同的标语牌，写着“手部卫生能保护患者免于感染疾病”。虽然这里只有一个词的区别，但两类标语的效果却差异极大。提醒医生保护自己的标语，对医生是否使用清洁用品没有作用。但提醒医生保护患者，却将清洁用品的使用率提高了 45%。

图 E-1 医生如何洗手是一个严重的问题

1847 年，维也纳综合医院的伊格纳兹·塞麦尔维斯（Ignaz Semmelweis）指出，医生洗手能减少患者的感染和死亡。但直到今天，还有许多医生不遵循手部卫生的正确程序。

资料来源：Portrait of Ignaz Semmelweis (1818-1865). Engraving by Ernst Wenck, Musée d'Histoire de la Médecine, Paris.

这些结果为两个相关问题提供了重要信息。首先，虽然其他许多干预措施未能减少医生忘记洗手的概率，但仅仅是把医生的初始注意力引导到洗手与保护患者这一关联上，就带来了明显的改善。当然，在未能发挥作用的其他种种干预措施下，医生虽然没有洗手，但同样是深刻地关心着患者的福利的。那么，是什么导致了前后区别呢？在此前的干预措施中，没有东西将医生的注意力引导到洗手与保护患者的联系上，将之提升到最高的地位，超越环境中的其他特点，如患者的样貌、护士说了些什么、病历上说了些什么，等等。总之，只需要一道明显的标志，在医生一进门时就提醒他们注意洗手与保护患者的联系，就能改变医生的行为。[4]

另外，根据研究数据来看，我们似乎解答了“大多数医生内心深处最关注的到底是什么”这个问题。他们似乎以他人为导向，强烈地渴望改善患者的福祉；而并不像我们担心的那样，只关心个人利益，不为患者考虑。

虽然上述结论的前一半看似正确，卡内基梅隆大学进行的一项研究却对后一半提出了怀疑。这项研究关注的是医生们忽视患者利益的另一种表现。医生们常常得到来自健康行业，尤其是制药公司、医疗器械制造商等的赠礼，如送给护工的比萨，邀请医生出席的正餐，所有费用全包的公差，研究及咨询合同，教学或会议演讲费，甚至参加与产品相关的电话会议也有钱可拿。这些赠礼及赞助对医生产生着影响，驱使他们回报这份善意，为赞助商的产品开处方或背书，提升赞助商而非患者的利益。这方面的证据非常充分。尽管铁证如山，警告也到位，许多医生仍然继续接受有损患者利益的厂商赠礼，哪怕他们已经意识到了这里头有问题。

这是怎么回事呢？医生们洗手时更多地考虑患者利益，可为什么收受礼物时却又更多地考虑个人利益了呢？或许，跟拒绝行业灰色收入比起来，洗手仅仅是一个成本相对较小的举动。面对价值更高的选择，医生和任何群体一样，会选择自利。这也许是真的。说到底，医生也是人。但互惠原则，即率先赠予的人有权获得回报，同卡内基梅隆大学的研究结果合在一起，提供了一个不那么愤世嫉俗，更贴近实质的观点。

研究考察了301位美国住院医师，它首先提出了一个中肯的问题：有些医生更乐于接受行业赞助的好处，有些医生不那么喜欢，导致两者区别的原因在哪里呢？研究者以网上调查的形式询问一群医生：是否会收受医药代表的礼物和款项？如果收受，什么程度

> 的礼物和款项在可接受的范围内？分析显示，只有大约 1/5（21.7%）的医生认为这种做法可以接受。研究者又向另一群医生提出相同的问题，但在此之前，还询问了另一些事项，涉及医生为了从事这一行业，在个人和经济上做出了多少牺牲。这一下，近一半（47.5%）的医生认为收受礼物可以接受。最后，研究者找来第三群医生，先问他们做出了什么样的牺牲，又问他们在做出牺牲之后收受礼物是否公平，这样一来，大多数（60.3%）的医生认为收受礼物可以接受。

从这些结果里，我们能得出什么样的结论呢？对我自己而言，最令人振奋的一点是：尽管有少数人认为收受礼物可以接受，大多数医生仍认为此事不可取。然而，通过先发制人的方式引导医生想到自己为了从事医疗保健工作付出了多少努力，会让他们更乐于从中获得回报。这一结果以及互惠原则会令大多数人接受赠礼的事实表明，导致医生们动了“歪脑筋”的主要原因，在于短暂浮出水面的互惠原则。最后，这些发现解答了前面提出的问题：整体看来，医生们是主要贪图自利，还是想要为患者服务呢？在我看来，两者皆然。具体偏向哪一方，取决于医生们当时的注意力焦点。这一结论不仅仅适用于医生。我们所有人都有着灵活易变的偏好，因此，脑袋里最靠前的因素能在人们做出判断时发挥极大的影响。

它还提供了一个很切合本书主旨的结论：

在很大程度上，面对选择时，我们是什么样的人，取决于我们在做出选择之前的那个瞬间把注意力放在了什么地方。

在那个特权瞬间，我们有可能受到偶然接触的危险线索引导；更叫人担心的是，我们也可能受到深谙心理学的沟通者特地放在那里的线索引导。

又或者，我们可以自己事先准备一些线索，把我们引导到符合自己一贯利益的方向，达成更好更持久的效果。不管怎么说，这个人为的瞬间具有先发影响力。不管是要警惕这个过程，还是为其潜力所吸引，都不妨先承认它强大的力量，理解它内在的运作原理。[5]

PRE-SUASION 延伸阅读

1

英国患者缺诊的研究见 Martin, Bassi & Dunbar-Rees (2012)。2008 年美国总统大选期间的美国国旗效应，由 Carter, Ferguson & Hassin (2011) 报告；Kalmoe & Gross (in press) 在 2012 年的总统选举中进行了重复。然而，两次研究的作者都提醒说，向公民展示国旗能使之自动偏向政治保守立场的结论是不恰当的；因为在其他国家，国旗并不跟保守党立场强烈相关，展示国旗并不会让人偏向右翼（Hassin et al., 2007）。事实上，即使是在美国，国旗与共和党关联程度的任何变化，都能对国旗使人转变政治立场的作用产生影响。

只有人们主动对画作做出评估，从而“锁定”了自己的评价，其评价才会产生持久影响，这一研究来自 Pocheptsova & Novemsky (2010)。

2

人主动、自愿且付出努力地做出的承诺会影响自我概念，从而带来持久的变化，可见我先前所做的文献综述（Cialdini, 2009, chapter 3）。近期研究则发现，在涉及自我身份认同时，这类承诺最为有效（Chugani et al., in press; Gneezy et al., 2012; Kettle & Haubel, 2011; Sharot, 2010; Schrift & Parker, 2014）。更重要的是，多年之后它们仍可引导后续反应（Sharot et al., 2012）。在先前那篇文献综述中，我还提出了第四个能带来持久效果的因素，即公开性。有充分的证据表明，当众承诺投入某项事业，能在多年后激发同类行为（Dallande & Nyer, 2007）。然而，新的证据表明，只有当人们已经感觉与该事业存在强烈的个人联系时，情况才是这样；如果个人联系不存在，那么，私下里对自己的承诺反倒更容易带来持久的改变（Kristofferson et al., 2014）。

3

我知道，我在这一部分所做的建议有些讽刺的意味。我一直主张，在争取持久改变的过程中，必须有意识地去调动无意识机制。虽然意识到了讽刺的意味，但我还是坚持这一建议，因为它符合许多研究的一致结果（Marteau, Hollands & Fletcher, 2012; Wood & Neal, 2007），也符合本书的一大主题：要想成功，先发影响力的前期工作必须准备充分。如果我们的计划是基于对自动反应系统怎样运作的认识而拟定的，它们的价值会远超为之投入的时间和努力。如果读者认为我这些话就好像是在说："只要运用这套系统，我们就做得到，做得到，做得到。"我愿意认罪。但我也想为自己开脱一句：我发誓，我绝不是在搞传销。

4

Grant & Hofmann (2011) 所做研究的结果，即在有提醒病患易遭感染的标志时，医生洗手的概率更大，也可以用跟我不同的方法来解释。洗手概率增加或许并不说明医生关注患者利益，他们也可能还是着眼于个人利益，害怕遭到患者起诉，说患者在检查期间因为医生疏忽了手部卫生而感染。这种解释固然也说得通，但不太站得住脚。首先，医生因为这个原因而遭到起诉的案例几乎没有。其次，Grant & Hofmann (2011) 在后续研究中发现，因为有了关注患者感染的提醒标志，护士洗手的概率也增加了，哪怕从未有护士因为忘了洗手而遭到医疗失误的起诉。在此我要感谢加里·法德尔（Gary Fadell）提供相关的法律信息。这样看来，结果应该解释为，医生和护士进入医疗领域时都对患者的福祉做出过重大承诺，而多年之后，他们在进入检查室时，也会受到与这一承诺相关的联系的影响。

5

卡内基梅隆大学的医生收受礼物研究来自 Sah & Loewenstein (2010)，文中还提供了更多研究的引文，说明在医生当中这种活动的普遍存在，以及它对医疗决策偏向健康行业赠礼方的可疑影响。更近期的报告可见 http://n.pr/1MmIZGk。Dana & Loewenstein (2003) 早前的一篇文章也曾提供过相关引述，并将这种效应放到了更宽泛的证据框架之下，与其他利益冲突时人类判断及行为的偏差效应放在一起。最近的证据表明，哪怕医药公司只是请医生吃一顿饭，也会对医生开出包含该公司药品的处方的概率产生影响；如果这顿饭的价格超过 20 美元，这一概率还会进一步提升（DeJong et al., 2016）。

请不要将我最后的结论阐释为，稳定的倾向、偏好和个人特点在不同的环境和时间点无法对人类行为产生持续一致的影响。对此，我完全不相信。然而，根据长久以来的证据（如 Bargh, Lombardi & Higgins, 1988; Sedikides & Skowronski,

1990），我的确相信，基于情境的瞬间影响和基于个性的持久影响一样，都是由同一种加工过程带来的，那就是与反应相关的线索在意识中的高度易得。区别在于，对基于个性的影响而言，线索是通过遗传因素或生活经历放置到意识里的，长期容易接触。而对基于情境的影响而言，与反应相关的线索，是通过最近碰到的画面、互动和事件放置到意识里的，因此只在短期内容易接触到。

致谢

PRE-SUASION

我想向所有促成本书问世的人表示感谢。排在致谢名单第一位的，是波贝特·戈登（Bobette Gorden），从本书的第一个字到最后一个字，她都陪着我，贡献出她聪慧的头脑、善于倾听的耳朵和关爱的心。道格·肯里克（Doug Kenrick）、格雷戈里·奈德特、琳达·德迈纳（Linda Demaine）、珍妮弗·乔丹（Jennifer Jordan）、格里·艾伦和查理·芒格阅读了本书个别章节，提出了很好的建议。还有几位朋友，也孜孜不倦地为整部手稿提供了大有帮助的反馈。奈杰尔·威尔科克森（Nigel Wilcockson）做了令人信服的概述，提出了绝佳建议。安德鲁·怀特（Andrew White）告诉我怎样利用互联网信息，为文字素材提供论据。家人理查德·西奥迪尼（Richard Cialdini）和凯瑟琳·西奥迪尼（Katherine Wanslee Cialdini）忍受了我又臭又长的草稿，却仍然给予了足够的欣赏意见和支持。安娜·罗皮卡（Anna Ropiecka）从非英语母语读者兼深刻思想家的角度，提供了双重视角的洞见，让我的思路得以打磨，语言得以简化。

最后，我要向两位出版行业的从业者致以特别感谢，并向所有作者推荐他们。我的代理人吉姆·莱文（Jim Levine）简直是上天赐给我的礼物，他以始终如一的专业、道德和智慧指引我完成了整个出书过程。我在西蒙与舒斯特公司（Simon & Schuster）的编辑本·勒嫩巴赫（Ben Loehnen），帮我在出版公司内部大力宣传，并在写作过程中向我提供了一流的编辑意见；多亏他的帮助，本书的成品比手稿增色不少。

能得到这么多人的无私帮助，我真是个幸运的家伙。

译者后记

PRE-SUASION

如果用一句话总结本书的中心思想，我想可以这么说：沟通者可以利用先发概念，不露痕迹地引导他人的思路，进而引导其行为，达成对自己有利的结果。

在翻译本书的过程中，我一直觉得本书的很多提法和案例似曾相识，但又忘了具体是在哪里见到过。这种“惦念”折磨了我小半年时间，直到撰写本文，才忽地灵光一闪，飞身直扑书架，翻出了我2013年翻译的《粉红牢房效应》①。

两相对照，我激动得几乎跳起来：这两本书说的几乎就是一回事！比如晴朗的天气让人心情好，更容易做出乐观估计；国旗对人政治立场及投票行为的无形提醒。只不过，《粉红牢房效应》讲述的是有哪些无形因素能影响人的感知和行为，本书介绍的则是怎样利用这些无形因素引导人的行为。

---

① 该书中文简体字版由湛庐文化策划、浙江人民出版社出版。——编者注

西奥迪尼博士在本书前言中曾说，社会心理学和行为经济学的研究领域存在交叉重合，我翻译的这两本书虽然切入角度不同，却同时触及同样的主题，也恰好为此提供了一个小小的佐证。

当今时代“学科融合”的趋势愈演愈烈，学科板块冲撞交汇的地方，就是新观念、新思路产生的地方。读书对我们的意义也在于此，那就是把别人的思想跟我们自己的结合起来，更新现有知识库。

最后，是我一贯留在结尾的套话：由于译者水平有限，或一时的疏忽，可能会出现一些错译、曲解的地方。如读者在阅读过程中发现不妥之处，或是有心得愿意分享，请一定和我联系，豆瓣上搜索我翻译的任何一本书，都可找到我的豆瓣小站。

另外感谢长期与我合作的同事同仁，谢谢参与本次翻译工作的李佳、张志华、唐竞、向倩叶、马磬、廖昕、陈霞等人。

阎佳

2017 年 1 月　成都

未来，属于终身学习者

我们正在亲历前所未有的变革——互联网改变了信息传递的方式，指数级技术快速发展并颠覆商业世界，人工智能正在侵占越来越多的人类领地。

面对这些变化，我们需要问自己：未来需要什么样的人才？

答案是，成为终身学习者。终身学习意味着永不停歇地追求全面的知识结构、强大的逻辑思考能力和敏锐的感知力。这是一种能够在不断变化中随时重建、更新认知体系的能力。阅读，无疑是帮助我们提高这种能力的最佳途径。

在充满不确定性的时代，答案并不总是简单地出现在书本之中。“读万卷书”不仅要亲自阅读、广泛阅读，也需要我们深入探索好书的内部世界，让知识不再局限于书本之中。

湛庐阅读 App：与最聪明的人共同进化

我们现在推出全新的湛庐阅读 App，它将成为您在书本之外，践行终身学习的场所。

- 不用考虑“读什么”。这里汇集了湛庐所有纸质书、电子书、有声书和各种阅读服务。
- 可以学习“怎么读”。我们提供包括课程、精读班和讲书在内的全方位阅读解决方案。
- 谁来领读？您能最先了解到作者、译者、专家等大咖的前沿洞见，他们是高质量思想的源泉。
- 与谁共读？您将加入优秀的读者和终身学习者的行列，他们对阅读和学习具有持久的热情和源源不断的动力。

在湛庐阅读App首页，编辑为您精选了经典书目和优质音视频内容，每天早、中、晚更新，满足您不间断的阅读需求。

【特别专题】【主题书单】【人物特写】等原创专栏，提供专业、深度的解读和选书参考，回应社会议题，是您了解湛庐近千位重要作者思想的独家渠道。

在每本图书的详情页，您将通过深度导读栏目【专家视点】【深度访谈】和【书评】读懂、读透一本好书。

通过这个不设限的学习平台，您在任何时间、任何地点都能获得有价值的思想，并通过阅读实现终身学习。我们邀您共建一个与最聪明的人共同进化的社区，使其成为先进思想交汇的聚集地，这正是我们的使命和价值所在。

图书在版编目（CIP）数据

先发影响力 /（美）罗伯特·西奥迪尼（Robert Cialdini）著；闫佳译 .
—北京：北京联合出版公司，2017.9（2025.1 重印）
ISBN 978-7-5596-0344-9

Ⅰ. ①先… Ⅱ. ①罗… ②闫… Ⅲ. ①心理学—研究 Ⅳ. ①B84

中国版本图书馆CIP数据核字（2017）第108068号

北京市版权局著作权合同登记 图字：01-2017-1002

上架指导：心理学 / 畅销书

先发影响力

作　　者：[美] 罗伯特·西奥迪尼
译　　者：闫　佳
出 品 人：赵红仕
责任编辑：李　伟
封面设计：张志浩
版式设计：湛庐CHEERS

北京联合出版公司出版
（北京市西城区德外大街 83 号楼 9 层 100088）
河北鹏润印刷有限公司印刷 新华书店经销
字数 269 千字 710 毫米 ×965 毫米 1/16 20.00 印张 3 插页
2017 年 9 月第 1 版 2025 年 1 月第 17 次印刷
ISBN 978-7-5596-0344-9
定价：89.90 元